高等职业教育新形态融媒体教材

国学经典品读

主　编　张佳文
副主编　徐安铜　李　博　李小菲
参　编　舒　铮　杨　健　周春红

西南交通大学出版社
·成都·

图书在版编目（CIP）数据

国学经典品读 / 张佳文主编. -- 成都：西南交通大学出版社, 2025. 8. -- ISBN 978-7-5774-0452-3

Ⅰ. Z126

中国国家版本馆CIP数据核字第2025XK6430号

Guoxue Jingdian Pindu

国学经典品读

主编　张佳文

策 划 编 辑	张华敏
责 任 编 辑	张华敏
封 面 设 计	原谋书装
出 版 发 行	西南交通大学出版社 （四川省成都市金牛区二环路北一段111号 西南交通大学创新大厦21楼）
营销部电话	028-87600564　028-87600533
邮 政 编 码	610031
网　　　址	https://www.xnjdcbs.com
印　　　刷	成都勤德印务有限公司
成 品 尺 寸	185 mm×260 mm
印　　　张	16.25
字　　　数	441千
版　　　次	2025年8月第1版
印　　　次	2025年8月第1次
书　　　号	ISBN 978-7-5774-0452-3
定　　　价	55.00元

课件咨询　028-81435775
图书如有印装质量问题　本社负责退换
版权所有　盗版必究　举报电话：028-87600562

前 言

　　中华优秀传统文化凝聚着中华民族自强不息的精神追求和历久弥新的精神财富，是发展社会主义先进文化、实现文化自信的重要载体，也是建设中华民族精神家园的重要支撑。本教材依托教育部中华优秀传统文化A类重点项目"文化自信视域下中华优秀传统文化培育高职学生核心素养路径研究"的核心成果转化，充分结合教学改革与创新，探索建立中华优秀传统文化在高等职业教育阶段的教育传承体系，着眼于高职学生职业素养和人文素养的发展需要，力求从职业准备和道德修养两个维度探寻中华优秀传统文化与学生人文素养的最佳结合点。同时，作为四川铁道职业学院着力培养学生"军人气质，大师素质"的重要载体，本书致力于将文化精髓内化为学生的精神品格和综合素养。

　　本书为高等职业教育新形态融媒体立体化教材。全书分为四个部分，共二十二章。根据教学需要，各章设计了开篇导读、章句品读、古文今译、解读赏析、典章印证等环节。开篇导读引领思考，章句品读深化理解，古文今译感受文韵，解读赏析启发思考，典章印证映照现实，体现了开放性、思辨性、互动性、实践性等特点。

　　本书选文不局限于传统文化篇目，而是突破传统文化教材局限性，加入与传统文化主旨契合的传统文化主题践行活动，用以印证经典文本的核心义理，打破古今隔阂，帮助学生将传统智慧用于现实生活之中；同时加入丰富数字资源，数字资源内容包括诵读指导音频、文化常识微课、典章补充解说等，以创新性多形态的资源辅助传统文化教学。

　　本书还配备了AI智能体"国学经典品读小助手"，学习者可以扫描二维码关注公众号，与智能体进行对话，交流讨论本书内容。

　　本书以立德树人为根本，以继承并弘扬中华优秀传统文化为宗旨，力求培养学生的职业素养，提升人文素养，增强文化自信和爱国情怀，树立有理想、有道德、有担当的责任意识，从而为学生的健康发展和未来人生之路奠定基础，更为其终身学习和全面发展提供动力。

本书既可作为应用型本科院校和高等职业教育（专科层次职业教育、本科层次职业教育）传统文化教材，也可作为中华优秀传统文化爱好者的学习与阅读用书。

本书由四川铁道职业学院张佳文担任主编，四川铁道职业学院徐安铜、李博、李小菲担任副主编，参加编写的还有四川铁道职业学院舒铮、杨健、周春红。全书由张佳文统稿。

在本书编写过程中，我们参考和借鉴了部分同行专家的研究成果和文献资料，在此向这些同行专家们表示感谢。

由于编写时间仓促，且编写者学识水平有限，书中不足之处在所难免，期待读者批评指正，以便再版时更新与完善。

编 者

2025 年 5 月

《国学经典品读》小助手

目 录

壹　《论语》选章品读

《论语》简介 / 3

第一章　认识孔子 / 5

第二章　为学之道 / 20

第三章　仁义之道 / 35

第四章　孝悌之道 / 51

第五章　修德之道 / 63

第六章　士与君子 / 81

贰　《孟子》选章品读

第一章　认识孟子 / 99

第二章　人性之道 / 113

第三章　义利之辨 / 124

第四章　知言养气 / 136

第五章　仁政王道 / 145

第六章　尚友古人 / 157

叁 诸子选章品读

第一章　《大学》选读 / 173

第二章　《中庸》选读 / 181

第三章　《老子》选读 / 187

第四章　《庄子》选读 / 194

第五章　《墨子》选读 / 200

肆 古诗文选章品读

第一章　《诗经》选读 / 211

第二章　《左传》选读 / 218

第三章　《战国策》选读 / 226

第四章　《国语》选读 / 235

第五章　《楚辞》选读 / 244

参考文献 / 254

壹

《论语》选章品读

《论语》简介

《论语》是中国先秦时期一部语录体散文集,主要记载春秋时期思想家、教育家孔子及其弟子的言行,是由孔子弟子及再传弟子记录编纂而成。

一、《论语》成书

《论语》是孔门弟子集体智慧的结晶。早在春秋后期孔子设坛讲学时期,其主体内容就已初步创成;孔子去世以后,他的弟子忧虑师道失传,于是决定将孔子与其弟子的言行、思想记载下来编纂成书以纪念老师。《论语》的编纂者主要是仲弓、子游、子夏、子贡,以及少数留在鲁国的弟子及再传弟子。

《论语》大约成书于战国前期,但后来经历了秦朝的"焚书坑儒",几近失传。随着汉王朝的勃兴,《论语》的传承进入了新的阶段。早期的版本主要有两种:鲁国儒生以口头形式解说传授的《鲁论语》(20篇),齐国儒生以口头形式解说传播的《齐论语》(22篇)。到了汉武帝时期,在翻修孔子故宅时发现了藏匿于孔宅墙壁夹缝中的一本《论语》,后世推测为秦朝儒生所藏,该版本就是后世所说的《古论语》(21篇)。

上述三个版本在篇目、内容及次序上各有千秋,在汉代各有传习流派。到了汉成帝时期,成帝的老师安昌侯张禹整理各版本《论语》,融合《鲁论语》及《齐论语》,删去其中晦涩不明之处,并以此教导成帝,时称《张侯论》。作为帝王之师,张禹整理的《张侯论》在当时流传甚广,影响颇大。之后东汉郑玄注解《论语》即据此版本,自郑玄起,《论语》版本基本定型,共二十篇,流传至今。

二、《论语》的内容和思想

今传《论语》共20篇,492章,其篇名按先后顺序分别为:学而篇、为政篇、八佾篇、里仁篇、公冶长篇、雍也篇、述而篇、泰伯篇、子罕篇、乡党篇、先进篇、颜渊篇、子路篇、宪问篇、卫灵公篇、季氏篇、阳货篇、微子篇、子张篇、尧曰篇。

《论语》全书以语录体为主,叙事体为辅,其主要特点是语言简练、浅近易懂且用意深远。内容涉及哲学、政治、教育、礼仪、经济、文学、天道观、认识论以及立身处世的道理等多个方面,较为集中地体现了孔子及儒家学派的政治主张、伦理思想、道德观念、教育原则等。

《论语》的思想主要包括三个方面:仁,礼,中庸。"仁"是《论语》的思想核心。孔子确立伦理道德(即"仁")的范畴,进而将"礼"阐述为适应"仁"、表达"仁"的一种合理的社会关系与待人接物的规范,进而明确"中庸"的系统方法论原则。这也是儒家思想体系的基本构架:"仁"为内在核心,"礼"为外在目的,"中庸"为实现途径。

《论语》的注释版本众多,其中南宋儒学家朱熹的《论语集注》影响巨大。其他重要的版本还有三国何晏《论语集解》、南朝皇侃《论语义疏》、北宋邢昺《论语注疏》、清刘宝楠《论语正义》、杨伯峻《论语译注》等。通行本有清阮元《十三经注疏》,近代有李泽厚《论语今读》、钱穆《论语新解》等著作。

三、《论语》的影响

《论语》是儒家经典之一,对后世的思想和学术影响至深,在汉代已被视为辅翼《五经》的传或记,汉文帝时列于学官,东汉时被尊为经,自汉武帝"罢黜百家,独尊儒术"之后,《论语》被尊为"五经之輨辖,六艺之喉衿"。南宋时朱熹将《大学》《中庸》《论语》《孟子》合为"四书",使之在儒家经典中的地位日益提高。元代延祐年间,科举开始以"四书"开科取士,《论语》成为古代学校官定教科书和科举考试必读书。此后一直到清朝末年推行洋务运动、废除科举之前,《论语》一直是学子士人推施奉行的金科玉律。

《论语》作为孔子及其门人的言行集,内容十分广泛,多半涉及人类社会生活问题,其思想体系——"仁""礼""中庸"理念塑造了中国古代社会的价值观和行为准则,成为人们言行是非的标准,对中华民族的心理素质、道德行为、文化和民族性格的铸造都产生了重大影响,对中国古代社会的政治、经济、文化教育也产生了深远的影响。

《论语》是中华民族宝贵的精神财富,是中华民族优秀的文化遗产,即使在今天,其精华部分依然为人们所效法,我们今天所熟知的许多警语箴言都出自《论语》,如"三人行则必有我师""知之为知之,不知为不知,是知也""己所不欲,勿施于人"等。为此,我们不能不感叹古人的智慧与眼界。两千多年后的今天,我们捧读《论语》,仍能感受到古圣先贤的教诲,感受到古圣先贤流淌至今的热血脉动。

第一章　认识孔子

导 读

孔子是中国古代著名的思想家、政治家、教育家，儒家学派的创始人。

一、孔子的生平经历

孔子，名丘，字仲尼，春秋时期鲁国昌平乡陬邑（今山东省曲阜市）人，祖籍宋国栗邑（今河南省夏邑县）。孔子生于公元前551年（周灵王二十一年，鲁襄公二十二年），卒于公元前479年（周敬王四十年，鲁哀公十六年），享年七十三岁。

微课视频：《认识孔子》

孔子三岁丧父，家道中落，自幼熟悉传统礼制，青年时便以广博的礼乐知识闻名于鲁国；早年做过管理仓库和放牧的小官；中年时期，孔子聚徒讲学，从事教育活动，曾一度担任鲁国的司寇；后因与当政者政见不和，于是弃官离开鲁国，偕弟子周游列国十四年，宣传自己的政治主张和思想学说；晚年回到鲁国，致力于教育事业，并修订《六经》。

二、孔子的思想体系和教育理念

孔子建构了完整的"德道"思想体系，在个体层面主张"仁、礼"之德性与德行。他创立了以"仁"为核心的道德学说，"己所不欲，勿施于人""君子成人之美，不成人之恶""躬自厚而薄责于人"等，也是他自己做人的准则。

孔子的政治思想核心内容是"礼"与"仁"。在治国方略上，他主张"为政以德"，即"德治"和"礼治"思想。孔子认为，用道德和礼教来治理国家是最高尚的治国之道。孔子的最高政治理想是建立"天下为公"的大同社会，较低的政治目标是建立小康社会。孔子的大同社会、小康社会理想对中国后世影响深远，其政治思想经过后世继承和发扬，深刻地影响了中国政治、经济及文化的发展，并对东亚、东南亚及欧洲文明产生了影响。

孔子的经济思想主要是"重义轻利""见利思义"的义利观与"富民"思想。这也是儒家经济思想的主要内容，对后世有较大的影响。

孔子是中国历史上最早提出"有教无类"主张的人。他认为，人的天赋素质相近，个性差异主要是因为后天教育与社会环境的影响，因此他提倡人人都应该接受教育。孔子的主张打破了古代贵族对教育的垄断，使得平民也有机会接受教育。

三、孔子的主要成就和影响

孔子布衣而成圣，被后世尊为"至圣先师""万世师表"，其创立的儒家学说以及由此发展起来的儒家思想，对中华文明产生了深远的影响，是中华优秀传统文化的重要组成部分。他的"仁"与"礼"儒家思想成为国家施政和个人修养的重要准则，"有教无类"的平民教育思想使华夏文明得以传承。孔子晚年修订《诗》《书》《礼》《乐》、序《周易》（称《易经》十翼，或称"易传"）、撰《春秋》（后人合称《六经》），其对古代文献的系统整理为中华民族文化遗产注入了深远和广博的内涵。他的弟子及再传弟子将其言行和思想记录下来整理而成的《论语》，被奉为儒家经典流传至今，两千多年后我们仍可捧读《论语》，感受其教化之力。

孔子的儒家思想对世界文明也都有着深远的影响。他被联合国教科文组织评为"世界十大文化名人"之首，足见其在全球文化中的重要地位。

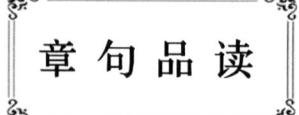

章句（一）（二）：孔子自述其生平。

音频：《认识孔子》章句诵读

（一）

子曰："吾十有⁽¹⁾五而志于学，三十而立⁽²⁾，四十而不惑⁽³⁾，五十而知天命⁽⁴⁾，六十而耳顺⁽⁵⁾，七十而从心所欲，不逾矩⁽⁶⁾。"
——《论语·为政篇》

【注释】

（1）有（yòu）：同"又"，表示前后两数相加，"十有五"即"十加五"，十五岁。
（2）立：自立，指思想上、道德上、事业上有了自己的见解和成就，做事合乎礼法。
（3）惑：迷惑，困惑。
（4）天命：这里的"天命"含有上天的意旨、自然规律和法则或人应尽的道义和职责等多重含义。
（5）耳顺：意味着个人修行成熟，能听得进逆耳之言，同时能分辨是非、真假而不计较。
（6）逾矩（yú jǔ）：超越规矩和法度。逾：越过，超过。矩：规矩，法度。

【今译】

孔子说："我十五岁时开始立志学习；三十岁时能自立于世；四十岁时遇事不再感到困惑，五十岁时懂得了什么是天命；六十岁时能听得进各种不同的意见，七十岁才可以随心所欲但又不会超越规矩和法度。"

【解读】

孔子自述其一生的历程和境界。

"吾十有五而志于学"。孔子十五岁时便开始懂得学识的重要性，立下求学之志。这里的学识不仅是指书本知识，更多的是为人处世之道。人一旦有了志向，便不再迷茫，开始自觉地追求学问与成长。

"三十而立"，人到了三十岁，应学业有成，并掌握生存之道，确立正确的道德信仰和行为规范，构筑正确的世界观、人生观与价值观。

"四十而不惑"，人到了四十岁，历经世事，洞察人生，已经积累了丰富的人生经验，形成了自己的判断力，能够明辨是非，不被表象所迷惑。

"五十而知天命"，人到了这个阶段，已洞悉自然法则，学会对生活的接受和顺应，心怀一份超然与宽容。

"六十而耳顺"，人到了花甲之年，达到一种从容不迫、豁达开朗的心境，无论听到什么话，都能保持平和的心态，这不是糊涂，而是洞察世事后的淡定与从容。

"七十而从心所欲，不逾矩"，此乃人生至高境界。心之所向，行之所至，却又不失规矩。这是一种在自律之上的自在，是心灵上的无拘无束。

【典章印证】

子曰："我非生而知之者，好古，敏以求之者也。" ——《论语·述而篇》

意译：

孔子说："我不是生下来就是有知识的人，只不过是爱好学习、勤奋敏捷地求取知识的人。"

【知识拓展】

微课视频：《古代对年龄的雅称》

（二）

子曰："若⁽¹⁾圣与仁，则吾岂敢？抑⁽²⁾为之不厌，诲人不倦，则可谓云尔⁽³⁾已⁽⁴⁾矣。"公西华⁽⁵⁾曰："正⁽⁶⁾唯弟子不能学也。" ——《论语·述而篇》

【注释】

（1）若：及，比得上。
（2）抑：转折语气词，然则、抑或、或许。
（3）云尔：这样，如此。
（4）已：罢了，算了。
（5）公西华：公西赤，姓公西，名赤，字子华，孔子弟子，孔门七十二贤之一；以长于祭祀之礼、宾客之礼著称，且善于交际，有非常优秀的外交才能，曾经为孔子出使齐国。
（6）正：恰好，正好。

【今译】

孔子说："说我至圣至仁，我怎敢以此自居？（我）只不过是修行仁德不知满足，教导别人不知厌倦，如此罢了。"公西华说："这正是弟子做不到的地方啊。"

【解读】

孔子曾说："默而识之，学而不厌，诲人不倦，何有于我哉？"此句与另一句孔子名言："若圣与仁,则吾岂敢?抑为之不厌,诲人不倦,则可谓云尔已矣。"互为印证,其思想一脉相承。孔子深信,勤学不辍是为"知"之本,谆谆教导是为"仁"之行。"知"与"仁"相融,方得"圣"之境。孔子谦逊地自称没有达到"至圣至仁"的境界,但他一直朝着这一崇高目标不懈努力,孜孜以求,永不知倦,同时他也不辞辛劳地启迪后学,此乃其内心真挚之声。

【典章印证】

叶公问孔子于子路,子路不对。子曰:"女奚不曰:其为人也,发愤忘食,乐以忘忧,不知老之将至云尔。"

——《论语·述而篇》

意译:

叶公向子路问孔子是个什么样的人,子路不回答。孔子(对子路)说:"你为什么不说,他这个人,发奋用功,连吃饭都忘了,快乐得把一切忧愁都忘了,连自己快要老了都不知道,如此而已。"

章句(三)(四):孔子与其弟子谈论志向。

(三)

颜渊(1)、季路(2)侍(3)。子曰:"盍(4)各言尔志。"子路曰:"愿车马衣裘,与朋友共,敝之而无憾。"颜渊曰:"愿无伐(5)善,无施劳(6)。"子路曰:"愿闻子之志。"子曰:"老者安之,朋友信之,少者怀之(7)。"

——《论语·公冶长篇》

【注释】

(1)颜渊:即颜回,春秋时期鲁国都城人(今山东省曲阜市),春秋末期著名思想家,孔门七十二贤之首,是孔子最得意的弟子,极富学问,其思想与孔子的思想基本一致,后世尊其为"复圣";颜回生活清苦而能安贫乐道,终生未仕而好学不倦;他一生追随孔子,对孔子学说身体力行,故孔子常称赞其具有君子四德,即强于行义、弱于受谏、怵于待禄、慎于治身;颜回没有留下传世之作,他的只言片语收集在《论语》等书中。

(2)季路:即仲由,姓仲名由,字子路,因他曾为季氏的家臣,又被称作季路;春秋时期鲁国人;孔子的得意门生,以政事见称。仲由除了师从孔子学习六艺外,还为孔子赶车,做侍卫,跟随孔子周游列国,他敢于对孔子提出批评,勇于改正错误,深得孔子器重。

(3)侍:服侍,指站在尊贵者旁边陪着。

(4)盍:何不。

(5)伐:夸耀。

(6)施劳:表白自己的功劳。施:表白。劳:功劳。

(7)少者怀之:让年少者得到关怀。

【今译】

颜渊、季路侍立在孔子身边。孔子说:"你们何不各自谈谈自己的志向?"子路说:"我希望有车马乘坐,穿着轻薄的皮衣,与朋友们分享,即使用坏了也不遗憾。"颜渊说:"我希望不夸耀自己的长处,不宣扬自己的功劳。"子路(转问孔子)说:"我们希望听听老师的志向。"孔子说:"我愿老年人安度晚年,朋友之间相互信任,年幼的人得到照顾。"

【解读】

孔门师徒三人坐而论道,各陈其志。子路的志向是"义者之志",愿与朋友共享车马轻裘,其志豪迈;颜回心怀"谦者之志",愿行善而不自夸、劳作而不自傲,其志谦和;而孔子怀抱"仁者之志",愿老者得安、朋友得信、少年得怀,其志宽厚。他们的志向既有相同点,又有不同点。相同之处在于,三人的志向都是积极向善、有益于社会大众;不同之处在于,三人的志向有高低深浅之分。孔子的志向不仅是对个人理想的阐述,更是对社会责任的担当。他希望通过自己的努力和实践,使老者能安享晚年、朋友能相互信任、少者能得到关怀和引导,这种理念体现了儒家思想对社会责任的高度重视和担当,也启示我们在追求个人理想的同时,要关注社会责任,要为社会作贡献,让更多的人受益。

【典章印证】

为天地立心,为生民立命,为往圣继绝学,为万世开太平。

——《横渠语录》(北宋·张载)

注:张载,字子厚,世称横渠先生,尊称张子,是北宋思想家、教育家、理学创始人之一;张载一生大部分时间和精力用于著书立说、教书育人上,著有《太和》《拾遗·性理拾遗》《乾称》等篇章,还著有《正蒙》《横渠易说》《经学理窟》等,后人编为《张子全书》;张载对传统文化影响最大的莫过于创立关学,对后世儒家学者影响很大。

微课视频:《认识张载》

(四)

子路、曾皙(1)、冉有(2)、公西华侍坐。子曰:"以吾一日长乎尔,毋吾以也(3)。居(4)则曰:'不吾知也!'如或知尔,则何以(5)哉?"子路率尔(6)而对曰:"千乘之国,摄(7)乎大国之间,加之以师旅,因之以饥馑,由也为之,比及(8)三年,可使有勇,且知方(9)也。"夫子哂(10)之。"求,尔何如?"对曰:"方六七十(11),如(12)五六十,求也为之,比及三年,可使足民。如其礼乐,以俟君子。""赤,尔何如?"对曰:"非曰能之,愿学焉。宗庙之事(13),如会同(14),端章甫(15),愿为小相(16)焉。""点,尔何如?"鼓瑟希(17),铿尔,舍瑟而作(18),对曰:"异乎三子者之撰。"子曰:"何伤乎?亦各言其志也。"曰:"莫(19)春者,春服既成,冠者(20)五六人,童子六七人,浴乎沂(21),风乎舞雩(22),咏而归。"夫子喟然叹曰:"吾与点也!"三子者出,曾皙后。曾皙曰:"夫三子者之言何如?"子曰:"亦各言其志也已矣。"曰:"夫子何哂由也?"曰:"为国以礼。其言不让,是故哂之。""唯(23)求则非邦也与?""安见方六七十如五六十而非邦也者?""唯赤则非邦也与?""宗庙会同,非诸侯而何?赤也为之小,孰能为之大?"

——《论语·先进篇》

【注释】

(1)曾皙:姓曾,名点,字子皙,春秋时期鲁国南武城(今山东省临沂市平邑县)人,"宗圣"曾参之父,孔子弟子,孔门七十二贤之一,是孔子30多岁第一次授徒时收的弟子,与其子曾参同师孔子。

(2)冉有:即冉求,字子有,通称"冉有",尊称"冉子",春秋时期鲁国人,周文王第十子冉季载的嫡裔；春秋末年著名学者，孔子弟子，孔门七十二贤之一，以政事见称，多才多艺，尤擅长理财，曾担任季氏宰臣。

（3）以吾一日长乎尔，毋吾以也：不要因为我比你们年长一些，而不敢说话。

（4）居：平时。

（5）何以：何以为用。

（6）率尔：轻率地、急切地。

（7）摄：迫于，夹在。

（8）比（bì）及：等到

（9）知方：指懂得道义，遵守礼义。方：方向。

（10）哂（shěn）：讥笑。

（11）方六七十：纵横六七十里。

（12）如：或者。

（13）宗庙之事：指祭祀之事。

（14）会同：诸侯会见。

（15）端章甫：这里泛指穿着礼服。端：古代的一种礼服，也叫"玄端"。章甫：古代的一种礼帽。

（16）相：在祭祀、聚会时，行赞礼的人，也叫司仪。

（17）希：同"稀"，即稀疏，指弹琴的节奏放慢。

（18）作：站起身来。

（19）莫：同"暮"。

（20）冠者：成年人。古代男子到20岁时行冠礼，束发加冠，表示已经成年。

（21）浴乎沂：在沂河里沐浴（洗澡）。沂：河水名，发源于山东南部，流经江苏北部入海。

（22）舞雩（yú）：古代求雨的祭坛，因人们祈雨必舞，故称"舞雩"，这里指鲁国祭天求雨的台子。雩：地名，原是祭天求雨的地方，今在山东曲阜市。

（23）唯：语首助词，无意义。

【今译】

子路、曾晳、冉有、公西华四人陪同孔子坐着。孔子说："我比你们年龄都大，你们不要因为我在这里就不敢尽情说话。你们平时总爱说没有人了解自己的才能。如果有人了解你们，那你们打算怎么做呢？"子路直率而急切地回答说："（一个）拥有一千辆兵车的诸侯国，夹在几个大国之间，外面有军队侵犯它，国内又连年灾荒，我去治理它，只要三年，就可以使那里人人有勇气、个个懂道义。"孔子听后微微一笑。又问："冉求，你怎么做呢？"冉求回答说："方圆六七十里或五六十里的小国家，我去治理它，只要三年，就可以使人民富足。至于礼乐教化方面，那只有等贤人君子来施行了。"孔子又问："公西赤，你如何做呢？"公西华回答说："我不敢说我有能力做什么，我很愿意学习罢了。宗庙祭祀或者与别的国家盟会，我愿意穿着礼服，戴着礼帽，做一个小小的赞礼人罢了。"孔子接着问："曾点！你怎么样？"（曾点正在弹琴）他弹奏的节奏逐渐变慢，"铿"的一声放下琴瑟站起来，回答道："我和他们三位所说的不一样。"孔子说："那有什么关系呢？只不过是各人谈谈志向罢了。"曾晳说："暮春三月的时候，身上穿着春天的衣服，我和五六位成年人，还有六七个儿童一起，在沂水岸边洗洗澡，在舞雩台上吹风纳凉，唱着歌儿一路走回来。"孔子长叹一声说:"我赞赏曾点的想法。"子路、冉有、公西华三个人都出去了,曾皙最后走。他问孔子:"他们三位的话怎么样?"孔子说:"也不过各人谈谈自己的志向罢了。"曾皙说:"您为什么笑仲由呢?"孔子说:"治理国家应该注意礼仪,他的话一点也不谦逊,所以笑他。"曾皙又问:"难道冉求所讲的不是有关治理国家的事吗?"孔子说:"怎么见得方圆六七十里或五六十里的地方就算不上一个国家呢?"曾皙再问:"公西赤讲的就不是国家吗?"孔子说:"有宗庙、有国家之间的盟会,不是国家是什么?如果公西华只能做小相,那谁能做大相呢?"

【解读】

《论语》一共二十篇、四百九十八章(据朱熹之言),每个篇章都短小精炼,甚至片言只语,唯有《侍坐》篇幅稍长,形象生动地记录了孔子与子路、曾皙、冉有、公西华四位弟子畅谈理想、自述政治抱负的场景。子路直率,性格果敢;冉有委婉,性格谨慎;公西华谦虚而含蓄,性格内敛;曾皙高雅而宁静,性格洒脱。四个弟子各具特色,勾勒出一幅先贤论志之图景。

从孔子与弟子们的言谈中可以窥见其政治理想。孔子认为,子路、冉有、公西华三人虽各有治国之策,但皆未触及治国之根本,未能体现出"仁"与"礼"的治国原则。孔子为何独赞曾皙的主张?因为曾皙生动形象地描绘了礼乐之治下的和谐景象,这正是"仁""礼"治国理念的生动体现,曾皙虽未直言治国之道,却以诗意盎然之画面说明了治国之根本。在孔子看来,治国之道,当以"仁"为本,以"礼"为用,方能实现社会和谐、人民安乐。

【典章印证】

季氏将伐颛臾。冉有、季路见于孔子,曰:"季氏将有事于颛臾。"孔子曰:"求!无乃尔是过与?夫颛臾,昔者先王以为东蒙主,且在邦域之中矣,是社稷之臣也。何以伐为?"冉有曰:"夫子欲之,吾二臣者皆不欲也。"孔子曰:"求!周任有言曰:'陈力就列,不能者止。'危而不持,颠而不扶,则将焉用彼相矣?且尔言过矣。虎兕出于柙,龟玉毁于椟中,是谁之过与?"

冉有曰:"今夫颛臾,固而近于费。今不取,后世必为子孙忧。"孔子曰:"求!君子疾夫舍曰欲之而必为之辞。丘也闻有国有家者,不患寡而患不均,不患贫而患不安。盖均无贫,和无寡,安无倾。夫如是,故远人不服,则修文德以来之。既来之,则安之。今由与求也,相夫子,远人不服,而不能来也;邦分崩离析,而不能守也;而谋动干戈于邦内。吾恐季孙之忧,不在颛臾,而在萧墙之内也。"

——《论语·季氏篇》

意译:

季氏计划攻打颛臾。冉有和季路去拜见孔子,说:"季氏准备对颛臾用兵了。"孔子说:"冉有!这难道不是你的过错吗?颛臾,以前是先王主持东蒙山祭祀的地方,而且地处鲁国境内,是供奉社稷的属地。为什么要攻打它呢?"冉有说:"季孙想要这么做,我们两个臣子都不想这样。"孔子说:"冉有!周任有句话说:'尽自己的力量去完成任务,不能胜任的话就辞职。'如果危险的时候不去扶持,摔倒了不去搀扶,还要那些辅佐之人干什么呢?而且你的话错了。老虎和犀牛从笼子里跑出来,龟甲和宝玉在匣子里被毁,这是谁的过错呢?"

冉有说:"现在的颛臾,城墙坚固而且靠近费城。现在不攻取,将来一定会给子孙带来忧患。"孔子说:"冉有!君子厌恶那些不承认是自己想做,却要找借口的人。我听说士大夫都有自己的封地,他们不怕财富少而怕财富分配不均,不怕民众少而怕不安定。财物分配公平合理,就没有贫穷；上下和睦，就不必担心人少；社会安定，国家就没有倾覆的危险。依照这个道理，如果远方的人还不归服，那就施以文治教化来使他们归服。他们归服以后，就要让他们安定下来。如今仲由和冉求辅佐季孙，远方的人不服，不能让他们归顺；国家四分五裂，不能保持稳定统一；反而计划在国内发动战争。我担心季孙的忧患不在颛臾，而是在鲁国内部。"

章句（五）（六）：孔子形象及待人处世之道。

（五）

朝，与下大夫言，侃侃(1)如也；与上大夫言，訚訚(2)如也。君在，踧踖(3)如也，与与(4)如也。

——《论语·乡党篇》

【注释】

（1）侃侃：说话理直气壮、不卑不亢、温和快乐的样子。
（2）訚訚（yín）：正直，和颜悦色又能直言善辩。
（3）踧踖（cú jí）：恭敬而不安的样子。
（4）与与：小心谨慎、威仪适中的样子。

【今译】

孔子在上朝的时候，（国君还没有到来）同下大夫说话，态度温和而快乐；同上大夫说话，态度正直而公正；国君到了，态度既恭敬又小心谨慎，礼仪适中。

【解读】

孔子的言行举止，在不同场合表现出不同的态度。乡党邻里之间相处，孔子的态度和蔼可亲；而在重要的国事场所则庄严慎重、能言善辩且有担当。在朝廷上面对国君时，既恭敬又小心谨慎，不失礼节，亦不越分寸。

【典章印证】

孔子于乡党，恂恂如也，似不能言者。其在宗庙朝廷，便便言，唯谨尔。

——《论语·乡党篇》

意译：

孔子在家乡时，非常恭顺，好像不太会说话的样子。他在宗庙和朝廷里则能言善辩，只是说话很谨慎。

（六）

厩焚，子退朝，曰："伤人乎？"不问马。

——《论语·乡党篇》

【今译】

孔子家的马厩失火了。孔子退朝回来，说："伤到人了吗？"没问马怎么样了。

【解读】

本文反映了孔子以人为本的价值理念和道德情怀。当孔子家遭遇火灾时，孔子未及他顾，唯独关心人之安危，此举体现了孔子的仁爱之心。

【典章印证】

子食于有丧者之侧，未尝饱也。　　　　　　　　　　　　　　——《论语·述而篇》

意译：

孔子在有丧事的人身旁吃饭时，从来没有吃饱过。

章句（七）（八）：孔门弟子对孔子的评价。

（七）

颜渊喟然叹曰："仰之弥(1)高，钻(2)之弥坚，瞻(3)之在前，忽焉在后。夫子循循然善诱人(4)，博我以文，约我以礼，欲罢不能。既竭吾才，如有所立卓尔(5)。虽欲从之，末由(6)也已。"

——《论语·子罕篇》

【注释】

（1）弥：更加，越发。

（2）钻：钻研。

（3）瞻（zhān）：视，看。

（4）循循然善诱人：一步一步有序地引导别人。循循然：有序地。诱：劝导，引导。

（5）卓尔：高大、挺拔的样子。

（6）末由：不知怎么办，没有办法达到。末：无、没有。由：途径，路径。

【今译】

颜渊感叹地说："（对于老师的学识和品德）我抬头仰望，越望越觉得高耸；我努力钻研，越钻研越觉得深奥。看着好像在前面，忽然又像在后面。老师善于一步一步地诱导我，用各种典籍来丰富我的知识，又用各种礼节来约束我的言行，使我想停止学习都不可能，直到我用尽全力。就好像有一座高耸入云的山峰立在我前面，虽然我想攀登上去，却没有办法达到。"

【解读】

作为孔子最得意的弟子，颜渊极力推崇自己的老师，认为老师的地位至高无上，老师的学问博大精深，人所难及。颜渊之言不仅彰显了他对孔子的深厚情感，亦反映了孔子的学术与品德卓越非凡，且孔子施教"循循然善诱人"，意在循序渐进，引导学生自发思考，激发学生内在潜力，注重培养学生独立思考与解决问题的能力，而非强行灌输。

微课视频：《认识颜回》

【典章印证】

太史公曰：《诗》有之："高山仰止，景行行止。"虽不能至，然心乡往之。余读孔氏书，想见其为人。适鲁，观仲尼庙堂车服礼器，诸生以时习礼其家，余祗回留之不能去云。天下君王至于贤人众矣，当时则荣，没则已焉。孔子布衣，传十余世，学者宗之。自天子王侯，中国言《六艺》者折中于夫子，可谓至圣矣！　　——《史记·孔子世家赞》（汉·司马迁）

注： 司马迁，字子长，左冯翊夏阳（今陕西韩城南）人，中国西汉时期伟大的史学家、文学家、思想家；继父司马谈之职任太史令，因触怒汉武帝，获罪入狱，处以腐刑；受刑之后，忍辱发愤，艰苦撰述，根据《尚书》《春秋》《左传》《国语》《世本》《战国策》等史书及诸子百家的著作、官府所藏的典籍档案以及亲身考察访问得来的资料，终于写成"究天人之际，通古今之变，成一家之言"的《史记》(原名《太史公书》)，影响极为深远；除《史记》外，其著作存于今者尚有《报任安书》《素王妙论》《悲士不遇赋》。

微课视频：《认识司马迁》

意译：

太史公说：《诗经》中有这样的话："巍巍高山让人仰慕，通天大道让人遵循。"我虽然不能达到那样的境界，但我内心非常向往。我阅读孔子的书籍，想象着他的为人。我来到鲁国，参观孔子的宗庙厅堂、车辆、服饰和礼乐器物，儒生们按时在孔子庙堂中演习礼仪，让我深感敬畏，久久不愿离去。天下君王和贤人虽然众多，但他们在世时或许能够尊享荣耀，一旦去世便很快被人遗忘。孔子只是一个平民，他的学说却传承了十余代，被无数学者所尊崇。从天子王侯到普通百姓，凡是谈论《六经》的人，都以孔子的学说为评判标准。孔子真可谓是一位至高无上的圣人！

（八）

叔孙武叔⁽¹⁾毁仲尼，子贡⁽²⁾曰："无以为也，仲尼不可毁也。他人之贤者，丘陵也，犹可逾也；仲尼，日月也，无得而逾焉。人虽欲自绝⁽³⁾，其何⁽⁴⁾伤于日月乎？多见其不知量也。"

——《论语·子张篇》

【注释】

（1）叔孙武叔：姓叔孙，名州仇（qiú），鲁国司马，三桓之一；谥号"武"。

（2）子贡：端木赐，复姓端木，字子贡，春秋末年卫国黎（今河南省鹤壁市浚县）人，孔子的得意门生，儒家杰出代表，孔门十哲之一；他善于雄辩，办事通达，曾任鲁国、卫国的丞相；子贡不仅在学业、政绩方面有突出的成就，而且善于经商，是孔子弟子中的首富，有"君子爱财，取之有道"之风，其诚信经营之德为后世商界所推崇，是儒商鼻祖。

（3）自绝：自行断绝（跟对方之间的关系）。绝：断绝。

（4）何：什么；怎么。

【今译】

叔孙武叔诋毁仲尼。子贡说："不要这样做！仲尼是不可诋毁的。他人的贤能，好比丘陵，还可以逾越；仲尼，就好比是日月，是无法逾越的。一个人即使想自绝于日月，对日月又有什么伤害呢？只是显出他的不自量力罢了。"

【解读】

在《论语》的篇章中，子贡对孔子的赞颂之情溢于言表，如《论语·学而》篇里的"夫子温、良、恭、俭、让"，《论语·子张》篇里的"夫子之不可及也，犹天之不可阶而升也。夫子之得邦家者，所谓立之斯立，道之斯行，绥之斯来，动之斯和，其生也荣，其死也哀，如之何其可及也。"

其言辞不仅流露出对孔子的尊敬，也道出了他对孔子学识与德行的钦佩与赞美，更昭示了孔子的伟大，为后世所传颂。

【典章印证】

叔孙武叔语大夫于朝，曰："子贡贤于仲尼。"子服景伯以告子贡。子贡曰："譬之宫墙，赐之墙也及肩，窥见室家之好。夫子之墙数仞，不得其门而入，不见宗庙之美，百官之富。得其门者或寡矣。夫子之云，不亦宜乎？"　　　　　　　　　　——《论语·子张篇》

意译：

叔孙武叔在朝廷上对大夫们说："子贡的才德比孔仲尼更卓越。"子服景伯把这句话告诉子贡。子贡说："以房屋的围墙作比喻吧。我家的围墙只有肩膀那么高，别人可以看到屋内摆设的美好状况。老师家的围墙却有几丈高，如果找不到大门进去，就看不到里面宗庙的宏伟壮观与连绵房舍的多彩多姿。能够找到大门的人或许很少吧，叔孙先生这种说法不是正好印证了吗？"

章句（九）（十）：其他人对孔子的点评。

（九）

子路宿于石门(1)。晨门(2)曰："奚自？"子路曰："自孔氏。"曰："是知其不可而为之者与？"　　　　　　　　　　　　　　　　　　　　　——《论语·宪问篇》

【注释】

（1）石门：鲁国都城（曲阜）外城的城门。
（2）晨门：早上看守城门的人。

【今译】

子路在城门外住宿了一夜。早上守城门的人说："从哪儿来的？"子路说："从孔子家来的。"守城门的人说："就是那位知道做不成却还要做的人吗？"

【解读】

凡是关乎社稷兴衰、牵系民族命脉、系乎万民福祉之等大事，若无人担当，则国之不国，民之不民；但此等重任，行之维艰，非朝夕可成，短期内难见成效。

孔子之所以为后世所敬仰，不仅因其学识渊博，更因其能挺身而出，勇挑历史之责，以一己之力承担了光辉而又充满挑战的历史使命，堪称圣人。孔子以其言行昭示世人：行事之际，不问可不可能，但问应不应该。他告诉我们，不问成败，但求无愧于心，无愧于道，无愧于天下。

【典章印证】

长沮、桀溺耦而耕，孔子过之，使子路问津焉。长沮曰："夫执舆者为谁？"子路曰："为孔丘。"曰："是鲁孔丘与？"曰："是也。"曰："是知津矣。"问于桀溺，桀溺曰："子为谁？"曰："为仲由。"曰："是鲁孔丘之徒与？"对曰："然。"曰："滔滔者天下皆是也，而谁以易之？且而与其从辟人之士也，岂若从辟世之士哉？"耰而不辍。子路行以告，夫子怃然曰："鸟兽不可与同群，吾非斯人之徒与而谁与？天下有道，丘不与易也。"　　——《论语·微子篇》

意译：

长沮、桀溺两人在一起耕种，孔子路过那里，就让子路去向他们打听渡口在哪里。长沮问子路："那个拿着缰绳的是谁？"子路说："是孔丘。"长沮说："是鲁国的孔丘吗？"子路说："是的。"长沮说："他知道渡口在哪里。"子路又去问桀溺。桀溺说："你是谁？"子路说："我是仲由。"桀溺说："是鲁国孔丘的学生吗？"子路说："是的。"桀溺说："天下像滔滔洪水泛滥那样，有谁能改变它呢？而且你与其跟着躲避人的人，为什么不像我们一样跟着躲避社会的人呢？"说完，仍旧不停地做田里的农活。子路回来后把情况报告给孔子。孔子很失望地说："我们不能同飞禽走兽一起生活，如果不同世上的人群打交道还与谁打交道呢？如果天下太平，我就不会与你们一道来从事改革了。"

（十）

楚狂接舆(1)歌而过孔子(2)曰："凤(3)兮！凤兮！何德之衰(4)？往者不可谏，来者犹可追(5)。已而(6)，已而！今之从政者殆(7)而！"

孔子下(8)，欲与之言。趋而辟(9)之，不得与之言。

——《论语·微子篇》

【注释】

（1）接舆：楚国的隐士，佯狂避世。一说他姓接名舆；一说因他迎接孔子之车而歌，所以称他接舆。舆是车的意思。

（2）过孔子：从孔子（车子）旁边经过。

（3）凤：凤凰，比喻孔子。

（4）何德之衰：为什么（你的）德行衰退了？这句话是讥讽孔子在无道之世出来奔走游说。

（5）往者不可谏，来者犹可追：过去的事已不能挽回，未来的事还来得及防止。意思是劝孔子避乱隐居。谏：止，挽回。追：及，赶得上。

（6）已而：罢了，算了吧。而：语尾助词。

（7）殆：危险。

（8）下：下堂阶，一说下车。

（9）辟：同"避"。

【今译】

楚国的狂人接舆唱着歌从孔子的车旁经过，他唱道："凤凰啊，凤凰啊！为什么（你的）德行衰退了？过去的事情已经不能挽回了，未来的事情还来得及把握。算了吧，算了吧！现在那些从政的人都危险呀！"孔子下车，想和他交谈，接舆却快步走开，避开了孔子，孔子没能与他交谈。

【解读】

孔子与楚国狂人接舆的故事发生在孔子六十三岁那年。孔子逗留楚国期间，楚昭王曾有意赐予孔子七百里封地，却因令尹子西的反对而未能实现。楚昭王驾崩之后，孔子计划离开楚国，前往卫国，正是这个时候，他遇到了接舆。

接舆对孔子四处奔波却屡屡受挫的境遇感到惋惜。他有意走向孔子的车驾并唱起了《凤兮》之歌。在中国文化中，凤与龙同为尊贵的象征，常用来比喻品德高尚的君子。接舆将孔子比作凤，表达了他对孔子的尊敬以及对其品德的高度认可；然而，接舆并不认同孔子在当时混乱的世道中仍不懈努力的做法，他认为，在混乱的世道中，孔子应当归隐，不应该徒劳无功地追求理想。他直言不讳地告诉孔子，在这个时代孔子的努力注定是徒劳的。

孔子，作为儒家思想的集大成者，虽不排斥接舆的直言，却也未受其影响而改变初衷。他一贯主张"以道事君，不可则止"，并提倡"用之则行，舍之则藏"的处世哲学。对于微子和箕子的灵活变通，孔子也给予了高度评价，称赞他们为"仁者"。尽管如此，孔子并未选择仿效他们的做法。为了实现自己的理想，为了推广自己心中的道义，孔子始终坚持不懈地努力。

【典章印证】

孔子适楚，楚狂接舆游其门曰："凤兮凤兮，何如德之衰也。来世不可待，往世不可追也。天下有道，圣人成焉；天下无道，圣人生焉。方今之时，仅免刑焉！福轻乎羽，莫之知载；祸重乎地，莫之知避。已乎，已乎！临人以德。殆乎，殆乎！画地而趋。迷阳迷阳，无伤吾行。吾行郤曲，无伤吾足。"山木，自寇也；膏火，自煎也。桂可食，故伐之；漆可用，故割之。人皆知有用之用，而莫知无用之用也。　　——《庄子·人间世》

意译：

孔子前往楚国，楚国的狂人接舆在他门前游荡，唱道："凤鸟啊凤鸟，你的德行怎么如此衰退了呢？未来的世道无法期待，过去的岁月已无法追回。当天下政治清明时，圣人便能成就事业；当天下混乱时，圣人便应运而生。如今这样的时代，能够免于刑罚就算不错了！福祉比羽毛还轻，却没有人知道去承受它。灾难比大地还重，却没有人知道去避免它。算了吧，算了吧！用德行去要求别人是徒劳的。危险啊，危险啊！就像在地上画好路线让人行走一样不切实际。荆棘啊荆棘，不要阻挡了我的前行。旅途中的刺榆啊，不要刺伤了我的双脚！"

接舆接着说："山上的树木，因为长得高大而招致砍伐；油脂因为可以燃烧而自取灭亡。桂树因为可食用而被人砍伐，漆树因为汁液可利用而被人割取。人们都知道有用之物的用处，却不知道无用之物的用处。"

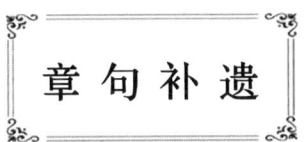

章 句 补 遗

1. 子曰："莫我知也夫！"子贡曰："何为其莫知子也？"子曰："不怨天，不尤人，下学而上达。知我者其天乎！"　　——《论语·宪问篇·第三十五章》

2. 子曰："饭疏食饮水，曲肱而枕之，乐亦在其中矣。不义而富且贵，于我如浮云。"　　——《论语·述而篇·第十六章》

3. 子曰："笃信好学，守死善道。危邦不入，乱邦不居。天下有道则见，无道则隐。邦有道，贫且贱焉，耻也；邦无道，富且贵焉，耻也。"　　——《论语·泰伯篇·第十三章》

4. 子之燕居，申申如也，夭夭如也。　　——《论语·述而篇·第四章》

5. 君召使摈，色勃如也，足躩如也。揖所与立，左右手，衣前后襜如也。趋进，翼如也。宾退，必复命曰："宾不顾矣。"　　——《论语·乡党篇·第三章》

6. 子温而厉，威而不猛，恭而安。　　——《论语·述而篇·第三十八章》

7. 子于是日哭，则不歌。　　——《论语·述而篇·第十章》

综 合 实 践

传统文化主题践行活动：立志之道

一、传统文化践行主题

本章传统文化践行活动的主题是"立志之道"。立志之道，在于早立志，勤于学，不断汲取书籍之精华，丰富心灵之土壤。让我们以古人之智为鉴，以今人之志为翼，在立志与求学的旅途中，书写人生华章。

二、文化践行活动

根据本校实际情况，结合学生特点，在以下文化践行活动中选择一项进行。

（一）文化践行活动一：诵读国学经典，弘扬传统文化

1. 活动目标

通过对中华优秀传统文化——国学经典作品的诵读与感悟，让学生体会中华优秀传统文化的魅力，提高对经典作品的理解力和感受力，并将其中的"真、善、美"内化于心，进一步完善人格，提升民族自豪感和自信心。

2. 活动类型

校内实践。

3. 活动方案

（1）实践分组：每班以小组为单位开展文化践行活动，每组5人左右，选定组长1人。

（2）小组成员共同选定一个国学经典作品（诗、词、散文、小说选段、戏剧选段均可），可以由一个人领读，其他人跟读；也可以选择领读、齐读、分组读的组合；还可以根据文学作品的内容分角色朗读。

（3）选择合适的服装，拍摄视频。

4. 作品要求

（1）小组成员共同完成视频录制，视频时长8~10分钟，视频完整流畅，形式新颖，灵活多样，整体效果好。

（2）朗诵者衣着得体，精神饱满，充分反映作品内涵。

（二）文化践行活动二："未来，你立志了吗？"调查报告

1. 活动目标

通过调查活动，了解学生的个人志向与发展规划，促使他们思考未来发展方向，激发对学业和事业的热情，培养学生的规划意识和目标追求。

2. 活动类型

校内实践。

3. 活动方案

（1）实践分组：每班以小组为单位，每组 5 人左右，选定组长 1 人，确保小组成员相互了解。

（2）请小组成员以"你立志了吗？"为主题，共同设计一份调研问卷，包括但不限于以下方面：个人职业志向；对未来发展的期望；学科、兴趣、特长等方面的倾向；面对未来的困惑和挑战。

（3）采访调研：小组成员互相采访，填写彼此设计的问卷，确保获得真实而全面的信息。（鼓励开放式交流，让学生能够深入探讨彼此的梦想和目标）

（4）调研报告撰写：汇总小组成员的调研数据，撰写一份《关于本班学生个人志向与发展规划的调查报告》。报告包括统计数据、学生个体的具体情况、普遍存在的问题和建议等内容。

4. 成果展示

（1）举办班级成果展示活动，学生可以通过口头陈述、展板、图片等方式展示调查报告的核心内容。

（2）鼓励学生相互交流，分享对未来的规划和感悟。

（三）文化践行活动三："德行风采　光照前行"课本剧表演

1. 活动目标

传承中华优秀传统文化，培养学生的德育素养至关重要。通过课本剧的形式，以《论语》中《子路、曾皙、冉有、公西华侍坐》一篇为蓝本，撰写剧本，完成课本剧表演。

2. 活动类型

校内实践。

3. 活动方案

（1）主题确定：学生团队确定演出主题和剧本，确保紧扣德行及立志。

（2）角色分配：学生根据兴趣和适应性，选择并分配孔子、子路、曾皙、冉有、公西华等角色。

（3）剧本创作：学生团队集体创作剧本，注重角色性格刻画和故事情节的连贯性。

（4）在学校举办课本剧表演，展示各小组课本剧成果；也可拍摄为短视频，上传至教学平台，由全体同学投票评选出最优作品。

4. 作品要求

（1）学生团队集体创作剧本，注重角色性格刻画和故事情节的合理性，确保故事情节与德行培养及立志密切相关。

（2）可邀请老师及小组成员组成评审团，对各组表演进行综合评价。

第二章 为学之道

导 读

《论语》中有关学习的论述贯穿全书，主要集中在孔子与弟子们的对话中。孔子不敢以圣人自居，却一再以好学自许，评价自己"学而不厌、发愤忘食、乐以忘忧，不知老之将至"。《论语》中孔子关于为学之道的阐述甚多，从为学之目的、为学之方法、为学之内容、为学之态度各个方面皆有阐释，为后世读书人成德达才、立人达人提供了实现之道。

《论语》中关于学习的论述概括起来主要包括以下几方面。

一、博学多才

孔子强调学习的广泛性和多样性，主张学习不仅要深入专业领域，还要涉猎各类知识。他认为，一个人应该具备广博的知识和多方面的才能，以适应不同的社会角色和要求。

二、注重仪表

《论语》中提到，学者应该注重仪表和修养。良好的仪表是学者表达自身修养和学识的一种方式，被视为学者应具备的基本素养。

三、刻苦钻研

《论语》中反复强调了学习需要刻苦钻研的观点。孔子认为，学无止境，要不断努力，细致入微地研究问题，才能取得真正的成就。

四、实践运用

《论语》中强调，学习的目的是实践和运用。孔子认为，学到的知识应能够指导实际生活，能提高个人修养和道德水平，能为社会做贡献。

五、慎独思进

孔子强调个人修养中的自我反省和思考。他主张学习者要时刻保持谦虚谨慎的态度，不断反省自己的言行，以求不断进步。

《论语》中不仅强调了全面、刻苦、实践导向的学习态度，更强调了道德修养的重要性，这些观点在古代儒家文化中被认为是培养全面人才的基石。本章中儒家论述的为学之道就包含了修养自身的全部原则。

章 句 品 读

音频:《为学之道》章句诵读

章句（一）（二）：论述为学之目的。

（一）

子⁽¹⁾曰:"学而时习⁽²⁾之,不亦说⁽³⁾乎?有朋自远方来,不亦乐⁽⁴⁾乎?人不知而不愠⁽⁵⁾,不亦君子⁽⁶⁾乎?"

——《论语·学而篇》

【注释】

（1）子：中国古代对有学问、有地位的男子的尊称。《论语》中"子曰"的"子"都是指孔子。

（2）习：本义是指鸟儿练习飞翔,在这里是温习和练习的意思。

（3）说（yuè）：同"悦",高兴、愉快的意思。

（4）乐（lè）：快乐。

（5）愠（yùn）：怒,怨恨,不满。

（6）君子：《论语》中的"君子"指道德修养高的人,即"有德者";有时又指"有位者",即职位高的人。这里指"有德者"。

【今译】

孔子说："学到的东西按时去温习和练习,不是很高兴吗?有朋友从很远的地方来,不是很快乐吗?别人不了解自己,自己却不生气,不也是一位有修养的君子吗?"

【解读】

宋代大儒朱熹对此篇评价至高,誉之为"入道之门,积德之基"。此篇不仅谈论了如何读书学习,更论述了如何修身为人,如何治学致知。

"学而时习之,不亦说乎?"此句道出学后常温习,以求融会贯通、深化理解,从而领悟之乐趣;"有朋自远方来,不亦乐乎?"此句道出有志同道合的朋友从远方来与自己相会的快乐;"人不知而不愠,不亦君子乎?"此句道出有修养的人内心充实,自得其乐。如此修学,美德自增,智慧自启,使自己的心灵获得滋养,思维得以拓展,真正踏上心智成熟之路。

【典章印证】

陈亢问于伯鱼曰："子亦有异闻乎？"对曰："未也。尝独立,鲤趋而过庭,曰：'学《诗》乎？'对曰：'未也。''不学《诗》,无以言。'鲤退而学《诗》。他日,又独立,鲤趋而过庭,曰：'学《礼》乎？'对曰：'未也。''不学《礼》,无以立。'鲤退而学《礼》。闻斯二者。"陈亢退而喜曰："问一得三,闻《诗》,闻《礼》,又闻君子之远其子也。"

——《论语·季氏篇》

意译：

陈亢向伯鱼问道："你在老师那里有得到与众不同的教诲吗？"伯鱼回答说："没有。他曾经独自站在那里，我快步走过庭中，他说：'学《诗》了吗？'我回答说：'没有。'他说：'不学《诗》就不会应对说话。'我退回后就学《诗》。又有一天，他又独自一人站着，我快步走过庭中，他说：'学《礼》了吗？'我回答说：'没有。'他说：'不学《礼》，就没法立足于社会。'我退回后就学《礼》。我只听到过这两次教诲。"陈亢回去后高兴地说："问一件事，知道了三件事，知道要学《诗》，知道要学《礼》，又知道君子不偏私自己的儿子。"

（二）

子曰："性⑴相近也，习⑵相远也。" ——《论语·阳货篇》

【注释】

（1）性：天性，这里指人先天具有的本性。
（2）习：本义为鸟重复学习飞行，此处引申为通过学习及熏染积累养成的习性。

【今译】

孔子说："人先天具有的本性相互之间是相近的，而相互之间（通过后天学习及熏染积久养成的）习性却相差甚远。"

【解读】

孔子的这句话体现了他对人性和教育的独特见解。孔子认为，人类在生理、基本情感和天赋智慧等方面差别不大，无论贵贱、贫富，人的本性是相近的，所以他强调后天修养的重要性。"习相远也"表明后天的培养和学习会使人们在道德、认知和行为上产生差异。这种观点强调了学习及教育对于个体塑造和提高的积极意义，后天的学习和修养对于个体发展起着至关重要的作用。

【典章印证】

君子曰：学不可以已。青，取之于蓝，而青于蓝；冰，水为之，而寒于水。木直中绳，輮以为轮，其曲中规。虽有槁暴，不复挺者，輮使之然也。故木受绳则直，金就砺则利，君子博学而日参省乎己，则知明而行无过矣。

故不登高山，不知天之高也；不临深溪，不知地之厚也；不闻先王之遗言，不知学问之大也。干、越、夷、貉之子，生而同声，长而异俗，教使之然也。诗曰："嗟尔君子，无恒安息。靖共尔位，好是正直。神之听之，介尔景福。"神莫大于化道，福莫长于无祸。

吾尝终日而思矣，不如须臾之所学也；吾尝跂而望矣，不如登高之博见也。登高而招，臂非加长也，而见者远；顺风而呼，声非加疾也，而闻者彰。假舆马者，非利足也，而致千里；假舟楫者，非能水也，而绝江河。君子生非异也，善假于物也。

——《劝学》（战国·荀子）

注：荀子，名况，字卿，战国晚期赵国人，是思想家、哲学家、教育家、儒家学派的代表人物；著有《荀子》一书，又名《荀卿子》；荀子反对孟子的性善论，首倡性恶论，认为人的道德品质是后天形成的，是环境影响和教育的结果，因此应更加注重后天教育的重要性；

荀子还是一位杰出的唯物主义思想家，其言"天行有常"，不信鬼神，提出了"制天命而用之"和"人定胜天"的命题，他认为，宇宙存在着不以人们意志为转移的规律，人可以利用自然、改造自然。

意译：

君子说：学习不可以半途而止。靛青是从蓼蓝草里提炼出来的，却比蓼蓝草还要青；冰是由水凝结而成的，却比水还要寒冷。木材直得符合拉直的墨线，用煣的工艺把它制成车轮，那么木材的弯度就合乎圆的标准了。即使被风吹日晒而干枯了，木材也不会再挺直，这是因为经过加工使它成为这样的。所以木材用墨线量过再经斧锯加工就能取直，刀剑在磨刀石上磨过就能变得锋利，君子广博地学习并且每天检验、反省自己，就会变得智慧明达而且行为没有过失了。

因此，不登上高山，就不知道天有多高；不面临深涧，就不知道地有多厚；不懂得先代帝王的教导，就不知道学问的博大。干国、越国、夷族、貉族的人，刚生下来啼哭的声音是一样的；待他们长大以后，其风俗习性却不相同，这是由于后天所受的教育不同而造成的。《诗经》上说："你这个君子啊，不要总是贪图安逸。恭谨对待你的本职，爱好正直的德行。神明听到这一切，就会赐给你洪福祥瑞。"人的德行的境界，没有比接受道的教化更高的了；人的幸福，没有比无灾无祸更长远的了。

我曾经整天思索，却不如片刻学到的知识多；我曾经踮起脚来远望，却不如登到高处看得广阔。登到高处招手，胳膊没有加长，可是别人在远处也能看见；顺着风呼叫，声音没有变得洪亮，可是在远处的人也能听得很清楚。借助车马的人，并不是脚走得快，却可以达到千里之外；借助舟船的人，并不善于游泳，却可以横渡江河。君子的资质秉性跟一般人没有不同，只是君子善于借助外力罢了。

章句（三）至（六）：论述为学之内容。

（三）

子曰："志于道(1)，据于德(2)，依于仁，游于艺(3)。"
——《论语·述而篇》

【注释】

（1）道：这里的"道"包括了天道与人道，可以解释为形而上道，就是希望达到的境界。
（2）据于德：人处世的行为依据德行。德：道德，德行。
（3）艺：包括礼、乐、射、御、书、数等六艺，孔子当年的教育以六艺为主。

【今译】

孔子说："立志于仁道，根据德的标准来行事，以仁爱之心待人接物，作为行为准则，对礼、乐、射、御、书、数六艺游刃有余地运用。"

【解读】

这句话体现了孔子提倡的全面人才培养的理念，强调不仅要在德行上追求卓越，还要涉猎各种艺术和技能，实现个体在多个方面的全面发展。

"志于道"：表示追求道德和价值观的理想、目标，注重在人生道路上树立正确的方向。

"据于德"：强调以德行为基础，通过塑造良好的品德来建立自己的行为准则。

"依于仁"：倡导以仁爱为依托，将仁爱视为人际关系和社会交往的基石。

"游于艺"：学习各种技艺和技能，追求全面发展，以提升个体的内涵修养和外在表现。

【典章印证】

子曰："兴于诗，立于礼，成于乐。" ——《论语·泰伯篇》

意译：

孔子说："（人的修养）从学习《诗经》开始，（《诗经》可以激发人的意志，使人向善求仁），礼仪是一个人在社会中立足的基础，音乐可以陶冶情操、完善人格，最终使人有所成就。"

【知识拓展】

微课视频：《儒家六艺》

（四）

子以四教：文(1)、行(2)、忠(3)、信(4)。 ——《论语·述而篇》

【注释】

（1）文：文献、古籍、诗书等文化知识。

（2）行：德行，指行为规范、道德修养、社会实践等。

（3）忠：忠诚，对人尽心竭力的意思。

（4）信：诚实守信的意思。

【今译】

孔子教导学生有四项内容：文化知识、道德品行、忠诚、守信。

【解读】

孔子教育学生有四个方面的要点，分别是：文化知识、行为规范、忠于职守、言而有信。孔子在教学中除了注重书本知识的学习，也很重视社会实践活动，所以，孔子经常带他的学生周游列国，一方面向各国统治者宣传他的治国理念，另一方面让学生在实践中增长知识和才干，同时培养学生养成忠诚、守信的德行。在他看来，教授学生文化知识固然重要，但修养其品行则更为重要。学习文化知识是为品行的塑造打下基础。只有广泛地学习文化知识并进行实践，才会懂得更多的道理，最终才会约束自己的言行，修身养性，这是一个由浅入深的过程。

【典章印证】

发虑宪，求善良，足以謏闻，不足以动众；就贤体远，足以动众，未足以化民。君子如欲化民成俗，其必由学乎！

玉不琢，不成器；人不学，不知道。是故古之王者建国君民，教学为先。《兑命》曰："念

第二章 为学之道

终始典于学。"其此之谓乎!

虽有嘉肴,弗食不知其旨也;虽有至道,弗学不知其善也。是故学然后知不足,教然后知困。知不足,然后能自反也,知困,然后能自强也。故曰:教学相长也。《兑命》曰:"斆学半。"其此之谓乎?

古之教者,家有塾,党有庠,术有序,国有学。比年入学,中年考校。一年视离经辨志;三年视敬业乐群;五年视博习亲师;七年视论学取友,谓之小成。九年知类通达,强立而不反,谓之大成。夫然后足以化民易俗,近者说服而远者怀之,此大学之道也。《记》曰:"蛾子时术之。"其此之谓乎!

——《礼记·学记》

意译:

(执政者)发布政令符合法则,又能征得品德善良(之人辅佐自己),可以得到小的声誉但不足以感动民众;(如果他们)既能亲近贤能之士又能接近和自己疏远的人,就可以感动民众,却不能教化民众。君子要想教化民众,形成良好的风俗,就一定要从教育做起!

玉不经雕琢就不会变成好的器物,人不经过学习就不会明白道理。所以,古代君王建邦立国,治理国家、统治人民,一定要把教育放在首位。《尚书·兑命》篇中说:"始终要以设学施教为主。"就是这个意思。

虽有美味佳肴,不吃就不知道其味美;虽有高明的道理,不学就不懂得其好处。所以,只有学习之后才能了解自己的不足,只有教导别人之后才知道自己的局限。知道了自己的不足,才能反过来督促自己更加努力地学习;知道了自己的局限,才能勉励自己进一步钻研,强化自身的学问。所以说,"教"与"学"是相互促进的。《尚书·兑命》篇中说:"教,是学的一半。"就是这个意思。

古代设学施教,每二十五家的"闾"设有学校叫"塾",每五百家的"党"开设的学校叫"庠",每一万二千五百家的"术"开设的学校叫"序",在天子的京城或诸侯的国都设立大学。每年有新生入学,隔一年考核一次。入学第一年,考查断句分章、辨经析义等基本阅读能力;第三年考查能否专心学业、与同学和睦相处的能力;第五年考查是否博学、敬师爱友;第七年考查依据学问辨识朋友、结交朋友的能力,这一阶段学习合格叫"小成"。第九年要求达到能举一反三推论事理,并有坚强的信念,特立独行,不违背老师的教诲,达到这样的标准叫"大成"。只有这样,才足以教化民众,形成良好风俗,让周边的人心悦诚服,远方的人心怀感恩,这就是大学教人的宗旨。《记》中曾说:"蚂蚁从小学习衔泥筑巢,最终铸成土堆。"就是这个意思。

【思考讨论】

阅读下文,孔子和学生樊迟在"学什么"问题上产生了明显分歧,你站在哪一边?(小组合作,切磋交流,说说理由,展开辩论)

樊迟请学稼。子曰:"吾不如老农。"请学为圃,曰:"吾不如老圃。"

樊迟出,子曰:"小人哉,樊须也!上好礼,则民莫敢不敬;上好义,则民莫敢不服;上好信,则民莫敢不用情。夫如是,则四方之民襁负其子而至矣,焉用稼?"

——《论语·子路篇》

意译:

樊迟请教如何种庄稼,孔子说:"我不如老农。"樊迟又请教如何栽花,孔子先生说:"我比不上老花匠。"樊迟退出后，先生说："樊迟是凡夫俗子啊！君子居上位，只要能讲究礼仪，那老百姓不敢不敬；居上位的行为合宜，老百姓不会不服从；居上位的讲信用，那老百姓不会不真情相待。君子能做到这种地步，四面八方的老百姓就会背着小孩来投奔，（耕户日增，耕地日辟），哪里需要自己亲自去种庄稼？"

（五）

子曰："弟子(1)入(2)则孝，出(3)则弟(4)，谨(5)而信，泛爱众，而亲仁(6)。行有余力(7)，则以学文(8)。"

——《论语·学而篇》

【注释】

（1）弟子：一是指年幼之人；二是指学生。此处指学生。
（2）入：指在家里或父母的住处。
（3）出：与"入"相对而言，指外出拜师学艺。
（4）弟：同"悌"，敬爱兄长（师长或年长于自己的人）。
（5）谨：谨慎。
（6）仁：指具有仁德之心的人，即温和、善良的人。此形容词用作名词。
（7）行有余力：指有闲暇时间或剩余的精力。
（8）文：指诗、书、礼、乐等文化知识。

【今译】

孔子说："弟子们在家要孝顺父母，出门在外要敬爱师长，言语谨慎且言而有信，和所有人都友好相处，亲近那些仁德之人。做到这些以后，如果还有剩余的精力，就用来学习文化知识。"

【解读】

孔子的教育理念是：德行为本、文采为辅。他对弟子的训导始于孝悌、谨信、爱众、亲仁，他认为，做人应该先修德，再学知识。孔子对弟子的教育，首先从伦理教育入手，要求弟子们在家孝顺父母，出门敬重兄长，待人接物做到严谨守信。这些根基打好后，再学习文化知识。

【典章印证】

曾子烹彘

曾子之妻之市，其子随之而泣。其母曰："女还，顾反为女杀彘。"妻适市来，曾子欲捕彘杀之。妻止之曰："特与婴儿戏耳。"曾子曰："婴儿非与戏也。婴儿非有知也，待父母而学者也，听父母之教。今子欺之，是教子欺也。母欺子，子而不信其母，非所以成教也。"遂烹彘也。

——《韩非子·外储说左上》（先秦·韩非）

意译：

曾子的妻子要去集市，他的儿子哭着要跟着去，曾子的妻子对孩子说："你先回去，等我回来后再杀猪给你吃。"曾子的妻子从集市回来后，曾子想去抓猪把它杀了，妻子阻止他说："我只不过和小孩子开玩笑罢了。"曾子说："我们是不能和孩子随便开玩笑的。孩子什么都不懂，他们学习父母的行为，听从父母的教导。如今你欺骗他，就是教他学会欺骗。母亲欺骗孩子，孩子就不会再相信母亲，这不是教育孩子的方法。"于是曾子把猪杀了烹煮了。

（六）

子夏⑴曰："贤贤⑵易色⑶；事父母，能竭其力；事君，能致⑷其身；与朋友交，言而有信。虽曰未学，吾必谓之学矣。"

——《论语·学而篇》

【注释】

（1）子夏：姓卜，名商，字子夏，春秋末期的思想家和教育家，名列"孔门七十二贤"和"孔门十哲"之一，尊称"卜子"；子夏以"文学"著称，提出"仕而优则学，学而优则仕"的思想，他不像颜回、曾参一样严守孔子之道，而是一位颇有经世倾向的思想家；他不再关注"克己复礼"，而是与时俱进，提出了一套延展儒家正统政治观点的政治及历史理论。

（2）贤贤：第一个"贤"字作动词用，尊重的意思。"贤贤"即尊重贤者。

（3）易色：看轻女色。易：轻视、看轻。

（4）致：意为"奉献""尽力"，这里是尽忠的意思。

【今译】

子夏说："尊重贤德的人而不看重美色；侍奉父母能竭尽全力；服侍君主能够尽忠、奉献自己；同朋友交往诚实守信。这样的人，即使他说自己没有读过书，我也一定认为他读过书了。"

【解读】

子夏认为，一个人有没有学问、学问是否高深，主要是看他能不能奉行"孝""忠""信"等传统伦理道德。只要做到了这些，即使他说自己没有读过书，也算是有道德修养的人。本文与上文充分展示了儒家教育重在德行的基本观点。

微课视频：《认识子夏》

【典章印证】

季札挂剑

季札之初使，北过徐君。徐君好季札剑，口弗敢言。季札心知之，为使上国，未献。还至徐，徐君已死，于是乃解其宝剑，系之徐君冢树而去。

从者曰："徐君已死，尚谁予乎？"

季子曰："不然。始吾心已许之，岂以死倍吾心哉！"

——《史记·吴太伯世家》（汉·司马迁）

意译：

季札刚出使（中原）时，向北路过徐国，前去拜访徐国的国君。徐国的国君非常喜欢季札佩戴的宝剑，但是没敢说出来。季札心里知道徐国国君的意思，因还要出使到中原各国，所以没有把宝剑献给徐国国君。季札出使回来后经过徐国，徐国国君已经死了，季札于是解下宝剑，挂在徐国国君坟墓前的树上，然后离去。

季札的随从说："徐国国君已经死了，这是要（把宝剑）送给谁呢？"

季札说："不是这样的。当初我心里已经决定要把宝剑送给他了，怎么能因为他死了就违背自己的诺言呢？"

章句（七）至（十）：论述为学之态度。

（七）

子曰："知⁽¹⁾之⁽²⁾者⁽³⁾不如好⁽⁴⁾之者，好之者不如乐⁽⁵⁾之者。"　　——《论语·雍也篇》

【注释】

（1）知：懂得，知道。
（2）之：代词，它，这里指学问和事业。一说，指仁德。
（3）者：代词，……的人。
（4）好：喜欢，爱好。
（5）乐：以……为快乐。

【今译】

孔子说："懂得学习的人不如喜爱学习的人；喜爱学习的人不如以学习为快乐的人。"

【解读】

孔子在这句话中强调了知识与兴趣的关系。他认为，单纯拥有知识并不足以让人充实和快乐，而真正喜欢学习并以此为乐的人，才能真正体验到知识给人带来的快乐和享受。

本文还可以理解为孔子论人生之道的三个层次：知道、行道、乐道。《四书集注》中朱熹引用尹焞的话："知之者，知有此道也。好之者，好而未得也。乐之者，有所得而乐之也。"《张居正四书直解》中说："知之，是知此道。好之，是好此道。乐之，是乐此道。"

【典章印证】

孔子曰："生而知之者，上也；学而知之者，次也；困而学之，又其次也。困而不学，民斯为下矣。"

——《论语·季氏篇》

意译：

孔子说："天生就懂得的人，是上等的（最聪明的）；经过学习后才懂的人次一等；遇到困惑才去学习的人，又次一等了；遇到困惑仍不去学习的，这种人就是下等的了。"

（八）

子曰："由！诲汝，知⁽¹⁾之乎！知之为知之，不知为不知，是知⁽²⁾也。"

——《论语·为政篇》

【注释】

（1）知：作动词用，"知道"的意思。
（2）知（zhì）：通"智"，"明智"的意思。

【今译】

孔子说："仲由啊，为师教导你如何对待知道与不知道！知道就是知道，不知道就是不知道，这才是明智的！"

【解读】

　　仲由（即子路）为人比较直率，本文中孔子对他的教导是有针对性的教育，是"因材施教"。

　　孔子告诉仲由，做学问知道就是知道，不知道就是不知道，千万不能不懂装懂，否则吃亏的是自己。这表明了孔子对待知识的态度。他认为，人应该谦虚诚实、实事求是，只有虚心向别人学习，不耻下问，才能不断进步。

微课视频：《认识子路》

【典章印证】

　　啮缺问乎王倪曰："子知物之所同是乎？"

　　曰："吾恶乎知之！"

　　"子知子之所不知邪？"

　　曰："吾恶乎知之！"

　　"然则物无知邪？"

　　曰："吾恶乎知之！虽然尝试言之。庸讵知吾所谓知之非不知邪？庸讵知吾所谓不知之非知邪？且吾尝试问乎汝：民湿寝则腰疾偏死，鳅然乎哉？木处则惴栗恂惧，猿猴然乎哉？三者孰知正处？民食刍豢，麋鹿食荐，蝍蛆甘带，鸱鸦嗜鼠，四者孰知正味？猿猵狙以为雌，麋与鹿交，鳅与鱼游。毛嫱、西施，人之所美也；鱼见之深入，鸟见之高飞，麋鹿见之决骤。四者孰知天下之正色哉？自我观之，仁义之端，是非之涂，樊然殽乱，吾恶能知其辩！"

——《庄子·齐物论》

意译：

　　啮缺问王倪道："您知道万物有共同的标准吗？"

　　王倪说："我怎么知道！"

　　啮缺又问道："您知道您所不知道的吗？"

　　王倪说："我怎么知道！"

　　啮缺再问："那么万物就没有办法认知了吗？"

　　王倪说："我怎么知道呢！虽然这样，我试着说说看。怎么能知道我所说的知道不是不知道呢？怎么能知道我所说的不知道不是知道呢？我试着问你：人在潮湿的地方睡觉就会腰痛甚至偏瘫，泥鳅会这样吗？人待在树上就会惊慌恐惧，猿猴会这样吗？那么这三种动物的生活习惯谁才是居住的标准呢？人食牛羊猪狗，麋鹿食草，蜈蚣以蛇的眼睛、脑子为美味，猫头鹰喜欢吃老鼠，那么这四种动物的口味谁才是美味的标准呢？猿与猵狙互相吸引，麋与鹿互相倾情，泥鳅与鱼互相游玩。毛嫱与丽姬，是世人公认的美女，鱼见到她们就沉入水中，飞鸟见到她们就远飞而去，麋鹿见到她们就急速跑走，这四种动物的审美谁才是美色的标准呢？在我看来，仁义的论点，是非的途径，纷然错乱，我怎么能分得清（仁义是非）呢！"

（九）

子曰："譬如为山，未成一篑(1)，止，吾止(2)也。譬如平地(3)，虽覆一篑(4)，进，吾往也(5)。"

——《论语·子罕篇》

【注释】

（1）未成一篑：尚缺一筐土，而未能堆成一座山。篑（kuì）：指竹筐。
（2）止：停下来不再继续。
（3）平地：填平洼地。
（4）虽覆一篑：即使才倒了一筐土。
（5）进，吾往也：继续往前倒土，是我自己坚持前进的。

【今译】

孔子说："比如用土堆山，只差一筐土便能堆成，这时停下来，是我自己停止的。又比如用土填平洼地，即使才倒了一筐土，继续往前倒土，是我自己坚持前进的。"

【解读】

在本章中，孔子运用"堆土成山"与"填土平地"这两个比喻，说明了功亏一篑与持之以恒的深刻道理。而且他还一再鼓励自己和学生们，无论是做学问还是为人处世，都应努力坚持，持之以恒。如若半途而废，只会前功尽弃，留下终身遗憾。

【典章印证】

冉求曰："非不说子之道，力不足也。"子曰："力不足者，中道而废，今女画。"

——《论语·雍也篇》

意译：

冉求说："我不是不喜欢老师的学说，是我力量不够。"孔子说："如真的是力量不够，你会半途而废。如今你却画地为牢，不肯前进。"

（十）

子曰："由也，女闻六言六蔽(1)矣乎？"对曰："未也。""居(2)，吾语女。好仁不好学，其蔽也愚(3)；好知不好学，其蔽也荡(4)；好信不好学，其蔽也贼(5)；好直不好学，其蔽也绞(6)；好勇不好学，其蔽也乱(7)；好刚不好学，其蔽也狂(8)。"

——《论语·阳货篇》

【注释】

（1）六言六蔽：六种美德和容易产生的六种弊病。六言：指"仁、智、信、直、勇、刚"六种美德。六蔽：指"愚、荡、贼、绞、乱、狂"六种弊病。蔽：通"弊"，指弊病、害处。
（2）居：坐。
（3）愚：愚昧无知。
（4）荡：放荡而不知节制。
（5）贼：害，伤害。这里指容易给自己及亲人带来伤害。

（6）绞：说话尖酸刻薄。

（7）乱：作乱闯祸。

（8）狂：狂妄。

【今译】

孔子说："仲由呀，你听说过六种品德会产生六种弊病吗？"仲由回答说："没听说过。"孔子说："坐下，我告诉你。心性仁德而不爱好学习，其弊病是受人愚弄；天性聪慧而不爱好学习，其弊病是行为放荡；为人诚信而不爱好学习，其弊病是伤害自己和亲人；性格直率却不爱好学习，其弊病是说话尖酸刻薄；性格勇敢却不爱好学习，其弊病是容易闯祸；性格刚强却不爱好学习，其弊病是狂妄自大。"

【解读】

这段对话强调了学习的重要性，提醒人们在追求仁、知、信、直、勇、刚等美德的同时，不能忽视学习的重要性。如果只追求美德而不重视学习，可能会导致愚、荡、贼、绞、乱、狂等不良结果。"好仁不好学，其蔽也愚"意思是，只有仁爱之心却不注重学习，可能导致愚昧；"好知不好学，其蔽也荡"意思是，如果聪明但不注重学习，可能导致行为放荡不羁；"好信不好学，其蔽也贼"意思是，为人诚信但不注重学习，可能会缺乏辨别能力，导致盲目信任，容易受到不良影响；"好直不好学，其蔽也绞"意思是，为人直率却不注重学习，可能导致不通情理、情商低，说话容易伤害他人；"好勇不好学，其蔽也乱"意思是，为人勇敢但不注重学习，可能导致盲目冒险，从而制造祸乱；"好刚不好学，其蔽也狂"意思是，为人性格刚毅但不注重学习，可能会变得固执己见，导致狂妄自大。

【典章印证】

宋襄之仁

宋襄公与楚人战于泓水上，宋人既成列矣，楚人未及济，右司马趋而谏曰："楚人众而宋人寡，请使楚人半涉未成列而击之，必败。"襄公曰："寡人闻君子曰：不重伤，不擒二毛。古之为军也，不以阻隘也。寡人虽亡国之余，不鼓不成列。"楚人已成列撰阵矣，公乃鼓之，宋人大败，公伤股，三日而死。——《左传·僖公二十二年》（春秋·左丘明）

意译：

宋襄公与楚国人交战于泓水边，宋军已经摆好战斗队列，楚国人还没来得及渡过泓水，右司马上前劝谏宋襄公说："楚国人多，宋国人少，我们应该趁着楚国人渡河一半还未来得及摆好队列之时攻打他们，他们一定会失败。"宋襄公说："我听君子说：不重复伤害已经受伤的士兵，不捉拿两鬓斑白的人。古人作战，不在险隘之处攻击敌人。我虽然是殷商亡国的后裔，也不会攻击还没摆好阵势的敌人。"等楚军（渡过泓水）摆好队列，宋襄公才下令击鼓进攻。宋国大败，宋襄公大腿受伤，三日后去世。

【思考讨论】

你赞成宋襄公的作战观点吗？为什么？

章句补遗

1. 子曰："温故而知新，可以为师矣。" ——《论语·为政篇·第十一章》
2. 子曰："学而不思则罔，思而不学则殆。" ——《论语·为政篇·第十五章》
3. 子曰："朝闻道，夕死可矣。" ——《论语·里仁篇·第八章》
4. 子曰："十室之邑，必有忠信如丘者焉，不如丘之好学也。"
——《论语·公冶长篇·第二十八章》
5. 哀公问："弟子孰为好学？"孔子对曰："有颜回者好学，不迁怒，不贰过，不幸短命死矣，今也则亡，未闻好学者也。" ——《论语·雍也篇·第三章》
6. 子曰："三人行，必有我师焉。择其善者而从之，其不善者而改之。"
——《论语·述而篇·第二十二章》
7. 子曰："盖有不知而作之者，我无是也。多闻，择其善者而从之；多见而识之，知之次也。"
——《论语·述而篇·第二十八章》
8. 子曰："学如不及，犹恐失之。" ——《论语·泰伯篇·第十七章》
9. 子曰："苗而不秀者有矣夫，秀而不实者有矣夫。" ——《论语·子罕篇·第二十二章》
10. 子曰："博学于文，约之以礼，亦可以弗畔矣夫。" ——《论语·颜渊篇·第十五章》
11. 子曰："古之学者为己，今之学者为人。" ——《论语·宪问篇·第二十四章》
12. 子曰："不患人之不己知，患其不能也。" ——《论语·宪问篇·第三十章》
13. 子曰："吾尝终日不食、终夜不寝以思，无益，不如学也。"
——《论语·卫灵公篇·第三十一章》

综合实践

传统文化主题践行活动：志于学

一、传统文化践行主题

本章的传统文化践行活动主题是"志于学"。在浩瀚的知识海洋中，书籍是载着人类智慧与经验的航船，引领我们驶向思想的彼岸。颜真卿曾言："黑发不知勤学早，白首方悔读书迟"，欧阳修亦有感而发："立身以立学为先，立学以读书为本"，这不仅是他个人经验的总结，也是对后人的谆谆教诲。书籍，作为知识的载体，是我们理解世界、探索未知的钥匙。

二、文化践行活动

根据本校实际情况，结合学生特点，在以下文化践行活动中选择一项进行。

（一）文化践行活动一：书香梦想，立志求学之旅

1. 活动目标

通过组织一场"书香梦想"文学朗诵和创意分享活动，激发学生对读书学习的热爱和求学的向上动力。借助文学朗诵，让学生感受文字的力量，通过创意分享，激发他们对未来的向往和憧憬。

2. 活动类型

校内实践。

3. 活动方案

（1）实践分组：每班以小组为单位，组织学生参与文学朗诵和创意分享活动，每组5人左右，其中包括一位组长负责协调。

（2）选定文学作品：小组成员共同选择一篇激励向上的文学作品，可以是励志故事、名人传记或者反映求学经历的文章等。

（3）朗诵与创意分享：学生进行文学朗诵，展示对选定作品的理解和表达；接着进行创意分享，可以通过演讲、小品、手工制作等形式，分享自己对未来求学生活的梦想和计划。

（4）制作展示墙：每个小组制作一面展示墙，展示他们的文学朗诵和创意分享，包括文字、图片、手工制作等。

4. 成果展示

（1）展示墙的内容要全面，包含对文学作品的解读、朗诵的视频或音频、创意分享的文字说明和实物展示等。

（2）创意分享要突出积极向上的主题，表达学生对未来求学生活的积极态度和向往。

（3）展示墙的设计要有创意，体现小组成员的合作精神。

（二）文化践行活动二：古籍阅读驿站，开启求学之路

1. 活动目标

通过建立古籍阅读驿站，搭建学生阅读传统文献的平台，引导他们深入研读经典著作，培养扎实的知识基础和综合素养。借助古籍的智慧，激发学生对求学之路的向往，积极传承中华优秀传统文化。

2. 活动类型

校内实践。

3. 活动方案

（1）阅读驿站建立：在学校图书馆或特定场地建立古籍阅读驿站，收集整理一系列中华传统文献，包括古代经典、史书、诗词等。

（2）学生志愿者担任阅读导师：学生通过志愿者报名，经过选拔和培训，担任阅读导师，负责引导其他同学选择适合自己的古籍，提供阅读指导和分享。

（3）举办读书分享会：定期组织读书分享会，由学生志愿者分享自己的古籍阅读心得，激发其他学生的兴趣，促使他们更深入地研读古典著作。

（4）古籍文化展览：定期举办古籍文化展览，展示学生在阅读过程中制作的读书笔记、手抄古文等作品，激发更多学生参与到古籍阅读中来。

4. 成果展示

（1）阅读驿站建设要有特色，展示出学生对传统文献的独特理解和表达。

（2）学生志愿者的阅读指导要具有深度，能够引导其他学生深入挖掘古籍的内涵。

（3）读书分享会和文化展览要有创意，突出传统文化的魅力，使学生在阅读中更好地体验求学之路的乐趣。

（三）文化践行活动三：学识之光，勤学上进展风采

1. 活动目标

通过开展"学识之光"文学沙龙，鼓励学生深入自身专业领域，追求卓越学识，激发求学热情，为未来职场之旅积累智慧与力量。

2. 活动类型

校内实践。

3. 活动方案

（1）沙龙主题确定：以"学识之光"为主题，鼓励学生以文学、演讲、讲座等方式分享自己在学术领域的研究成果、学术见解和学科体会。

（2）演讲报名：学生通过报名形式参与演讲，内容涵盖学科研究、学术经验、读书心得等，强调求学的重要性和对未来职业的影响。

（3）沙龙展示：组织文学沙龙，让学生在轻松的氛围中交流学术思想，展示自己的学术能力，促使他们更加深入地探索专业领域。

（4）专家点评：邀请相关领域教师作为点评嘉宾，对学生的演讲进行点评，提出建议，鼓励他们在求学之路上不断前行。

（5）学术成果展示：设立学术成果展示区域，展示学生在学术领域的研究论文、项目成果等，激发更多同学对学术钻研的热情。

4. 成果展示

（1）演讲内容要有深度，突出学术见解和对专业的独到理解，具备一定的文化内涵。

（2）学生的演讲表达要流畅自信，能够引起观众的关注，传递学识之光的力量。

（3）展示区域的学术成果要有创新性，反映学生在学术研究中的努力和收获。

第三章 仁义之道

导 读

今传《论语》共20篇，谈论"仁"的有58章，文中出现"仁"字109次，由此可见"仁"在孔子学说中的核心地位。那么孔子所说的"仁"究竟是什么呢？

在《论语》中，"仁"的内涵极其丰富，孔子把"仁"与人的各种美好品质联系在一起，根据各种具体情况来揭示"仁"的意义。孔子没有给"仁"一个统一的、固定的定义，因为"仁"的含义很广泛，它不仅体现在国家治理方面，更是人际关系、社会交往和个人修养的普遍准则。

微课视频：《儒家仁道》

一、"仁"在个人修养中的地位

孔子把"仁"视为道德修养的根本，是实现君子完善品质的基石。"仁"不仅仅是一种美德，更是道德的核心。孔子展示了"仁"作为个人修养的多元性，包括爱人、同情、关心、宽容等多重内涵。

二、"仁"在国家治理中的应用

儒家强调"仁"政，即在治理国家时要以"仁"为本。孔子主张君子应当宽厚仁爱、关心民生、以民为重。他强调"节用而爱人"，通过宽政、富民的方式实现国家的长治久安。这体现了"仁道"在塑造健康社会结构和维护社会和谐方面的价值。

三、"仁"在经济发展中的作用

儒家强调"富民"思想，认为国家的经济繁荣与人民的富裕息息相关。孔子对于国家如何发展经济提出了"宽政"的思想，强调应避免过度征税，保障百姓的切身利益。这体现了"仁道"是发展经济的初衷，即追求人民的福祉和共同富裕。

四、"仁"对法律教化的影响

孔子倡导以"仁德"为基础的法治，他反对残酷的刑罚，认为刑罚是不得已的手段，主张通过教育和感化来减少罪恶行为，从根本上杜绝罪恶的发生，这是孔子"仁爱"思想在社会法治中的展现。

儒家的"仁道"思想超越了单一的伦理学观念，涵盖了政治、经济、法治、个人修养等多个领域，成为中华优秀传统文化中最为重要和丰富的价值理念之一。

章句品读

章句（一）（二）：论述何谓"仁"。

（一）

音频：《仁义之道》章句诵读

颜渊问仁。

子曰："克己复礼⁽¹⁾为仁。一日克己复礼，天下归仁⁽²⁾焉。为仁由己，而由人乎哉？"

颜渊曰："请问其目⁽³⁾。"

子曰："非礼勿视，非礼勿听，非礼勿言，非礼勿动。"

颜渊曰："回虽不敏，请事⁽⁴⁾斯语矣。"

——《论语·颜渊篇》

【注释】

（1）克己复礼：克制自己的私欲，使言行举止合乎礼节，这是儒家一种自我修养的方法。克己：克制自己，"自己"在这里指一己私欲。复礼：使自己的言行符合"礼"的要求。"礼"在这里指人类社会共同遵守的行为法则、标准、礼节仪式等。

（2）归仁：归顺仁道。归：归顺。仁：仁道，仁德。

（3）目：条文，具体的细节。

（4）事：从事，照着去做。

【今译】

颜渊问修行仁德该如何做。

孔子说："克制自己的私欲，使言行举止合乎礼节，就是仁。一旦人们做到了这些，天下就会归服仁德。修行仁德要靠自己，怎么会靠别人呢？"

颜渊说："请问修行仁德的具体途径。"

孔子说："不合乎礼的事不看，不合乎礼的事不听，不合乎礼的事不说，不合乎礼的事不做。"

颜渊说："我虽然不聪明，但我会照着指示去做。"

【解读】

孔子认为，修行仁德需要通过克制私欲（克己）和遵循礼仪（复礼）来实现。个人若能克制自己的私欲，回归正道的修养，就能影响整个社会，使整个社会都趋向仁德。孔子的思想强调了个体修养对整个社会的积极影响，表达了个体修养在道德发展中的关键作用。

【典章印证】

孟子曰："规矩，方员之至也；圣人，人伦之至也。欲为君，尽君道；欲为臣，尽臣道。二者皆法尧舜而已矣。不以舜之所以事尧事君，不敬其君者也；不以尧之所以治民治民，贼其民者也。孔子曰：'道二，仁与不仁而已矣。'暴其民甚，则身弑国亡；不甚，则身危国削，名之曰'幽''厉'，虽孝子慈孙，百世不能改也。《诗》云：'殷鉴不远，在夏后之世，此之谓也。'"

——《孟子·离娄上》

意译：

孟子说："圆规和曲尺是方和圆的最高标准，圣人是做人的最高典范。要做君主，就要尽君主之道；要做臣子，就要尽臣子之道。这两者都只要效法尧和舜就行了。不像舜服事尧那样服侍君主，便是对君主的不恭敬；不像尧治理百姓那样治理百姓，便是对老百姓的残害。孔子说：'治理国家无非二者，行仁政或不行仁政罢了。'暴虐百姓太过分，那君主便会被臣下所杀，国家也将随之灭亡；不太过分，君主也岌岌可危，国力也将随之削弱，死了也将谥为'幽''厉'，即使他们的后代是孝子贤孙，经历一百代也背着个坏名声而不能更改。《诗经》说过：'殷商的借鉴不远，就在前一代的夏朝。'说的正是这个意思。"

（二）

樊迟问仁。子曰："爱人。"问知。子曰："知人。"樊迟未达。子曰："举直错诸枉⁽¹⁾，能使枉者直。"樊迟退，见子夏曰："乡⁽²⁾也吾见于夫子而问知，子曰'举直错诸枉，能使枉者直'，何谓也？"子夏曰："富哉言乎！舜有天下，选于众，举皋陶⁽³⁾，不仁者远⁽⁴⁾矣。汤⁽⁵⁾有天下，选于众，举伊尹⁽⁶⁾，不仁者远矣。"

——《论语·子路篇》

【注释】

（1）举直错诸枉：提拔正直的人，使他们的位置在不正直的人上面。直：指正直之人。错：同"措"，放置。诸："之于"的意思。枉：指不正直、邪恶之人。

（2）乡（xiàng）：同"向"，过去。

（3）皋陶（gāo yáo）：舜的臣子，传说是掌握刑法的大臣。

（4）远：远离，远去。

（5）汤：商朝的第一个君主，名履。

（6）伊尹：汤的宰相，曾辅助汤灭夏兴商。

【今译】

樊迟问怎么做才合乎仁道。孔子说："爱人。"樊迟问什么是智，孔子说："善于了解人。"樊迟还是不明白。孔子说："提拔正直的人，使他们的位置在不正直的人上面，这样就能使不正直的人变正直。"樊迟退出来，见到子夏说："刚才我见到老师，问他什么是智，他说'提拔正直的人，使他们的位置在不正直的人上面，这样就能使不正直的人变正直。'这是什么意思？"子夏说："这话说得多么深刻呀！舜治理天下，在众人中挑选人才，把皋陶选拔出来，不仁的人就被疏远了。汤治理天下，在众人中挑选人才，把伊尹选拔出来，不仁的人就被疏远了。"

【解读】

这段对话中，孔子的教导强调了对于道德价值的坚持，在选拔人才时，要任用那些品德正直、公正无私的人，排斥那些不正直、邪恶的人，这样才能给大众以正确的示范，使社会道德价值走向正确的方向。

【典章印证】

伊尹负鼎

伊尹名阿衡。阿衡欲奸汤而无由,乃为有莘氏媵臣,负鼎俎,以滋味说汤,致于王道。或曰,伊尹处士,汤使人聘迎之,五反然后肯往从汤,言素王及九主之事。汤举任以国政。

——《史记·殷本纪》(汉·司马迁)

意译:

伊尹名叫阿衡。阿衡想求见成汤而苦于没有门路,于是就去给有莘氏做陪嫁的男仆,背着饭锅砧板来见成汤,借着谈论烹调滋味的机会向成汤进言,劝说他实行王道。也有人说,伊尹本来就是一个有才德而不肯做官的隐士,成汤曾派人去聘请他,前后去了五次,他才答应前来归顺,他向成汤讲述了远古帝王及九类君主的所作所为。成汤于是任用了他,让他管理国政。

章句(三)(四):论述仁者之风。

(三)

子曰:"唯仁者能好⁽¹⁾人,能恶⁽²⁾人。"

——《论语·里仁篇》

【注释】

(1)好(hào):作动词,爱好、喜爱的意思。
(2)恶(wù):作动词,厌恶、憎恶、讨厌的意思。

【今译】

孔子说:"只有仁德的人,才能公正得当地喜爱应该喜爱的人,厌恶应当厌恶的人。"

【解读】

儒家在讲"仁"的时候,不仅说要"爱"人,也要"厌恶"人。本文中孔子没有说到要爱什么人,恨什么人,但只要做到了"仁",就必然会有正确的爱和恨。孔子认为,不仁之人多心存私欲,并受此影响,他们眼中的善恶并非真正的善恶;只有心怀仁德之人,才会不受私欲的影响,才能明辨是非,有正确的善恶观。所以,仁者心正,能够站在客观立场上看待人和事,对人对事能做到公平公正,不偏不倚。

【典章印证】

王珪品评宰相

诸宰相侍宴,上谓王珪曰:"卿识鉴精通,复善谈论,玄龄以下,卿宜悉加品藻,且自谓与数子何如?"珪对曰:"孜孜奉国,知无不为,臣不如玄龄。才兼文武,出将入相,臣不如李靖。敷奏详明,出纳惟允,臣不如温彦博。处繁治剧,众务毕举,臣不如戴胄。耻君不及尧舜,以谏争为己任,臣不如魏徵。至于激浊扬清,嫉恶好善,臣于数子,亦有微长。"上深以为然,众亦服其确论。

——《资治通鉴·唐纪九》(节选)

意译：

众位宰相陪着太宗饮宴，唐太宗对王珪说道："你精通鉴别人才，又善于言辞，望你对房玄龄以下的宰臣详细品评，并说说自己与他们相比谁更贤能？"王珪答道："勤勤恳恳地报效国家，尽心竭力无所保留，我不如房玄龄。文武双全，出征可以为将，入朝可以拜相，我不如李靖。陈事进言详尽明白，上传下达忠实公正，我不如温彦博。妥善处理繁重、艰难的事务，解决各种困难，我不如戴胄。以谏诤为己任，希望皇帝跟尧舜一样圣明，我不如魏征。说到辨别清浊，疾恶扬善，我与他们相比，倒是略有长处。"太宗深表赞同，房玄龄等人也认为评价得非常准确。

（四）

子曰："志士仁人，无求生以害⁽¹⁾仁，有杀身以成仁⁽²⁾。"　　——《论语·卫灵公篇》

【注释】

（1）害：损害。
（2）成仁：成就仁道。

【今译】

孔子说："有志之士，仁义之人，不会为了求生而损害仁，却能牺牲生命去成就仁。"

【解读】

孔子在这里对"仁人志士"提出了最高的要求，认为"仁人志士"要有献身理想的愿望和勇气。孔子热爱生命，主张人应该"全身"，要"危邦不入，乱邦不居"，但在面对"仁"时，则没有丝毫的犹豫，因为"仁"是至高的道德境界。这种"杀身以成仁"的精神激励了后世无数的仁人志士，成为中华民族的精神坐标。

【典章印证】

过零丁洋
（宋·文天祥）

辛苦遭逢起一经，干戈寥落四周星。
山河破碎风飘絮，身世浮沉雨打萍。
惶恐滩头说惶恐，零丁洋里叹零丁。
人生自古谁无死？留取丹心照汗青。

注：文天祥，江南西路吉州庐陵县（今江西省吉安市青原区富田镇）人，南宋末年政治家、文学家，因抗元失败被俘，屡经威逼利诱仍誓死不屈，为了表明自己坚定不移的意志和崇高的民族气节，挥笔写下了这首《过零丁洋》，以诗明志。其中"人生自古谁无死，留取丹心照汗青"激励了后世众多为理想而奋斗的仁人志士。

微课视频：《认识文天祥》

【思考讨论】

观看微课视频，了解文天祥的生平事迹，对于文天祥舍生取义的精忠大节，你有什么感悟？

章句（五）至（十）：论述为仁之方法。

（五）

子曰："仁远乎哉？我欲⁽¹⁾仁，斯⁽²⁾仁至矣。"

——《论语·述而篇》

【注释】

（1）欲：想要。
（2）斯：代词，"这"的意思。

【今译】

孔子说："仁，（距离我）远吗？只要我想要做到仁，仁自然就来到了。"

【解读】

"仁"是内在的品德，因此修养"仁"德主要靠自身的努力，而不是依靠外界的力量或外在的督促，如果一个人真想成为仁者，只要其内在自觉地朝着这个方向努力，就一定能够实现"仁"道。

【典章印证】

求仁得仁

冉有曰："夫子为卫君乎？"子贡曰："诺，吾将问之。"入，曰："伯夷、叔齐何人也？"曰："古之贤人也。"曰："怨乎？"曰："求仁而得仁，又何怨。"出，曰："夫子不为也。"

——《论语·述而篇》

注：卫君是指卫出公辄，是卫灵公的孙子，他的父亲因谋杀南子而被卫灵公驱逐出国，灵公死后，辄被立为国君，其父回国与他争位，这件事恰好与伯夷、叔齐两兄弟互相让位形成鲜明对照。这里孔子赞扬伯夷、叔齐，而对卫出公父子违反等级名分极为不满。孔子对这两件事给予评价的标准就是符不符合礼。

意译：

冉有说："老师会帮助卫国的国君吗？"子贡说："嗯，我去问问老师吧。"子贡进入孔子房中，问道："伯夷和叔齐是怎样的人呢？"孔子说："他们是古代贤人啊。"子贡说："他们怨悔自己的行为吗？"孔子说："他们追求仁德，也得到了仁德，又怎么会有怨悔呢？"子贡走出来，对冉有说："老师不会帮助卫国国君的。"

（六）

樊迟问仁，子曰："居处恭⁽¹⁾，执事敬⁽²⁾，与人忠⁽³⁾。虽之夷狄⁽⁴⁾，不可弃也。"

——《论语·子路篇》

【注释】

（1）居处恭：平时要谦恭守礼。居：平时，日常起居。恭：谦恭守礼。
（2）执事敬：从事工作要敬慎认真。执事：从事工作。敬：敬慎。
（3）与人忠：与人交往要忠心诚恳。
（4）夷狄：古称东方部族为夷、北方部族为狄，"夷狄"泛指除华夏民族以外的各族，这里代指文化不发达、文明程度不高的偏远地区。

【今译】

樊迟问如何为人处世才合乎仁道。孔子说:"平时谦恭守礼,做事恭敬谨慎,与人交往忠心诚恳。即使去了夷狄之地,也不能背弃这几点。"

【解读】

在这段对话中,孔子探讨了关于人应当如何在生活、工作和人际交往等方面体现"仁"的要求。他认为"恭""敬""忠"是为人处世之道,生活中要谦恭守礼,工作中要敬慎认真,与他人相处要诚实守信。

孔子曾言:"为仁由己,而由人乎哉?"仁德存在于人的内心深处,即使身处偏远之地也不会抛弃仁德,即所谓"虽之夷狄,不可弃也",与"君子慎独"表达了类似的意思。

【典章印证】

子张问行。子曰:"言忠信,行笃敬,虽蛮貊之邦,行矣。言不忠信,行不笃敬,虽州里,行乎哉?立则见其参于前也,在舆则见其倚于衡也,夫然后行。"子张书诸绅。

——《论语·卫灵公篇》

意译:

子张问怎样才能使自己通达。孔子说:"说话忠诚守信,行为笃实严谨,即使到了边远的部族国家,也能够通达。说话不忠诚守信,行为不笃实严谨,即使在本乡本土,能行得通吗?站立时仿佛看见'忠信笃实'这几个字显现在前面,坐在车中仿佛看见这几个字在辕前横木上,能够做到这样,便能够处处通达了。"子张便把孔子的话记在束腰的大带上。

(七)

子贡曰:"如有博施(1)于民而能济众(2),何如?可谓仁乎?"子曰:"何事于仁?必也圣乎!尧舜(3)其犹病诸(4)。夫(5)仁者,己欲立而立人,己欲达而达人(6)。能近取譬(7),可谓仁之方也已。"

——《论语·雍也篇》

【注释】

(1)博施:广施恩德。
(2)众:指众人。
(3)尧舜:传说中上古时代的两位帝王,也是孔子心中的榜样,儒家认为是"圣人"。
(4)病诸:难以做到。病:担忧。诸:"之于"的意思。
(5)夫:句首发音词。
(6)己欲立而立人,己欲达而达人:自己想要立身,同时也帮助别人立身;自己想要通达正道,同时也帮助别人通达正道。
(7)能近取譬:能够以自身作比方,即推己及人的意思。

【今译】

子贡说:"如果一个人能广泛施惠于民,并且能帮助大众生活得很好,这人怎么样?能称他为仁德之人吗？"孔子说："何止是仁德之人，必定是圣人了！尧和舜大概都难以做到！一个有仁德的人，自己想要立身，同时也帮助别人立身；自己想要通达正道，同时也帮助别人通达正道。凡事能够推己及人，为他人着想，可以说是实行仁道的方法了。"

【解读】

在这段对话中，孔子明确指出，如果能做到"博施济众"的话，那不仅仅是仁德之人了，简直就是圣人。孔子强调了仁德不仅仅是行为上的慷慨，更是一种高尚的品德。他指出，仁者是在立志实现个人愿望的同时，也帮助他人达成愿望，这个思想体现了仁者的动机和境界，即先修养自身，进而影响他人，如此推己及人，仁道可行。

【典章印证】

景公之时，雨雪三日而不霁。公披狐白之裘，坐于堂侧阶。晏子入见，立有间，公曰："怪哉！雨雪三日而天不寒。"晏子对曰："天不寒乎？"公笑。晏子曰："婴闻古之贤君，饱而知人之饥，温而知人之寒，逸而知人之劳，今君不知也。"公曰："善！寡人闻命矣。"乃令出裘发粟与饥寒者。令所睹于涂者，无问其乡；所睹于里者，无问其家；循国计数，无言其名。士既事者兼月，疾者兼岁。孔子闻之曰："晏子能明其所欲，景公能行其所善也。"

——《晏子春秋·晏子谏齐景公》

注：晏子即晏婴，姬姓（一说子姓），晏氏，字仲，史称"晏子"，夷维（今山东省高密市）人，齐国上大夫晏弱之子，春秋时期齐国著名政治家、思想家、外交家，历任齐灵公、庄公、景公三朝，辅政长达五十余年，以有政治远见、外交才能和作风朴素闻名诸侯；晏婴强调节俭，薄敛，省刑，主张君臣之间"和"而不"同"，并要求上不聋下不喑，听取下层的意见，反对灾异、巫祝和祈禳，坚持无神论立场，其思想和轶事典故多见于《晏子春秋》。

意译：

齐景公在位的时候，大雪下了很多天停不下来。齐景公披着用白狐狸皮缝制的皮袍，坐在殿堂侧边的台阶上。晏子进宫谒见，站了一会儿，齐景公说："奇怪啊！下了几天雪可是天气不冷。"晏子回答说："天气不冷吗？"齐景公笑了。晏子说："我听说古代贤德的国君，自己吃饱后能知道百姓的饥饿，自己穿暖后能知道百姓的寒冷，自己安逸后能知道百姓的劳苦，现在君王您不知道这些了。"齐景公说："说得好！我听从你的教诲了。"便命人发放皮衣、粮食给挨饿受冻的人。命令在路上见到的，不必问他们是哪个乡的；在巷里见到的，不必问他们是哪家的；巡视全国统计数字，不必记他们的姓名。士人已任职的发给两个月的粮食，病困的人发给两年粮食。孔子听到这件事后说："晏子能阐明他的愿望，景公能施行他认识到的德政。"

（八）

子曰："刚(1)、毅(2)、木(3)、讷(4)，近仁。"

——《论语·子路篇》

【注释】

（1）刚：坚强。

（2）毅：果敢坚决。

（3）木：质朴。
（4）讷：说话迟钝。此处指言语谨慎。

【今译】

孔子说："坚强、果敢、质朴、慎言，（具备了这四种品德的人）便接近仁德了。"

【解读】

在本章句中，孔子指出了不断接近"仁"德的路径：首先必须刚毅果断，其次必须为人质朴、言行谨慎。刚毅果断则不被欲望所裹挟、不为困难所折服；质朴能保持敦厚善良，谨慎能避免无妄之灾。只要本心向仁，就能不断修养自身，做到"刚""毅""木""讷"，接近仁德之境。

【典章印证】

周昌直谏

昌为人强力，敢直言，自萧、曹等皆卑下之。昌尝燕时入奏事，高帝方拥戚姬，昌还走，高帝逐得，骑周昌项，问曰："我何如主也？"昌仰曰："陛下即桀纣之主也。"于是上笑之，然尤惮周昌。及帝欲废太子，而立戚姬子如意为太子，大臣固争之，莫能得；上以留侯策计即止。而周昌廷争之强，上问其说，昌为人吃，又盛怒，曰："臣口不能言，然臣期期知其不可。陛下虽欲废太子，臣期期不奉诏。"上欣然而笑。

——《史记·张丞相列传》（汉·司马迁）

意译：

周昌为人刚毅，敢于直言，像萧何、曹参这些人都比不上他。周昌曾经（在汉高祖）休息时进宫上奏国事，汉高祖正怀抱着戚姬，周昌（见此情景）转头就走。汉高祖追赶上（他），骑在周昌的脖子上，问道："我是什么样的皇帝？"周昌昂起头说："陛下就是夏桀、商纣（那样）的皇帝。"于是汉高祖大笑，但是（从此却）特别敬畏周昌。等到汉高祖想废掉太子，立戚姬的儿子如意为太子时，大臣们坚决反对这样做，（但）都没能成功；后来汉高祖因为留侯张良的策略而打消了废太子的主意。当时周昌在朝廷上极力争辩，汉高祖问他理由，周昌本来有口吃的毛病，又非常气愤（也就口吃得更加厉害了），他说道："我的嘴不太会说话，但我期……期……知道这样做是不行的。陛下虽然想废掉太子，（但）我期……期……不接受您的诏令。"汉高祖高兴地笑了。

（九）

子曰："里仁为美⑴。择不处仁⑵，焉得知⑶？"　　　　——《论语·里仁篇》

【注释】

（1）里仁为美：居住在具有仁厚风俗的地方，是一件美事。里：古代二十五家为一里。
（2）择不处仁：选择住所时不选择有仁德之风的处所。处：居住。
（3）焉得知：怎么能说是明智呢？知：通"智"。

【今译】

孔子说："居住在有仁厚风俗的地方，是一件美事。选择住所时不选择有仁德之风的处所，怎么能说是明智呢？"

【解读】

在这句话中，孔子强调了外部环境对个人成长的重要影响。他认为，一个人的道德修养与周围的人文环境密切相关。因此，他提出了关于居住环境选择的见解。正如他所言，环境能够塑造个人品质，只有与品德高尚者为伴，才能在潜移默化中培养卓越情操。

【典章印证】

与善人居

与善人居，如入芝兰之室，久而不闻其香，即与之化矣；与不善人居，如入鲍鱼之肆，久而闻其臭，亦与之化矣。丹之所藏者赤；漆之所藏者黑。是以君子必慎其所处者焉。

——《孔子家语·六本》

意译：

和品德高尚的人在一起，就像进入了充满兰花香气的屋子，时间一长便闻不到兰花的香气了，这是因为自己完全融入其中，被熏陶与之同化了啊；和品行低劣的人在一起，就像到了卖鲍鱼的地方，时间长了也闻不到臭了，也是与环境同化了啊。藏丹的地方会变红，藏漆的地方会变黑。所以说君子必须谨慎地选择自己身处的环境。

（十）

子曰："巧言令色(1)，鲜(2)矣仁！"

——《论语·学而篇》

【注释】

（1）巧言令色：指花言巧语，伪装和善，讨好于人。巧：好。令：善。
（2）鲜：少的意思。

【今译】

孔子说："花言巧语，伪装出一副和善的面孔，这种人很少是仁德的。"

【解读】

此文从反面论述为仁之道。孔子认为，那些巧言令色的人，擅长察言观色，花言巧语，装出和颜悦色的样子取悦他人。然而，若从动机的角度看，这种行为往往带有欺骗性质，多半出于个人目的，只为谋求私利。作为智者，孔子对此深有体会，因此提出了"巧言令色，鲜矣仁"的观点。他告诫弟子们，言行应契合真善之道，若借助花言巧语讨好他人，则是虚伪恶劣之举；同时，他期望弟子们提高个人修养，以理性的态度处理人际关系，并最终达到仁的境界。

【典章印证】

吉人辞寡

王黄门兄弟三人俱诣谢公，子猷、子重多说俗事，子敬寒温而已。既出，坐客问谢公："向三贤孰愈？"谢公曰："小者最胜。"客曰："何以知之？"谢公曰："吉人之辞寡，躁人之辞多，推此知之。"王子猷、子敬曾俱坐一室，上忽发火。子猷遽走避，不惶取屐；子敬神色恬然，徐唤左右，扶凭而出，不异平常。世以此定二王神宇。

——《世说新语·品藻》（南朝宋·刘义庆）

意译：

黄门侍郎王子猷兄弟三人（三人均为王羲之之子）一同去拜访谢安，子猷和子重大多说一些日常事情，子敬不过寒暄几句罢了。三人走了以后，在座的客人问谢安："刚才那三位贤士谁较好？"谢安说："小的最好。"客人问道："怎么知道的呢？"谢安说："贤明的人话少，急躁的人话多。以此推断出来的。"王子猷、王子敬曾经同坐在一个屋子里，屋顶突然着火。子猷迅速跑出去避开火灾，慌张得没来得及穿鞋子；子敬神色平静，不慌不忙地呼叫仆人（过来），扶着墙出来，跟平常没有什么两样。世人以此来评价子猷、子敬的气度。

【思考讨论】

孔子论"仁"不从理论出发，而重在实践。结合章句（五）至（十），谈谈在日常生活中我们应该如何去实践仁道？

章句（十一）（十二）：论述仁政之道。

（十一）

仲弓[1]问仁。子曰："出门如见大宾[2]，使民如承大祭[3]；己所不欲，勿施于人[4]；在邦[5]无怨，在家[6]无怨。"仲弓曰："雍虽不敏，请事[7]斯语矣。"

——《论语·颜渊篇》

【注释】

（1）仲弓：即冉雍，字仲弓，春秋末期鲁国（山东省菏泽市）人，周文王之子冉季载数传至冉离，冉离生三子冉耕（字伯牛）、冉雍（字仲弓）、冉求（字子有，又称冉有）；冉雍是孔子弟子，与冉耕、冉求皆在孔门十哲之列，世称"一门三贤"；冉雍在孔门弟子中以德行著称，孔子对其有"雍也可使南面"之誉，这是孔子对其他弟子从来没有的最高评价；孔子去世后，冉雍与闵子诸贤共著《论语》120篇，又独著6篇，谓之《敬简集》。

（2）出门如见大宾：出门（工作、办事、与同仁相处）要如同会见贵宾一般恭敬。

（3）使民如承大祭：役使百姓，要像进行重大祭典时那样恭敬严肃。

（4）己所不欲，勿施于人：自己不喜欢的事，不要强加给别人。

（5）邦：诸侯统治的国家。

（6）家：卿大夫统治的封地。

（7）事：从事，照着去做。

【今译】

仲弓问怎样处世才合乎仁道。孔子说："出门（工作、办事、与同仁相处）如同去接待贵宾（一般恭敬）；管理百姓如同去进行重大祭祀（那样严肃认真）；自己不喜欢的事，不要强加给别人；如此在诸侯国的朝廷上做事就不会招致怨恨，在卿大夫的封地上做事也不会招致怨恨。"仲弓说："我虽然不聪明，但会按照您的教导去做。"

微课视频：《认识仲弓》

【解读】

孔子对仲弓教导何为"仁",他提到了"己所不欲,勿施于人"的观点,这正是儒家强调的"恕",不强求他人去做自己不愿意做的事。这启示我们,在与人相处时应树立平等观念,自己认为困难、危险或难以完成的任务,最好不要推给别人。这句话成为后世遵循的信条。

【典章印证】

庾公乘马有的卢

庾(yǔ)公乘马有的(dì)卢,或语令卖去,庾云:"卖之必有买者,即当害其主,宁可不安己而移于他人哉?昔孙叔敖杀两头蛇以为后人,古之美谈。效之,不亦达乎?"

——《世说新语》(南朝宋·刘义庆)

意译:

晋朝庾亮所乘的马中有一匹的卢马(按迷信说法,这是凶马,它的主人会得祸),有人告诉他,叫他把这匹马卖掉。庾亮说:"卖它,必定有买它的人,那就要害到买它的买主了,怎么可以把对自己不利的事情转嫁给别人呢?从前孙叔敖杀死两头蛇,是为了保护后面来的人,这事自古以来被传为美谈,我效仿他,不是很明智吗?"

(十二)

子张(1)问仁于孔子,孔子曰:"能行五者于天下为仁矣。"请问之,曰:"恭、宽、信、敏、惠。恭则不侮(2),宽则得众(3),信则人任(4)焉,敏则有功(5),惠则足以使人(6)。"

——《论语·阳货篇》

【注释】

(1)子张:复姓颛孙,名师,字子张,亦单称张,春秋时期陈国阳城(今河南省淮阳区)人,孔子的得意弟子,春秋时期著名的儒家学者。
(2)恭则不侮:对人恭敬,就不会遭受侮辱。
(3)宽则得众:待人宽厚,就能获得众人的拥戴。
(4)信则人任:待人诚信,就会获得信任。
(5)敏则有功:做事勤敏,就能取得功绩。
(6)惠则足以使人:待人慈惠,就足以治理人民。

【今译】

子张请教孔子,怎样做才合乎仁德。孔子说:"能够在天下施行五种美德,就是仁德了。"子张问:"请问是哪五种美德?"孔子说:"恭敬,宽厚,诚信,勤敏,慈惠。对人恭敬就不会招致侮辱,待人宽厚就会得到众人的拥护,待人诚信就会得到别人的信任,勤敏则会取得功绩,慈惠就能够治理人民。"

【解读】

孔子认为,只有具备恭、宽、信、敏、惠这五种品德并努力践行,方可称得上为真正的仁者。孔子提倡的这五种美德同样也是现代人在处理人际关系时的基本准则。恭敬是向上级展示最佳态度的方法，有助于取得上级的认可，进而更容易获得支持，加速成功之路；宽厚和慈惠地对待同级或下级，就能够赢得他人的认可和尊重；诚信是构建良好人际关系的前提，人际关系中的信任至关重要；勤奋和敏锐则是对自我的要求，促使自己不断进步。

【典章印证】

携民渡江

曹公南征表，会表卒，子琮代立，遣使请降。先主屯樊，不知曹公卒至，至宛乃闻之，遂将其众去。过襄阳，诸葛亮说先主攻琮，荆州可有。先主曰："吾不忍也。"乃驻马呼琮，琮惧不能起。琮左右及荆州人多归先主。比到当阳，众十馀万，辎重数千两，日行十馀里，别遣关羽乘船数百艘，使会江陵。或谓先主曰："宜速行保江陵，今虽拥大众，被甲者少，若曹公兵至，何以拒之？"先主曰："夫济大事必以人为本，今人归吾，吾何忍弃去！"

——《三国志·蜀书·先主传》（西晋·陈寿）

意译：

曹操南征刘表，正逢刘表病卒，刘表之子刘琮代为执政，派遣使节向曹操求降。先主驻军樊城，未料曹操军队突然攻袭，待曹军攻到宛城时才得知这一消息，于是率领军马撤出樊城。路过襄阳时，诸葛亮劝他进攻刘琮以夺得荆州。先主说："我不忍心啊！"于是停马招呼刘琮，刘琮惧怕不敢起身。刘琮的下属及荆州人士有很多归附先主。到当阳县时，追随他的人就达十多万，粮草物资装了几千车，每天只能行进十几里，于是他派关羽另率几百艘船从水路行进，约定在江陵会合。有人劝先主："应当全速前进去保江陵，现在虽说人众甚多，但能作战者很少，如果曹操的大军追上，我们怎么抵抗呢？"先主说："成就大业以取得天下人心为本，现在人们主动归顺我们，我怎可忍心抛下他们而去！"

【思考讨论】

《论语》中共有十三次弟子问仁，而每次孔子的回答都不同，请思考这是为什么？

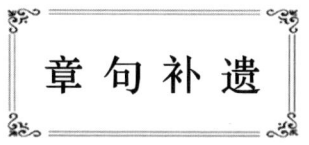

章句补遗

1. 子曰："人而不仁，如礼何？人而不仁，如乐何？" ——《论语·八佾篇·第三章》
2. 子曰："不仁者不可以久处约，不可以长处乐。仁者安仁，知者利仁。"

——《论语·里仁篇·第二章》

3. 子曰："苟志于仁矣，无恶也。" ——《论语·里仁篇·第四章》
4. 子曰："富与贵，是人之所欲也；不以其道得之，不处也。贫与贱，是人之所恶也；不以其道得之，不去也。君子去仁，恶乎成名？君子无终食之间违仁，造次必于是，颠沛必于是。"

——《论语·里仁篇·第五章》

5. 子曰："我未见好仁者，恶不仁者。好仁者，无以尚之；恶不仁者，其为仁矣，不使不仁者加乎其身。有能一日用其力于仁矣乎？我未见力不足者。盖有之矣，我未见也。"

——《论语·里仁篇·第六章》

6. 孟武伯问："子路仁乎？"子曰："不知也。"又问，子曰："由也，千乘之国，可使治其赋也，不知其仁也。""求也何如？"子曰："求也，千室之邑、百乘之家，可使为之宰也，不知其仁也。""赤也何如？"子曰："赤也，束带立于朝，可使与宾客言也，不知其仁也。"

——《论语·公冶长篇·第八章》

7. 司马牛问仁，子曰："仁者，其言也讱。"曰："其言也讱，斯谓之仁已乎？"子曰："为之难，言之得无讱乎？" ——《论语·颜渊篇·第三章》

8. 宪问耻，子曰："邦有道，谷；邦无道，谷，耻也。""克、伐、怨、欲不行焉，可以为仁矣？"子曰："可以为难矣，仁则吾不知也。" ——《论语·宪问篇·第一章》

9. 子贡问为仁，子曰："工欲善其事，必先利其器。居是邦也，事其大夫之贤者，友其士之仁者。" ——《论语·卫灵公篇·第十章》

10. 子曰："民之于仁也，甚于水火。水火，吾见蹈而死者矣，未见蹈仁而死者也。"

——《论语·卫灵公篇·第三十五章》

11. 子曰："当仁不让于师。" ——《论语·卫灵公篇·第三十六章》

12. 子夏曰："博学而笃志，切问而近思，仁在其中矣。" ——《论语·子张篇·第六章》

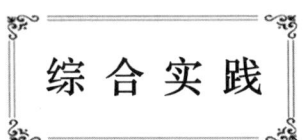

综合实践

传统文化主题践行活动：依于仁

一、传统文化践行主题

本章传统文化践行活动的主题是"依于仁"。依于仁，即以仁爱之心待人处事，尊重他人，以和谐共处为基石。通过本单元的实践教学，旨在使学生将仁道内化于心、外化为行，促进他们树立正确的价值观，建立良好的人际关系，提升情商与道德修养。

二、文化践行活动

根据本校实际情况，结合学生特点，在以下文化践行活动中选择一项进行。

（一）文化践行活动一：仁者之行，慈爱关怀留守儿童

1. 活动目标

通过"仁者之行，慈爱关怀留守儿童"活动，引导学生体验儒家仁爱思想，关注留守儿童成长需求，培养学生的同理心和社会责任感。

2. 活动类型

校内或校外实践。

3. 活动方案

（1）校内实践：

① 组织学生书写倡议书、制作宣传海报，宣传关爱留守儿童的重要性。

② 举办募捐义卖活动，筹集物资或资金用于帮助留守儿童。

（2）校外实践：

① 前往当地留守儿童学校进行慰问和志愿教学活动。

② 开展文艺演出、手工制作等互动项目，促进与留守儿童的交流和情感沟通。

4. 成果展示

（1）学生制作公益宣传视频，分享走访留守儿童的感受和收获。

（2）展览留守儿童画作、手工作品等，传递温暖与爱。

（二）文化践行活动二：传承仁爱，义务助残活动

1. 活动目标

通过"传承仁爱，义务助残活动"儒家仁道实践活动，以义务助残为主题，引导学生践行儒家仁爱思想，关注弱势群体，促进美德的培养和传承。培养学生的仁爱精神、同理心和社会责任感，将传统文化外化于行，展现出新时代的关怀力量。

2. 活动类型

校内或校外实践。

3. 活动方案

（1）校内实践：

① 设计人性化无障碍校园布置，提高校园无障碍设施的认知度。

② 举办残障群体主题讲座与座谈，拓展对残障人士的理解和支持。

（2）校外实践：

① 参与残疾人康复机构义工服务活动，提供陪伴、辅助等支持。

② 创意义卖募捐活动，筹款购买专门辅助器材，帮助残障群体。

4. 成果展示

（1）制作"助残爱心墙"，展示参与活动的学生心得和所取得的成就。

（2）举办表彰活动，肯定学生的付出并鼓励更多人积极参与助残事业。

（三）文化践行活动三：以德护绿，共建绿色家园

1. 活动目标

通过"以德护绿：共建绿色家园"活动，引导学生关注环保问题，传承中华优秀传统文化对仁爱万物的理念。

2. 活动类型

校内或校外实践。

3. 活动方案

（1）校内实践：

① 开展儒家经典诵读活动，引导学生认识环保与文化的联系。

② 组织绿色手工制作比赛，倡导绿色生活理念。

（2）校外实践：

① 参与环保义工清洁行动，清理校园周边环境，宣传分类垃圾处理等环保知识。

② 举办"绿色生活，健康未来"讲座，分享环保理念与实践经验。

4. 成果展示

（1）制作环保公益海报展示，宣传环保知识，发起行动倡议。

（2）制作环保主题展板，展示学生参与活动所创造的环保成果，表彰积极参与环保义工活动的学生，激励更多人加入环保行动。

第四章 孝悌之道

导读

在《论语》中,"孝"一词共出现19次。其中,孔子本人谈及"孝"的有12则,总计16次;而其弟子谈及"孝"的有2则,共3次。尽管《论语》中其他很多语句没有直接提到"孝"字,但也隐含着对"孝"的阐述、重视和倡导。

微课视频:《儒家孝道代表:曾子》

孔子以"仁"为核心构建的道德伦理体系中,排在第一位的道德要求就是"孝"。孔子认为,"孝"是"仁"之根基和滋养之源。《论语》中有:"其为人也孝弟,而好犯上者鲜矣;不好犯上而好作乱者,未之有也。君子务本,本立而道生。孝弟也者,其为仁之本与!"的论述;《中庸》中有"仁者人也,亲亲为大。"的记载;《孟子》中也有"事孰为大?事亲为大。""亲亲而仁民,仁民而爱物。"等论述,这些都清晰表明了"孝"作为"仁"的基石,是中华优秀传统文化的核心精髓,同时也是社会、家庭和个人和谐关系的重要支撑。

孔子十分重视"孝",认为孝道是"修身、齐家、治国、平天下"的根本之道。在儒家思想中,"孝"不仅意味着"孝敬父母",即"孝亲",还包含了对君主的尊敬与效忠,即"孝君",这两方面构成了《论语》中的"小孝以孝亲,大孝以孝民"的内涵,即在家中应侍奉父兄,在社会中应尊敬公卿;国君遵循君道,臣民遵守臣道,父亲践行父道,儿子遵守子道。这表明:"孝"涉及天下大事,维系着"修身、齐家、治国、平天下"的基本秩序。

"孝"可以称之为中华优秀传统道德的"元德"。随着中华民族五千多年文明的积淀和发展,中华"孝"文化已经根植于全体人民内心,渗透到社会各个领域,融入民族之精神。在当下时代,我们要对延续五千多年的"孝"文化坚持"创造性转化、创新性发展"的理念,弘扬"孝"文化中的精髓,使之成为实现社会和谐、人民幸福的重要支撑和精神支柱。

章句品读

章句（一）（二）：论述何谓"孝"。

音频：《孝悌之道》章句诵读

（一）

有子(1)曰："其为人也孝弟(2)而好犯上者，鲜(3)矣；不好犯上而好作乱者，未之有也(4)。君子务本，本立而道生。孝弟也者，其为仁之本与(5)！"

——《论语·学而篇》

【注释】

（1）有子：孔子的学生，姓有，名若。在《论语》中，孔子的学生一般都称字，只有曾参和有若称"子"。

（2）弟（tì）：同"悌"，指敬爱兄长。

（3）鲜（xiǎn）：少。

（4）未之有也："未有之也"的倒装句，意思是没有这种人。

（5）与：即"欤"字，表示疑问的助词。《论语》中的"欤"字皆作"与"。

【今译】

有子说："那种孝顺父母、敬爱兄长的人，却喜欢触犯上级，是很少见的；不喜欢触犯上级却喜欢造反的人，更是从来没有的。有德行的君子应致力于根本，根本建立了便产生了仁道。孝敬父母、敬爱兄长，大概便是仁道的根本吧！"

【解读】

在孔子的学说里，"仁"是其核心思想和终极追求目标。而要达到"仁"的境界，应先从孝悌做起，孝悌是仁道的根本和基础，只有首先为人孝悌，才能推而广之，最终成为仁人君子。

实践证明，儒家这种立足于家庭和睦，进而促使社会稳定的思路是积极而有效的。自从汉代以来，中国历代的统治者都奉行以孝治天下的社会政策，这便是中华文明历经五千年而不衰的重要原因。其所依据的理论正是孔子及其弟子所倡导的这种孝道，即儒家思想"为人孝悌—家庭和睦—社会和谐—国家稳定"的内在逻辑。

【典章印证】

负米奉亲

子路见于孔子曰："负重涉远，不择地而休；家贫亲老，不择禄而仕。昔者由也，事二亲之时，常食藜藿之实，为亲负米百里之外。亲殁之后，南游于楚，从车百乘，积粟万钟，累茵而坐，列鼎而食，愿欲食藜藿，为亲负米，不可复得也。枯鱼衔索，几何不蠹；二亲之寿，忽若过隙。"孔子曰："由也事亲，可谓生事尽力，死事尽思者也。" ——《孔子家语·致思》

意译：

子路拜见孔子说："背负重物走远路，就不会选好地方才休息；家中贫穷赡养父母，就不会计较俸禄厚薄才做官。过去仲由在侍奉双亲的时候，常吃粗劣的食物，为了父母到百里之外去背米回家。父母去世后，我南下楚国做官，随从的车辆多达百乘，积蓄的粮食有万担之多，坐的垫子有好几层，排列开大鼎吃饭，可我仍想吃粗劣的食物，去为父母背米，却已经没有机会了。将干鱼串在绳子上，不生蠹虫能有多久；父母的寿命，恍若白驹过隙般短暂。"孔子说："仲由侍奉双亲，可以说是在父母生前尽了全力，去世之后倾尽了哀思的人啊。"

（二）

孟懿子问孝，子曰："无违(1)。"樊迟御(2)，子告之曰："孟孙问孝于我，我对曰，无违。"樊迟曰："何谓也？"子曰："生，事之以礼(3)；死，葬之以礼，祭之以礼。"

——《论语·为政篇》

【注释】

（1）无违：不要违背礼节。
（2）御：驾车，此处指为孔子驾车。
（3）事之以礼：即"以礼事之"。

【今译】

孟懿子问什么是孝道。孔子说："不要违背礼节。"不久，樊迟替孔子驾车，孔子告诉他："孟孙问我什么是孝道，我对他说，不要违背礼节。"樊迟说："这是什么意思？"孔子说："父母活着的时候，依规定的礼节侍奉他们；死的时候，依规定的礼节安葬他们，祭祀他们。"

【解读】

孔子极为重视孝道，强调人们应当对父母尽心尽力，无论他们在世与否都应如此。然而，他也强调，尽孝并非随意行事，必须受到礼仪规范的约束，不能超越政治、伦理原则中所规定的"礼"的界限，否则就谈不上是真正的孝。

孔子在担任鲁国中都宰和大司寇期间，为解决鲁国"三桓"（指孟孙氏、叔孙氏、季孙氏三家）专权问题，欲削弱"三桓"势力，于是提出"三桓"拆除自己封邑的城墙，即"堕三都"。从本章句的对话中可推测出孟懿子问孝的时机发生在孔子推行"堕三都"之时，孔子造访孟懿子家，试图说服他拆除家族封邑的城墙。

孟懿子是鲁国大夫孟孙氏第9代宗主，也曾是孔子的学生。孟懿子问孝，表面上是在探究如何做才算得上是孝，实则要表达的意思是，城邑是由自己祖先创下的基业，如果他毁掉家族封邑的城墙，就等于违背了祖命，即不孝。

孔子回答"无违"包含的含义首先是符合孟懿子期望的"不违父命"；其次是隐含的"不违于礼"。孔子意在暗示孟懿子身为鲁国大夫和公孙，应当协助国君善治鲁国，以国家利益为重才是最高级别的孝道。

【典章印证】

曾子曰："孝有三：大孝尊亲，其次弗辱，其下能养。"公明仪问于曾子曰："夫子可以为孝乎？"曾子曰："是何言与！是何言与！君子之所为孝者，先意承志，谕父母以道。参直养者也，安能为孝乎？"

——《礼记·祭义》（春秋·曾子）

意译：

曾子说："孝有三等。第一等的孝是能光耀父母,第二等的孝是不玷辱父母的声名,第三等的孝是能够赡养父母。"曾子的学生公明仪向曾子问道:"老师您可以说是做到了孝吧?"曾子答道:"这是哪儿的话!这是哪儿的话!君子所谓的孝,是不等父母有所表示就把父母想办的事办了,同时又能使父母放心自己的所作所为都是合乎正道的。我只不过是能赡养父母罢了,怎能说是做到了孝呢!"

章句（三）（四）：论述孝养之道。

（三）

孟武伯问孝。子曰："父母唯其⁽¹⁾疾之忧。"

——《论语·为政篇》

【注释】

（1）其：指孝子。

【今译】

孟武伯问什么是孝道,孔子说:"父母只需为孩子的疾病担忧（而不担忧别的）"。

【解读】

文中的孟武伯是孟懿子的长子,据史书记载,他的行为放荡不羁,沉溺于声色犬马,有许多不良习惯和行为。孔子的回答可以理解为对孟武伯的委婉批评和教育。孔子指出,作为子女,如果有不道德的行为,就是对父母最大的不孝。

孔子的回答既表达了父母对子女行为的期望,也反映了对孝顺的深刻理解。他认为,孝顺不仅仅是在生活上关心父母,更包括对父母精神上的尊重和道德行为上的效仿。孔子提醒人们,作为子女,应当追求道德上的自我完善,以减少父母的忧虑,这是孝顺的另一种体现。

【典章印证】

子欲养而亲不待

孔子行,闻哭声甚悲。

曰:"驱!驱!前有贤者。"至则皋鱼也。被褐拥镰,哭于道旁。孔子辞车与之言曰:"子非有丧,何哭之悲也?"

皋鱼曰:"吾失之三矣:少而学,游诸侯,以后吾亲,失之一也;高尚吾志,间吾事君,失之二也;与友厚而小绝之,失之三也!树欲静而风不止,子欲养而亲不待。往而不可追者,年也;去而不可得见者,亲也。吾请从此辞矣!"立槁而死。

孔子曰:"弟子诫之,足以识矣。"于是门人辞归而养亲者十有三人。

——《孔子家语·致思》

意译：

孔子出行,听到有人哭得十分悲伤。孔子说:"快,快,前面有贤人。"走近一看是皋鱼。身披粗布抱着镰刀,在道旁哭泣。孔子下车对皋鱼说:"先生家是不是有丧事?为什么哭得如此悲伤?"

皋鱼回答说："我有三个过失：年少时出去求学，周游诸侯国，没有照顾到亲人，这是过失之一；自视清高，不愿为君主效力，没有成就，这是过失之二；朋友交情深厚，可很早就断了联系，这是过失之三。树想静下来可风却不停吹动它，子女想要好好孝敬父母时，父母却已经离开人世了！过去了就不能再追回的，是岁月；逝去后再也见不到的，是亲人。就让我从此离别人世吧。"说完就辞世了。

孔子对弟子们说："大家要引以为戒，这件事足以让我们明白其中的道理！"于是，有十三名弟子辞行回家赡养双亲。

（四）

子曰："父母之年(1)，不可不知也。一则以喜(2)，一则以惧(3)。"　　——《论语·里仁篇》

【注释】

（1）年：年龄。
（2）喜：高兴。
（3）惧：担忧。

【今意】

孔子说："父母的年龄不能不知道，一方面因其长寿而高兴，一方面又因其年迈而担忧。"

【解读】

记住父母的年龄和生辰是孝道的具体体现。正如孔子所言的"一则以喜，一则以惧"，一个真正孝敬父母的人会关注父母的年龄和生辰，为他们的健康和长寿感到高兴，这不仅能让子女与父母共享天伦之乐，也让子女有足够的时间来尽孝；另外，子女也会为父母的年迈感到担忧，担心自己在父母身边陪伴的时间有限。换言之，对于孝子来说，总会觉得自己能为父母做得太少，而父母则为自己付出了太多。如果等到失去父母时才意识到这一点，即使再懊悔也为时过晚，永远无法弥补遗憾。

【典章印证】

亲尝汤药

汉文帝，名恒，高祖第四子，初封代王。

生母薄太后，帝奉养无怠。母常病，三年，帝目不交睫，衣不解带，汤药非口亲尝弗进。仁孝闻天下。
　　　　　　　　　　　　　　——《二十四孝》（元·郭居敬）

意译：

汉朝汉文帝（与汉景帝的统治时期被誉为"文景之治"），名叫刘恒，是汉高祖刘邦的第四个儿子，最初被封为代王。

汉文帝的生母是薄太后。汉文帝即位后侍奉母亲从不懈怠。母亲常年生病，一病就是三年，汉文帝常常昼夜不睡、衣不解带地亲自照顾，给母亲服用的汤药，他要是没有亲口尝过就不让母亲服用。他以仁孝名闻天下。

章句（五）（六）：论述孝敬之道。

（五）

子游⁽¹⁾问孝，子曰："今之孝者，是谓能养⁽²⁾。至于犬马，皆能有养⁽³⁾。不敬，何以别乎？"

——《论语·为政篇》

【注释】

（1）子游：孔子的弟子，姓言，名偃，字子游，吴国人。
（2）是谓能养：意思是以饮食奉养父母。
（3）至于犬马，皆能有养：对于狗和马，都可以做到（用食物）饲养。

【今译】

子游请教孝道，孔子说："现在所说的孝，指的是养活父母便行了。即使狗和马，也可以用食物饲养。如果对父母不恭敬顺从，那和饲养狗马有什么区别呢？"

【解读】

从古至今，人们谈论的孝多半局限于在物质上赡养父母。然而，在孔子看来，这种观点是错误的。他指出，如果一个人对自己的父母只提供物质上的支持，而缺乏内心真诚的敬爱之情，那与饲养犬马并无本质区别。真正的孝顺不应停留于表面上的赡养，而应源自内心深处的尊重和关爱，真正做到"养父母之身、养父母之心、养父母之志"，才符合孝道。

【典章印证】

曾子养曾皙，必有酒肉。将彻，必请所与。问有余，必曰"有"。曾皙死，曾元养曾子，必有酒肉。将彻，不请所与。问有余，曰："亡矣"。将以复进也。此所谓养口体者也。若曾子，则可谓养志也。事亲若曾子者，可也。

——《孟子·离娄上》

意译：

曾子奉养他的父亲曾皙，每餐必定有酒和肉，饭后把饭菜撤走时，一定请示"把剩下的饭菜送给谁？"如果问"还有没有剩余？"必然回答说"有。"曾皙去世以后，曾元奉养曾子，每餐也必定有酒和肉，但饭后把饭菜撤走时，不请示"把剩下的饭菜送给谁？"如果问"还有没有剩余？"必然回答说"没有了。"其实他是想把剩下的饭菜下次再给曾子吃。这就是人们所说的仅供养父母的身体。像曾子那样，才可称为"养父母之心志"。侍奉父母做到像曾子那样，就可以了。

（六）

子夏问孝。子曰："色难⁽¹⁾。有事弟子⁽²⁾服其劳，有酒食⁽³⁾先生⁽⁴⁾馔，曾⁽⁵⁾是以为孝乎？"

——《论语·为政篇》

【注释】

（1）色难：孝子侍奉父母，做到和颜悦色是比较难的。
（2）弟子：年轻的子弟。
（3）食：食物。

（4）先生：与"弟子"相对，指长辈。馔：吃喝。
（5）曾：副词，竟然的意思。

【今译】

子夏问什么是孝道，孔子说："侍奉父母经常保持和颜悦色最难。遇到事情，让年轻人去做；有好吃好喝的，让老年人享受，难道这样就是孝吗？"

【解读】

在前一章中，孔子着重强调孝的内涵：真正的孝应该是源自内心对父母的敬爱。而在这一章中，他则强调孝的外在表现：行孝时必须保持和颜悦色。整体看来，这段对话是对前段对话的补充，使孝的含义更加完整和清晰。

孔子认为，真正的孝顺不仅需要内心的敬爱，还需要态度上的恭敬和和蔼。对于那些性情急躁的人来说，这一点尤为重要。当父母感受到子女的不耐烦时，会让他们感到不安和不快。因此，我们应该学会调整自己的情绪，即使在情绪不佳时，也尽量以轻松和蔼的态度对待父母，让他们感到安心和愉悦。

【典章印证】

孝子之有深爱者，必有和气；有和气者，必有愉色；有愉色者，必有婉容。孝子如执玉，如奉盈，洞洞属属然，如弗胜，如将失之。严威俨恪，非所以事亲也，成人之道也。

——《礼记·祭义》

意译：

孝子如果对父母有深厚的爱，心中必然充满和顺之气；心中充满和顺之气，脸上就一定会表现为和颜悦色；脸上有和颜悦色，就一定会有温婉柔顺的仪容和态度。孝子在侍奉父母时，恭敬谨慎，就如同手里拿着贵重的玉，或手里端着满满一杯水，虔诚而专注，就好像拿不动，又好像生怕失手打坏，唯恐有失。而威严庄重的态度，不是孝子侍奉父母的态度，是成年人的相处之道。

章句（七）：论述孝谏之道。

（七）

子曰："事父母几谏(1)。见志不从，又敬不违(2)，劳(3)而不怨。" ——《论语·里仁篇》

【注释】

（1）几谏：以委婉的言语、态度劝谏。几：委婉。
（2）见志不从，又敬不违：父母不接受劝谏，仍保持恭敬态度，不敢违逆。
（3）劳：劳心；担忧。

【今译】

孔子说："侍奉父母，对他们的缺点应该委婉地劝阻，如果自己的意见没有被采纳，仍然要对他们恭敬，不违抗。只是在心里忧愁而不怨恨。"

【解读】

孔子深刻地阐述了孝敬父母的真谛。在他看来,作为子女,侍奉父母是天经地义的责任,然而,孝顺并不意味着对父母的要求一味地顺从。盲目地服从,孔子认为是愚孝。

在处理与父母之间的分歧时,子女可以用委婉而尊重的方式劝诫父母,引导他们认识并改正错误。在这个过程中,我们必须铭记,父母作为长辈,拥有丰富的人生经验和智慧。因此,我们在劝说他们时必须保持恭敬的态度,避免直接指责、咄咄逼人,以确保我们的忠告既能被接受,又不伤害到父母的情感。

【典章印证】

曾子耘瓜

曾子耘瓜,误斩其根,曾皙怒,建大杖以击其背,曾子仆地而不知人久之。有顷,乃苏,欣然而起,进于曾皙曰:"向也得罪于大人,大人用力教参,得无疾乎?"退而就房,援琴而歌,欲令曾皙闻之,知其体康也。孔子闻之而怒,告门弟子曰:"参来,勿内。"

曾参自以为无罪,使人请于孔子。

子曰:"汝不闻乎?昔瞽瞍有子曰舜,舜之事瞽瞍,欲使之,未尝不在于侧,索而杀之,未尝可得。小棰则待过,大杖则逃走。故瞽瞍不犯不父之罪,而舜不失烝烝之孝。今参事父,委身以待暴怒,殪而不避,既身死而陷父于不义,其不孝孰大焉?汝非天子之民也?杀天子之民,其罪奚若?"

曾参闻之,曰:"参罪大矣。"遂造孔子而谢过。

——《孔子家语》

意译:

曾子锄瓜,不小心锄断了瓜的根。父亲曾皙非常生气,举起一根大棍打到他背上,曾子倒地不省人事,过了很久才苏醒过来,曾子高兴地(从地上)爬起来,走近曾皙对他说道:"刚才我得罪了父亲大人,您为教导我而用力打我,您的身体没有什么不舒服的地方吧?"说完曾子退下去回到房里,边弹琴边唱歌,想让父亲听见后知道他的身体健康无恙。孔子听说这件事后很生气,告诉门下弟子:"如果曾参来了,不要让他进来。"

曾参自认为没有过错,托人向孔子请教。

孔子说:"你没听说过吗?昔日瞽叟有一个儿子叫舜,舜侍奉父亲瞽叟,父亲使唤他,他总在父亲身边;父亲要杀他,却找不到他。父亲轻轻地打他,他就站在那里忍受,父亲用大棍打他,他就逃跑,因此他的父亲没有背上不义之父的罪名,而他自己也没有失去为人之子的孝心。如今曾参侍奉父亲,任由自己的身体被父亲暴打,父亲朝死里打他也不躲避。他如果真的死了就会陷其父亲于不义,相比之下,哪个更为不孝?你不是天子的百姓吗?杀了天子的百姓,那罪过会怎么样?"

曾参听了这些话,说道:"我的罪过很大啊!"于是拜访孔子为自己的过错道歉。

【思考讨论】

《曾子耘瓜》的典故体现了儒家孝道的什么原则?

章句（八）：论述孝继之道。

（八）

子曰："父在，观其⁽¹⁾志。父没，观其行⁽²⁾。三年无改于父之道，可谓孝矣。"

——《论语·里仁篇》

【注释】

（1）其：这里指儿子，不是指父亲。
（2）行（xíng）：行为。

【今译】

孔子说："当他父亲活着时，要看他本人的志向；他父亲去世以后，就要考察他本人的具体行为了。如果他长期坚持父亲生前那些正确原则，就可以说是尽孝了。"

【解读】

"父在，观其志。"孔子此言强调了子女对父辈的尊重和学习。作为子女，必须努力学习父母的优点，遵循双亲的引导，理解家族的传统，继承父辈的美德。但这种继承并非盲目追随，而是要传承父辈的优秀传统，使之成为我们自身行为的准则。

"父没，观其行。"孔子此言要求我们在父母去世后，依然要保持言行一致，确保孝道的连续性。如果一个人在父母去世后依然能够保持和父母在世时一样的品行，那么他无疑是一个真正的孝子。相反，如果一个人在父母去世后就放纵自己，违背了父母的教导，那么无论他在父母生前表现得多么孝顺，本质上都是不孝的。

【典章印证】

太史公执迁手而泣曰："余死，汝必为太史；为太史，毋忘吾所欲论著矣。且夫孝，始于事亲，中于事君，终于立身；扬名于后世，以显父母，此孝之大也。夫天下称颂周公，言其能论歌文、武之德，宣周、召之风，达太王、王季之思虑，爰及公刘，以尊后稷也。幽、厉之后，王道缺，礼乐衰，孔子脩旧起废，论诗书，作春秋，则学者至今则之。自获麟以来四百有余岁，而诸侯相兼，史记放绝。今汉兴，海内一统，明主贤君，忠臣义士，余为太史而弗论载，废天下之史文，余甚惧焉，汝其念哉！"

迁俯首流涕曰："小子不敏，请悉论先人所次旧闻，弗敢阙。"

——《史记·太史公自序》（汉·司马迁）

意译：

太史公抓着司马迁的手流着泪说："我死以后，你一定会做太史；做了太史，你千万不要忘记我要编写的论著啊。况且孝，是从侍奉双亲开始的，中间经过侍奉君主，最终能够在社会上立足，扬名于后世，光耀父母，这是孝中最主要的。天下称颂周公，是说他能够歌颂周文王、周武王的功德，宣扬周、召之遗风，使人懂得周太王、王季的思想以及公刘的功业，以使始祖后稷受到尊崇。周幽王、周厉王以后，王道衰落，礼乐损坏，孔子研究、整理旧有的文献典籍，振兴被废弃了的王道和礼乐。整理《诗》《书》，著作《春秋》，直到今天，学者们仍以此为法则。从鲁哀公获麟到现在四百多年了，其间由于诸侯兼并混战，史书丢散、记载中断。如今汉朝兴起，海内统一，贤明的君主，忠义的臣子的事迹，我作为太史而不予评论记载，中断了国家的历史文献，对此我感到十分不安，你可要记在心里啊！"

司马迁低下头流着泪说："儿子我虽然不聪明，一定会把父亲编纂历史的计划全部完成，不敢有丝毫的缺漏。"

【思考讨论】

司马迁后来是否实现了他对父亲的承诺？这对于新时代的我们如何行孝有何启发？

1. 曾子曰："慎终追远，民德归厚矣。" ——《论语·学而篇·第九章》

2. 曾子有疾，召门弟子曰："启予足，启予手。《诗》云：'战战兢兢，如临深渊，如履薄冰。'而今而后，吾知免夫，小子！" ——《论语·泰伯篇·第三章》

3. 或谓孔子曰："子奚不为政？"子曰："《书》云：'孝乎惟孝，友于兄弟，施于有政。'是亦为政，奚其为为政？" ——《论语·为政篇·第二十一章》

4. 子曰："父母在，不远游，游必有方。" ——《论语·里仁篇·第十九章》

5. 叶公语孔子曰："吾党有直躬者，其父攘羊，而子证之。"孔子曰："吾党之直者异于是。父为子隐，子为父隐，直在其中矣。" ——《论语·子路篇·第十八章》

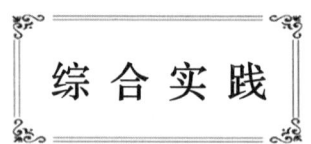

传统文化主题践行活动：行于孝

一、传统文化践行主题

本章传统文化践行活动的主题是"行于孝"。

孝道作为中华民族传统美德之一，承载着家庭伦理、社会和谐的重要价值。通过学习和实践孝道，让学生真正理解孝的内涵，传承优秀的传统文化。

二、文化践行活动

结合本校实际与学生特点，选择以下活动中的其中一项进行。

（一）文化践行活动一："孝之道"感恩月活动

1. 活动目标

通过"孝之道"感恩月活动，营造浓厚的孝道文化氛围，让学生深入理解孝道的内涵与外延，明白孝顺父母、尊敬长辈的重要性，培养学生的感恩意识，学会珍惜亲情，懂得回馈与奉献。

2. 活动方案

（1）开展讲座：举行"孝之道"感恩月活动，邀请专家学者进行孝道讲座，引导学生深入理解孝道的内涵与价值。

（2）孝心日记：鼓励学生每天记录自己对父母的感恩之情及为父母所做的小事，如帮忙做家务、陪伴聊天、准备小惊喜等，培养持续性的孝心行为。

（3）"我为父母做件事"创意大赛：组织学生进行创意比赛，看谁能以最独特、最贴心的方式表达对父母的孝心。作品形式可以是手工制作、视频短片、书画作品等。

（4）家庭访谈与分享：安排时间让学生与父母进行深度访谈，了解父母的成长经历、工作艰辛及对子女的期望，之后通过班会、家长会等形式进行分享，增进家庭成员间的相互理解与情感交流。

（5）感恩信撰写与邮寄：引导学生亲手撰写一封感恩信给父母，表达对他们的感激之情与未来承诺，并通过邮局寄出，增加仪式感与情感共鸣。

3. 成果展示与评估

（1）孝心成果展：收集并展示学生的孝心日记、创意作品、感恩信等成果，作为校园文化活动的一部分进行展出。

（2）反馈与评估：通过问卷调查、家长访谈等方式收集活动反馈，评估活动效果，为今后类似活动提供参考与改进方向。

（3）持续跟进：建立孝心行动长效机制，鼓励学生在活动结束后继续坚持孝心行为，形成良好家风与社会风尚。

（二）文化践行活动二：孝行挑战赛

1. 活动目标

通过挑战赛的形式实践孝心行动，激发学生将孝道理念转化为实际行动，让学生通过日常生活中的小事表达对父母的关爱与尊重。同时，在完成任务的过程中培养团队协作能力。

2. 活动方案

（1）任务发布：设计一系列与孝道相关的任务，如"为父母准备一顿爱心早餐""与父母共度一天，记录并分享美好瞬间""亲手制作一份感恩礼物送给父母"等，通过学校公告或社交媒体平台发布给全体学生。

（2）报名组队：学生自由组队（建议每组3~5人），选择自己感兴趣的任务进行报名。鼓励跨班级、跨年级组队，增进学生间的交流与友谊。

（3）任务执行：在指定时间内，各小组按照任务要求执行，其间需拍摄照片或视频记录孝行过程，并撰写简短的文字说明。

（4）成果展示与分享：各小组通过班级展示、校园广播、网络平台等多种形式展示孝行成果，分享执行任务过程中的趣事、感悟及收获；同时，邀请家长参与观看并点评，增进家校沟通。

（5）评选与表彰：根据任务完成情况、成果展示效果及家长反馈等多方面因素进行综合评选，对表现突出的小组和个人进行表彰奖励。

3. 成果展示与评估

（1）成果汇编：将各小组的孝行成果汇编成册或制作成视频集锦，作为校园文化活动的珍贵资料保存并分享给全校师生及家长。

（2）反馈收集：通过问卷调查、访谈等方式收集学生、家长及老师的反馈意见，评估活动效果及改进方向。

（3）持续影响：鼓励学生在活动结束后继续践行孝道，将孝爱精神传递给更多人，形成积极向上的校园文化氛围。

第五章　修德之道

导读

著名哲学家康德曾说过:"在这个世界上,有两样东西值得我们仰望终生:一是我们头顶上璀璨的星空,二是人们心中高尚的道德。"作为教育家,孔子教授学生以做人为先、以修德为重。在《论语》中,"德"这个字出现频繁,代表着君子、圣人所具备的核心品质,是孔子哲学思想中极为重要的概念之一。

"德"字,最早见于商代的甲骨文,从"彳"(chì),从"直"。从解字的角度可以看出,这是一个与动作有关的字,可理解为遵行正道之意。孔子强调君子、士应当积极参与政治,担负起治理国家、平定天下的责任,并强调统治者在治理国家时要以道德为准则,主张"为政以德"。孔子认为,领导者必须不断加强自身的道德修养;同时,孔子还提倡实行"富民"仁政,极力推行造福百姓、让百姓安居乐业、共同富裕的政治理念。孔子关于"德"的思想和理论对古代中国社会产生了深远而持久的影响,至今仍具有重要的现实意义。

孔子构建的道德伦理体系中,以"仁"为核心,以"孝"为行"仁"之本,而"仁""孝"均属于道德修养范畴。而孔子关于"德"的理论,又可分为三个层次,即尚"德"、崇"德"、好"德"。尚"德"强调的是对道德的理性认可和追求;崇"德"则着重于感性心灵对道德品行的肯定和提升;而好"德"则代表了尚"德"和崇"德"所应达到的、以积累"德行"为快乐的道德境界。一个人若能保持好"德"的心态,将会不断激励自己发扬美德,并从中获得快乐。

章句品读

章句(一)(二):论述修德之因。

音频:《修德之道》章句诵读

(一)

子曰:"德⁽¹⁾不孤,必有邻⁽²⁾。"

——《论语·里仁篇》

【注释】

(1)德:此处指有仁德品性的人。

（2）邻：此处意为"与之亲近的人"。

【今译】

孔子说："品德高尚的人不会孤独，一定有志同道合的人和他做伴。"

【解读】

在纷繁复杂的现实世界中，坚守道德和原则有时可能会让我们面临挑战和误解。那些为了维护内心信仰而放弃利益的人，有时会遭遇旁人的嘲笑和质疑，这无疑会给他们带来困惑：为何周围的人不选择同样的行为？难道是自己做错了吗？自己真的是迂腐或虚伪吗？

然而这些困惑都是不必要的。正如古人所言："海内存知己，天涯若比邻。"真正的有德之人，即使在当下看似孤独，但最终会在未来找到与自己心灵相通的伙伴。孔子所言"德不孤，必有邻"，就是对人际交往规律的深刻洞察。

德行，就像一块磁石，能吸引具有相似价值观和追求的人。随着时间的流逝，德行会逐渐形成一种无形但珍贵的个人魅力和声誉，成为人生旅途中坚实的支撑及走向成功的强大动力。

【典章印证】

周公吐哺

周公戒伯禽曰："我文王之子，武王之弟，成王之叔父，我于天亦不贱矣。然我一沐三捉发，一饭三吐哺，起以待士，犹恐失天下之贤人。子之鲁，慎无以国骄人。"

——《史记·鲁周公世家》（汉·司马迁）

注：周公，姬姓名旦，亦称叔旦，周文王姬昌第四子，周武王姬发的弟弟，采邑在周，故称周公；西周开国元勋，杰出的政治家、军事家、思想家、教育家；周公一生的功绩被《尚书大传》概括为："一年救乱，二年克殷，三年践奄，四年建侯卫，五年营成周，六年制礼乐，七年致政成王。"言论见于《尚书》之《大诰》《康诰》《多士》《无逸》《立政》诸篇。

微课视频：《认识周公》

意译：

（周公的儿子伯禽将前往封地鲁）周公告诫伯禽说："我是文王的儿子，武王的弟弟，成王的叔父，我在天下的地位不能算低贱的了。但是我每次沐浴都要停下来几次，握住自己散乱的头发去接待宾客，吃一顿饭也要多次停下来，迫不及待地去接待贤士，唯恐因怠慢而失去人才。你到鲁地之后，千万要谨慎，切莫因受封于鲁国就怠慢、轻视人才。"

（二）

子曰："为政以德，譬如北辰(1)居其所而众星共(2)之。"　　　　——《论语·为政篇》

【注释】

（1）北辰：北极星。

（2）共（gǒng）：同"拱"，环绕的意思。

【今译】

孔子说："用道德去治理国家，自己就会像北极星那样，安然处在自己的位置上，别的星辰都环绕着它。"

【解读】

孔子所倡导的"为政以德"，不仅是对统治者的期许，更是一种政治智慧的体现，是孔子治国理念的精髓。这一理念强调，只有当领导者以德行为准则，才能赢得人民的衷心拥护，从而稳固其政权。这是一种以道德教化为基础的治国哲学，体现了儒家治国的核心原则是以德治国，而非依赖严刑峻法，这也是儒家与法家最大的区别。

孔子的这一思想也是对现代领导力的深刻启示：一个领导者若想有效地管理团队或国家，必须首先具备卓越的品德，成为他人的榜样。这样的领导者能够以其德行吸引和团结周围的人，形成一个和谐而有凝聚力的集体。

【典章印证】

刘平结客刺备，备不知而待客甚厚，客以状语之而去。是时人民饥馑，屯聚钞暴。备外御寇难，内丰财施，士之下者，必与同席而坐，同簋而食，无所简择。众多归焉。

——《三国志·蜀书·先主传》（西晋·陈寿）

意译：

刘平派刺客刺杀刘备，刘备不知道，待刺客很好，刺客感动，以实情告诉刘备之后离去。当时人民处于饥荒之中，刘备对外抵御强敌，对内振兴经济，与手下士卒同席吃饭，从不挑拣食物好坏，因此民心归附。

章句（三）（四）：论述自省之道。

（三）

子曰："见贤(1)思齐(2)焉，见不贤而内自省(3)也。" ——《论语·里仁篇》

【注释】

（1）贤：贤人，有贤德的人。
（2）齐：看齐。
（2）省：反省，检查。

【今译】

孔子说："看见贤德的人就应该想到向他看齐；见到不贤德的人，就要反省自己有没有和他类似的毛病。"

【解读】

孔子提倡的"见贤思齐，见不贤而内自省"是一种人生哲学。他教导我们，通过观察和学习他人的长处，从中汲取灵感，开阔视野，丰富内在，使个人品质得到提升；同时不忘以他人的不足为镜，反观自身，如曾子所言"三省吾身"，从而有效规避错误和挫折，不断自我完善，促进个人的成长与发展。

【典章印证】

苏轼，字子瞻，眉州眉山人。生十年，父洵游学四方，母程氏亲授以书，闻古今成败，辄能语其要。程氏读东汉《范滂传》，慨然太息，轼请曰："轼若为滂，母许之否乎？"程氏曰："汝能为滂，吾顾不能为滂母邪？"

比冠，博通经史，属文（zhǔ，撰写文章）日数千言，好贾谊、陆贽书。既而读《庄子》，叹曰："吾昔有见，口未能言，今见是书，得吾心矣。"嘉祐二年，试礼部。方时文磔裂诡异之弊胜，主司欧阳修思有以救之，得轼《刑赏忠厚论》，惊喜，欲擢冠多士，犹疑其客曾巩所为，但置第二；复以《春秋》对义居第一，殿试中乙科。后以书见修，修语梅圣俞曰："吾当避此人出一头地。"闻者始哗不厌，久乃信服。

——《宋史·苏轼列传》

意译：

苏轼，字子瞻，眉州眉山人。十岁时，父亲苏洵到四方游学，母亲程氏亲自教他读书，听到古今的成败得失，常能说出其中的要害。程氏读东汉《范滂传》，很有感慨，苏轼问道："我如果做范滂，母亲能答应我这样做吗？"程氏说："你能做范滂，我难道不能做范滂的母亲吗？"

到二十岁时，苏轼已精通经传历史，每天写几千字的文章，喜欢贾谊、陆贽的书。他读《庄子》，感叹说："我从前有些见解，嘴里不能说出来，现在看到这本书，说到我心里了。"嘉祐二年，苏轼参加礼部考试。当时文章晦涩怪异的弊习很重，主考官欧阳修想加以改正，见到苏轼的《刑赏忠厚论》，很惊喜，想定他为进士第一名，

微课视频：《认识苏轼》

但又怀疑是自己的门客曾巩写的，便放在了第二名；后来苏轼又以《春秋》经义策问取得第一名，殿试中乙科。之后苏轼凭推荐信谒见欧阳修，欧阳修对梅圣俞说："我应当让这个人出人头地了。"听到的人哗然不服，时间久了也就对此信服了。

（四）

曾子(1)曰："吾日三省(2)吾身，为人谋而不忠乎？与朋友交而不信乎？传(3)不习乎？"

——《论语·学而篇》

【注释】

（1）曾子：孔子晚年的学生，名参（shēn），字子舆，比孔子小四十六岁，鲁国人。曾参是孔子的得意门生，以孝著称，据说《孝经》就是他撰写的。

（2）三省（xǐng）：多次反省。

（3）传：老师讲授的功课。

【今译】

曾参说："我每天从多方面反省自己：替别人办事是不是尽心竭力了呢？与朋友交往是不是诚实守信了呢？对老师传授的功课，是不是用心温习了呢？"

【解读】

儒家注重个人的道德修养,追求塑造理想人格。本文中曾参提出的自省即为实现自我修养的基本方法。他强调通过持续的自我审视来塑造更为完美的自我。自我反省虽然充满挑战,但它是培养美德、提升智慧的必由之路。

在今天,这种自省的精神仍然具有重要价值。它提醒我们,不要在快节奏的现代生活中迷失自我,要时刻保持头脑清醒,通过反省来审视自己的言行,修正自己的行为,才能不断进步,使自己成为一个更加完善的人。

【典章印证】

孔子曰:"君子有九思:视思明,听思聪,色思温,貌思恭,言思忠,事思敬,疑思问,忿思难,见得思义。"
——《论语·季氏篇》

意译:

孔子说:"君子有九种要考虑的事情:看的时候要考虑是否看明白了,听的时候要考虑是否听清楚了,脸上的表情要考虑是否温和,容貌态度要考虑是否恭敬,说话要考虑是否忠诚老实,做事要考虑是否严肃认真,有疑难要考虑是否向别人请教,发怒时要考虑是否有后患,得到了要考虑是否合于道义。"

章句(五)(六):论述言语之道。

(五)

子曰:"古者言之不出⁽¹⁾,耻躬之不逮⁽²⁾也。"
——《论语·里仁篇》

【注释】

(1)言之不出:言语不轻易说出口。这里的意思是不要轻易说大话。
(2)耻躬之不逮:以自身做不到为耻。

【今译】

孔子说:"古代的君子从不轻易发言表态,他们以说了又做不到为耻。"

【解读】

孔子始终将谨言慎行作为立身处世的重要原则,他告诫我们,不要轻易承诺和表态,因为一旦承诺无法兑现,不仅会失去他人的信任,个人声誉也会受到不可挽回的损害。在孔子看来,诚实与信誉是人际关系中的宝贵资产,个人是否守信用,可以通过他是否兑现承诺来体现。孔子赞赏在言辞上慎重的人,他们不轻易发言,是出于对不能履行承诺的羞耻感。这一理念至今仍然颇具借鉴意义。总之,轻诺寡信的行为,是人际交往中的大忌。

【典章印证】

同窗践约

汉范式,字巨卿,山阳金乡人也。一名氾。与汝南张劭为友,劭字元伯,二人并游太学。后告归乡里,式谓元伯曰:"后二年当还,将过拜尊亲,见孺子焉。"乃共克期日。后期方至,元伯具以白母，请设馔以候之。母曰："二年之别，千里结言，尔何相信之审耶？"曰："巨卿信士，必不乖违。"母曰："若然，当为尔酝酒。"至期果到。升堂拜饮，尽欢而别。

——《世说新语》

意译：

东汉的范式，字巨卿，是山阳郡金乡县人，又名氾（泛的通假），他和汝南郡的张劭交了朋友。张劭，字元伯，两人曾一起在京城的太学学习。后来范式请假回家时，对张劭说："两年后我回来，一定来拜访你的双亲，看看你的孩子。"两人就共同约定了日期。后来，约定的日期就要到了，张劭就把这件事告诉了母亲，请她准备饭菜来迎接范式。他母亲说："两年的离别，相隔千里的诺言，你怎么会相信得这样认真呢？"张劭说："巨卿是个重信用的人，一定不会违约的。"母亲说："如果是这样，应该为你们酿酒了。"到了约定的日期，范式果然来了。他登堂拜见了张劭的父母，然后一起饮酒，极尽欢乐后才和张劭告别。

（六）

子曰："可与言而不与之言(1)，失人(2)；不可与言而与之言，失言(3)。知(4)者不失人，亦不失言。"

——《论语·卫灵公篇》

【注释】

（1）与之言：与他谈论。言：谈论。

（2）失人：错失人才。

（3）失言：说错话。

（4）知：通"智"，明智、聪明的意思。

【今译】

孔子说："可以和他谈的话但没有与他谈，这是错失了人才；不可与他谈及却与他谈了，这是说错了话。聪明的人不错过人才，也不会说错话。"

【解读】

孔子认为，在人际交往中，谨慎选择言辞和时机至关重要。当面对某人，我们应当发言却选择了沉默，这就构成了"失人"——错失了与对方沟通和建立联系的机会；相反，如果我们在不适当的场合或对不适合的人发表了言论，这就是"失言"——错误地判断了交流的对象和情境，这两种情况都源于对交流对象的判断失误。

孔子这一教诲提醒我们，在人际交往中，要具备洞察力和判断力，在了解对方的基础上，选择适当的时机和方式进行沟通。这样，我们才能有效地避免"失人"或"失言"，做到既不错失与他人建立联系的机会，也不因失言而造成误解或冲突，建立起更加和谐的人际关系。

【典章印证】

贞观四年，诏发卒修洛阳之乾元殿以备巡狩。给事中张玄素上书谏曰："微臣窃思秦始皇之为君也，藉周室之余，因六国之盛，将贻之万叶。及其子而亡，谅由逞嗜奔欲，逆天害人者也。惟当弘俭约，薄赋敛，慎终始，可以永固。臣闻阿房成，秦人散；章华就，楚众离；

乾元毕工，隋人解体。承凋残之后，役疮痍之人，费亿万之功，袭百王之弊，以此言之，恐甚于炀帝远矣。深愿陛下思之，无为由余所笑，则天下幸甚矣。"太宗叹曰："我不思量，遂至于此。"顾谓房玄龄曰："今玄素上表，洛阳实亦未宜修造，所有作役，宜即停之。然以卑干尊，古来不易，非其忠直，安能如此？且众人之唯唯，不如一士之谔谔。可赐绢二百匹。"

——《贞观提要·纳谏》（节选）（唐·吴兢）

意译：

贞观四年，唐太宗下诏征派士兵在洛阳修建乾元殿，以供天子巡察四方的时候下榻居住。给事中张玄素上书劝谏说："我认为秦始皇刚开始做皇帝的时候，（一直）想凭借消灭周室的余威，借着平定六国的气势，将（基业）留传给子孙后代。到了他儿子掌权的时候国家就灭亡了，猜想原因是他放纵自己的贪欲，违背上天的旨意，残害百姓。只有大力提倡节俭，减轻赋税，慎始慎终，才可以永保江山安泰。我听说阿房宫建成后，秦国的人心就散乱了；章华宫修成后，楚国的民心就离散了；乾元宫修完了，隋朝就灭亡了。国家从萧条中建立起来，（这个时候）再役使苦难的百姓，耗费巨大财力，就会重蹈历代王朝灭亡的覆辙，从这点来说，我们恐怕比隋炀帝还要昏庸啊。我恳切地希望陛下能认真考虑这件事，不要让我们的行为被后人所耻笑，那便是国家的大幸了。"太宗叹息着说："我没有认真考虑过这件事，（所以）才到了这个地步。"他又转过头来对房玄龄说道："今天玄素上奏，洛阳的宫殿实在不应该修建，凡是因此产生的赋役，都应该马上停止。然而凭借低微的地位冒犯地位高的人，自古以来不容易做到，张玄素（如果）不是忠心正直，怎么会这样做呢？而且一般人唯唯诺诺，比不上一个直言敢谏的人。我要赏赐玄素二百匹绢。"

章句（七）（八）：论述交友之道。

（七）

孔子曰："益者三友，损者三友。友直⁽¹⁾，友谅⁽²⁾，友多闻，益矣。友便辟⁽³⁾，友善柔⁽⁴⁾，友便佞⁽⁵⁾，损矣。"

——《论语·季氏篇》

【注释】

（1）直：正直。
（2）谅：诚信。
（3）便辟（pì）：谄媚逢迎之人。
（4）善柔：善于装出和颜悦色讨好人，而缺乏诚信之人。
（5）便佞（nìng）：能言善辩，但心术不正之人。

【今译】

孔子说："有益的朋友有三种，有害的朋友有三种。同正直的人交朋友，同诚信的人交朋友，同见多识广的人交朋友，是有益的。同逢迎谄媚的人交朋友，同善于装出和颜悦色讨好人而缺乏诚信之人交朋友，同能言善辩但心术不正之人交朋友，是有害的。"

【解读】

孔子一再强调"里仁为美""见贤思齐焉""就有道而正焉"，即告诫我们，应选择那些能为自己带来积极影响和正能量的人做朋友。与益友结交,能相互促进、共同进步。

同时孔子也告诫我们,要避免与三类人结交:便辟者、善柔者、便佞者。这三种人会对我们产生负面影响,导致我们思想混沌、价值观模糊、道德水准下降。

因此,在交友时要有辨识能力,要有选择性,孔子曾指出,"视其所以,观其所由,察其所安",意思是通过观察一个人的社交圈及朋友群,可以了解他的人品特质,即所谓"物以类聚,人以群分。"孔子认为这也是鉴别一个人是否值得交往的重要方法。

【典章印证】

荆有善相人者,所言无遗策,闻于国。庄王见而问焉。对曰:"臣非能相人也,能观人之友也。观布衣也,其友皆孝悌纯谨畏令,如此者,其家必日益,身必日荣矣,所谓吉人也。观事君者也,其友皆诚信有行好善,如此者,事君日益,官职日进,此所谓吉臣也。观人主也,其朝臣多贤,左右多忠,主有失,皆交争证谏,如此者,国日安,主日尊,天下日服。此所谓吉主也。臣非能相人也,能观人之友也。"庄王善之,于是疾收士,日夜不懈,遂霸天下。

——《吕氏春秋》(秦·吕不韦)

意译:

楚国有个善于看相的人,所言从无失算,国内闻名。楚庄王召见他询问此事,他回答说:"我并非善于看相,而是善于观察人的朋友。观察平民,如果他的朋友都孝顺父母、兄弟和睦、纯厚恭谨、敬畏政令,像这样的平民,家庭必然一天比一天富足,自己必然一天比一天显达,这就是所谓的吉人。观察侍奉君主的臣子,如果他的朋友都诚实守信、德行高尚、喜做善事,像这样的臣子,侍奉君主会一天比一天有所进步,官职会一天比一天晋升,这就是所谓的吉臣。观察君主,如果朝廷官员大多贤能,身边的侍从大多忠诚,君主有过失,他们都争着直言进谏,像这样的君主,国家会一天比一天安定,君主会一天比一天尊贵,天下百姓也会一天比一天敬佩他,这就是所谓的吉主。我并不能给人看相,只是善于观察人的朋友啊。"庄王认为他说得很好,从此极力访求贤士,日夜不懈,终于称霸天下。

(八)

子贡问友⁽¹⁾,子曰:"忠告⁽²⁾而善道⁽³⁾之,不可则止,毋自辱焉。"

——《论语·颜渊篇》

【注释】

(1)友:这里指交友之道。
(2)忠告:尽心劝告。
(3)善道:友善开导。

微课视频:《认识子贡》

【今译】

子贡向孔子请教交友之道,孔子说:"(朋友如果有错)要尽心劝告并友善地开导他,如果朋友不听从,就要适可而止,不要自取其辱。"

【解读】

在本文中，孔子阐述了与朋友交往的原则。他指出，对待朋友的错误，应尽心劝导，尽到朋友本分即可；但过分勉强的话，反而会自取其辱。这体现了儒家倡导的中庸之道，即避免偏执走极端，恪守适度的原则，既要真诚地帮助对方，也要懂得尊重对方的选择。这种交友艺术对于今天的我们也有重要的借鉴意义，可以让我们建立起更加健康、和谐的友谊。

【典章印证】

人善我，我亦善之

子路曰："人善我，我亦善之。人不善我，我不善之。"子贡曰："人善我，我亦善之。人不善我，我则引之进退而已耳。"颜回曰："人善我，我亦善之。人不善我，我亦善之。"

三子所持各异，问于夫子，夫子曰："由之所持，蛮貊之言也。赐之所持，朋友之言也。回之所持，亲属之言也。"

——《韩诗外传》（汉·韩婴）

意译：

子路说："别人善待我，我也善待别人；有人对我不友善，我也不会友善地对待他。"子贡说："别人对我好，我也对他好；别人对我不好，我就引导他，同他接近或疏远他罢了。"颜回说："别人善待我，我也善待别人；即使有人对我不友善，我也仍然友善地对待他。"

三个人的观点不同，就去询问孔子，孔子说："由（即子路）的话，是对于蛮貊之邦不讲理的人来说的。赐（即子贡）的话，是对于朋友来说的。回（即颜回）的话是对于亲人来说的。"

【思考讨论】

结合以上两个章句，孔子的交友之道能给我们什么启示？探讨作为大学生的我们应该如何交友。

章句（九）至（十二）：论述观察人的善恶之道。

（九）

子曰："视其所以(1)，观其所由(2)，察其所安(3)。人焉廋(4)哉？人焉廋哉？"

——《论语·为政篇》

【注释】

（1）所以：所做的事。以：为。
（2）所由：所经过的途径。
（3）安：安心。
（4）廋（sōu）：隐藏，隐蔽。

【今译】

孔子说："看一个人做事的方式，观察他处理事务的过程，审查他做事的心态。（这样之后）这个人内心的善恶怎能掩盖得了呢？这个人内心的善恶怎能掩盖得了呢？"

【解读】

孔子认为，观察一个人的言行、动机和价值观，就可以了解其内在品质。

首先"视其所以"，即通过观察一个人的行为来初步判断其品行，但这些外在表现仅是了解一个人的起点，远未触及其内在实质。

其次"观其所由"，即进一步探究一个人的行事动机，对他有了更深层次的认识后，其内在品质将逐渐显现。

最后"察其所安"，即深入洞察一个人的价值观和志向，这是衡量一个人内在品质的关键。

通过上述三个步骤，我们才能全面了解一个人，这是最高层次的知人识人。

孔子认为，只有那些将行善视为己任，并怀有真挚之心的人，才是"君子"。

【典章印证】

王艮殉节

王艮，字敬止，吉水人。建文二年进士。对策第一。貌寝，易以胡靖，即胡广也。艮次之，又次李贯。三人皆同里，并授修撰，如洪武中故事，设文史馆居之。预修《太祖实录》及《类要》《时政记》诸书。一时大著作皆综理之。数上书言时务。

燕兵薄京城，艮与妻子诀曰："食人之禄者，死人之事。吾不可复生矣。"解缙、吴溥与艮、靖比舍居。城陷前一夕，皆集溥舍。缙陈说大义，靖亦奋激慷慨，艮独流涕不言。三人去，溥子与弼尚幼，叹曰："胡叔能死，是大佳事。"溥曰："不然，独王叔死耳。"语未毕，隔墙闻靖呼："外喧甚，谨视豚。"溥顾与弼曰："一豚尚不能舍，肯舍生乎？"须臾艮舍哭，饮鸩死矣。缙驰谒，成祖甚喜。明日荐靖，召至，叩头谢。

——《明史·王艮传》

意译：

王艮，字敬止，吉水人。建文二年（1400）成为进士。廷试对策名列第一。因他相貌丑陋，（于是主考官）拿胡靖替换了（他的第一），（胡靖）就是胡广，王艮第二，李贯第三。三人都是同乡，一同被授为修撰，朝廷按照洪武年间的旧例，设文史馆让他们居住。王艮参与编修《太祖实录》及《类要》《时政记》等书，由此许多重要著作均由他来负责整理。此外王艮还多次上书谈论时务。

（明成祖朱棣的）燕兵逼近京城，王艮与妻子诀别说："食人之禄，为人而死，我不能再活下去了。"解缙、吴溥与王艮、胡靖相邻而居。京城失陷前一晚，他们都聚集在吴溥屋内。解缙陈说大义，胡靖也慷慨激昂，唯独王艮流泪不语。三人离去后，吴溥之子吴与弼年纪尚幼，他叹道："胡叔叔能为节而死，是大好事。"吴溥却说："不对，只有王叔叔会死。"话音未落，只听胡靖隔墙在喊："外面吵闹得很，要小心看着小猪。"吴溥回头对吴与弼说道："一只猪都舍不得，怎么舍得去死呢？"片刻之后，王艮在屋内哭泣，然后喝毒酒而死。解缙则驱马前去拜谒（燕王，即后来的明成祖朱棣），成祖十分高兴。第二天，解缙推荐胡靖，胡靖应诏而至，叩头谢恩。

（十）

子贡问曰："乡人皆好⑴之，何如？"子曰："未可也。""乡人皆恶⑵之，何如？"子曰："未可也。不如乡人之善者好之，其不善者恶之。"

——《论语·子路篇》

【注释】

（1）好：喜欢。

（2）恶：憎恶。

【今译】

子贡问道："乡里人都喜欢他，这个人怎么样？"孔子说："还不能确定一定是好人。""乡里人都厌恶他，这个人怎么样？"孔子说："还不能确定一定是坏人。最好是乡里的好人都喜欢他，乡里的坏人都厌恶他。"

【解读】

孔子强调以善恶为标准，而不是仅依赖众人的好恶来评价一个人。虽然听取他人意见是判断一个人优劣的方法之一，但并非唯一标准。这种思想对于今天识别和评价善恶仍具有重要意义。

孔子作为千古一圣，深知为人处世和做事之难。因此，他认为"乡人皆好之"和"乡人皆恶之"都未必可信。"乡人皆好之"者并不一定是真正的好人。有些所谓的老好人，可能为了避免冲突而对错误视而不见，对是非保持沉默，这种行为可能会在集体中产生负面影响，挫伤他人的积极性，对事业发展有害无益。孔子批评的"乡愿"正是这种现象。

同样，"乡人皆恶之"者也不见得是真正的坏人。有些坚持原则、特立独行的人，他们的言行可能不易被理解，但这并不意味着他们是恶人。能得到"善者"认同并与之交往，而"不善者"疏远甚至憎恨他，才是"善"人的真正标准。只有超越表面的好恶，深入观察和理解一个人的行为和动机，才能准确地识别善恶，建立更加公正和理性的评价体系。

【典章印证】

《放言五首·其三》

（唐·白居易）

赠君一法决狐疑，不用钻龟与祝蓍。

试玉要烧三日满，辨材须待七年期。

周公恐惧流言日，王莽谦恭未篡时。

向使当初身便死，一生真伪复谁知？

注：这首诗是唐代诗人白居易所作的一首七言律诗，出自《白氏长庆集》。该诗说出了一个道理：对人和事物要得到全面的认识，都要经过时间的考验，从整个历史去衡量、去判断，而不能只根据一时一事的现象下结论，经过一定时间的观察比较，事物的本来面目最终会呈现出来。

（十一）

子曰："乡愿(1)，德之贼(2)也。"

——《论语·阳货篇》

【注释】

（1）乡愿：乡里都认为是好人的人，这里指同流合污以取媚于世的伪善者。愿：忠厚。

（2）贼：毁坏，败坏。

【今译】

孔子说："那些全乡人都认为是好人的人，看似忠厚，其实内心奸邪，是道德的败坏者。"

【解读】

孔子这句话直指那些表面上看似有德行，实则对道德造成损害的人。这类人被称为"乡愿"，他们可能表面上和蔼可亲、乐于助人，在社会上可能享有盛誉，但实际上却缺乏真正的道德信念和责任感。他们为了避免冲突和批评，往往选择迎合他人，不敢坚持真理和正义。这种行为不仅损害了道德的纯洁性，也破坏了社会的正义感。

孔子对"乡愿"的谴责也提醒我们，在评价一个人时，不能只看表面现象，而应深入观察其内心和行为。只有那些真正具有道德信念、勇于坚持真理和正义的人，才能成为社会的楷模和道德的守护者。

【典章印证】

万子曰："一乡皆称原人焉，无所往而不为原人，孔子以为德之贼，何哉？"

曰："非之无举也，刺之无刺也，同乎流俗，合乎污世，居之似忠信，行之似廉洁，众皆悦之，自以为是，而不可与入尧舜之道，故曰'德之贼'也。孔子曰：'恶似而非者：恶莠，恐其乱苗也；恶佞，恐其乱义也；恶利口，恐其乱信也；恶郑声，恐其乱乐也；恶紫，恐其乱朱也；恶乡原，恐其乱德也。'君子反经而已矣。经正，则庶民兴；庶民兴，斯无邪慝矣。"

——《孟子·尽心下》

意译：

万章说："一乡的人都说他是老好人，他也到处都表现得像个老好人，孔子却认为他是偷道德的贼，这是为什么呢？"

孟子说："是啊，这种人，你要说他有什么不对，又举不出例证来；你要指责他却又好像无可指责。他只是同流合污，为人好像忠诚老实，行为好像清正廉洁，大家都很喜欢他，他自己也以为自己很不错，但实际上，他的所作所为却并不合乎尧舜之道，所以说他是'偷道德的贼'。孔子说：'厌恶那些似是而非的东西：厌恶杂草，怕的是它搞乱禾苗；厌恶花言巧语，怕的是它搞乱正义；厌恶夸夸其谈，怕的是它搞乱信实；厌恶郑国的乐曲，怕的是它搞乱雅乐；厌恶紫色，怕的是它搞乱正宗的红色；厌恶好好先生，怕的是他搞乱道德。'君子的所作所为不过是为了让一切回到正道罢了。回到正道，老百姓就会振作起来；老百姓振作起来，也就没有邪恶了。"

（十二）

子曰："道听而涂说(1)，德之弃(2)也。"

——《论语·阳货篇》

【注释】

（1）道听而涂说：在路上听到某事，不加求证，就妄加传述。涂：通"途"。

（2）弃：扬弃。

【今译】

孔子说:"把半路上听来的东西(不加求证)就四处传述,是背弃道德的行为。"

【解读】

孔子明确指出,道听途说是一种背离道德准则的行为。

孔子强调,我们不仅不能轻信那些未经验证的小道消息,更不能参与散播这类消息。这两种行为都是对"德"的背离,被称为"德之弃",是不可取的。避免参与道听途说和传播未经证实的信息,对于维护个人品德和社会和谐至关重要。在信息泛滥的时代,我们应该保持清醒的头脑,不参与、不传播不实信息,共同营造健康、和谐的社会环境。

【典章印证】

曾参杀人

昔者曾子处费,费人有与曾子同名族者而杀人。人告曾子母曰:"曾参杀人!"曾子之母曰:"吾子不杀人。"织自若。有顷焉,人又曰:"曾参杀人!"其母尚织自若也。顷之,一人又告之曰:"曾参杀人!"其母惧,投杼逾墙而走。

以曾参之贤与母之信也,而三人疑之,则慈母不能信也。

——《战国策》(西汉·刘向)

意译:

过去曾参的家在费地,费地有个跟曾参同名同姓的人杀了人,有人便对曾子的母亲报告说:"曾参杀人了!"曾子的母亲说:"我的儿子是绝对不会杀人的。"继续从容织布。没隔多久,又有一个人跑到曾子的母亲面前说:"曾参真的在外面杀了人!"曾子的母亲仍然不去理会这句话,继续织布。又过了一会儿,第三个报信的人跑来对曾母说:"曾参的确杀人了!"曾母心里害怕起来,急忙扔掉手中的梭子,越墙逃走了。

以曾参的贤德,他母亲对他十分信任,但有三个人都说他(杀了人),即使是母亲也不相信他的清白了。

【思考讨论】

结合《曾参杀人》的典故思考,处在信息爆炸时代的大学生,应该如何对待社会及网络上真假难辨的信息?

章句(十三)(十四):论述忠恕之道。

(十三)

子曰:"参乎!吾道一以贯(1)之。"曾子曰:"唯(2)。"子出。门人(3)问曰:"何谓也?"曾子曰:"夫子之道,忠恕(4)而已矣。"

——《论语·里仁篇》

【注释】

(1)贯:贯穿,贯通。

(2)唯:是的。

（3）门人：弟子，此处指曾子当时的同学。

（4）忠恕：尽己之心以待人叫作"忠"，推己及人叫作"恕"。

【今译】

孔子说："曾参呀！我的学说可以用一个根本的原则贯通起来。"曾参答道："是的。"孔子出去以后，其他学生问道："老师说的是什么意思？"曾参说："老师推崇的道就是忠和恕罢了。"

【解读】

在孔子博大精深的思想体系中，忠恕之道占据着举足轻重的地位，它不仅代表着"仁"在现实社会中的应用，更是儒家为人处世的基本原则。孔子认为，忠恕之道既是沟通的原则，也是自我约束的准则。孔子的经典教诲"己所不欲，勿施于人"和"己欲立而立人，己欲达而达人"，正是忠恕之道的具体体现。

孔子的忠恕之道对后世影响深远。其中"忠"包含了一个人在生活中应尽的基本责任和义务。"忠"要求我们在与家人和朋友的相处中应相互关爱、忠诚守信，在工作中应尽心尽责，这是"忠"在情感、生活和事业上的重要体现。而"恕"则是一种推己及人的处世态度，要求我们站在他人的角度考虑问题，践行"己所不欲，勿施于人"的原则。"恕"不仅仅是宽容和饶恕，更是一种深刻的同情心和对他人的理解。

【典章印证】

茅屋为秋风所破歌

（唐·杜甫）

八月秋高风怒号，卷我屋上三重茅。
茅飞渡江洒江郊，高者挂罥长林梢，下者飘转沉塘坳。
南村群童欺我老无力，忍能对面为盗贼。
公然抱茅入竹去，唇焦口燥呼不得，归来倚杖自叹息。
俄顷风定云墨色，秋天漠漠向昏黑。
布衾多年冷似铁，娇儿恶卧踏里裂。
床头屋漏无干处，雨脚如麻未断绝。
自经丧乱少睡眠，长夜沾湿何由彻！
安得广厦千万间，大庇天下寒士俱欢颜，风雨不动安如山。
呜呼！何时眼前突兀见此屋，吾庐独破受冻死亦足！

注：杜甫是唐代伟大的现实主义诗人。后世称杜甫为"诗圣"，称其诗歌为"诗史"。杜甫虽一生坎坷，却宅心仁厚，他对下层阶级的人民饱含深深的恻隐之心。杜甫的这首诗歌沉郁顿挫、忧国忧民，将一个忠君爱国、推己及人的仁者形象展现得淋漓尽致。

微课视频：《认识杜甫》

（十四）

子贡问曰："有一言⑴而可以终身行之者乎？"子曰："其⑵恕乎！己所不欲，勿施于人。"

——《论语·卫灵公篇》

【注释】

（1）言：字。
（2）其：表示推测，大概、可能的意思。

【今译】

子贡问孔子道："有没有一个字可以终身奉行的呢？"孔子回答说："那就是恕吧！自己不愿意的事，不要强加给别人。"

【解读】

"己所不欲，勿施于人"是儒家道德理念中极为重要的"恕"道，是孔子强调的"忠恕之道"的一部分。"忠"意味着成全他人，即成人之美"己欲立而立人，己欲达而达人"；而"恕"则是以自身的感受为尺度，去衡量对待他人的行为，避免对他人造成伤害。

孔子将"忠恕之道"定位为实现仁道的方法。

儒家的"恕"要求我们在人际交往中应学会宽恕他人，站在对方的立场思考问题，这不仅能改变我们对问题的看法，达到相互理解和尊重，还能促进矛盾的解决，寻求和谐与共融。

【典章印证】

李离自刑

李离者，晋文公之理也。过听杀人，自拘当死。文公曰："官有贵贱，罚有轻重。下吏有过，非子之罪也。"李离曰："臣居官为长，不与吏让位；受禄为多，不与下分利。今过听杀人，傅其罪下吏，非所闻也。"辞不受令。文公曰："子则自以为有罪，寡人亦有罪邪？"李离曰："理有法，失刑当刑，失死当死。公以臣能听微决疑，故使为理。今过听杀人，罪当死。"遂不受令，伏剑而死。

——《史记·循吏列传》（汉·司马迁）

意译：

李离是晋文公的狱官，他听取了下级的错误汇报而判人死罪，于是把自己关押起来定了死罪。晋文公说："官有贵贱之分，处罚有轻重之分，下级官吏有错，不是你的过错！"李离说："我担任的官职是长官，并没让位给下级官吏；我享受的俸禄多，没有和下属平分利益，现在我错误地听从了下级汇报而判人死罪，却把罪转嫁到下级官吏身上，这是从来没听说过的。"他推辞而不接受命令，晋文公说："你如果自以为有罪，我也有罪吗？"李离说："狱官遵守法纪，错误地给别人判刑，应判自己的刑，错误地判别人死罪，就应判自己死罪。您因为我能审察秋毫判定疑难案件，所以让我当狱官，现在我错误地听取下吏的汇报而判人死刑，罪责应当死。"于是他仍不接受命令，用剑自杀而死。

【思考讨论】

下面这个故事对于我们与朋友之间如何相处有何启发？

孔子将行，雨而无盖。门人曰："商也有之。"孔子曰："商之为人也，甚吝于财。吾闻与人交，推其长者，违其短者，故能久也。"
——《孔子家语·致思》

意译：

孔子将要出行，天下起雨来而车子却没有伞盖。门人说："卜商（子夏）有伞盖。"孔子曰："卜商为人，非常吝惜钱财。我听说与人交往，要推崇他的长处，避开他的短处，这样交往才能长久。"

章句补遗

1. 子曰："道之以政，齐之以刑，民免而无耻。道之以德，齐之以礼，有耻且格。"
——《论语·为政篇·第三章》
2. 子曰："非其鬼而祭之，谄也；见义不为，无勇也。"
——《论语·为政篇·第二十四章》
3. 子曰："放于利而行，多怨。"　　——《论语·里仁篇·第十二章》
4. 子曰："巧言、令色、足恭，左丘明耻之，丘亦耻之。匿怨而友其人，左丘明耻之，丘亦耻之。"
——《论语·公冶长篇·第二十五章》
5. 子曰："已矣乎！吾未见能见其过而内自讼者也。"
——《论语·公冶长篇·第二十七章》
6. 子曰："中庸之为德也，其至矣乎！民鲜久矣。"　　——《论语·雍也篇·第二十九章》
7. 子曰："可与共学，未可与适道；可与适道，未可与立；可与立，未可与权。"
——《论语·子罕篇·第三十章》
8. 子张问崇德、辨惑，子曰："主忠信，徙义，崇德也。爱之欲其生，恶之欲其死；既欲其生又欲其死，是惑也。'诚不以富，亦祇以异。'"　　——《论语·颜渊篇·第十章》
9. 季康子问政于孔子曰："如杀无道以就有道，何如？"孔子对曰："子为政，焉用杀？子欲善而民善矣。君子之德风，小人之德草，草上之风必偃。"
——《论语·颜渊篇·第十九章》
10. 子曰："不得中行而与之，必也狂狷乎！狂者进取，狷者有所不为也。"
——《论语·子路篇·第二十一章》
11. 子曰："有德者必有言，有言者不必有德。仁者必有勇，勇者不必有仁。"
——《论语·宪问篇·第四章》
12. 子曰："其言之不怍，则为之也难。"　　——《论语·宪问篇·第二十章》
13. 或曰："以德报怨，何如？"子曰："何以报德？以直报怨，以德报德。"
——《论语·宪问篇·第三十四章》
14. 子曰："躬自厚而薄责于人，则远怨矣。"　　——《论语·卫灵公篇·第十五章》
15. 子曰："众恶之，必察焉；众好之，必察焉。"　　——《论语·卫灵公篇·第二十八章》

综合实践

传统文化主题践行活动：修于德

一、传统文化践行主题

本章传统文化践行活动的主题是"修于德"。通过深入研读《论语》中关于品德修养的论述，引导学生理解并实践儒家思想中的"修身、齐家、治国、平天下"理念，注重个人品德的提升与自我完善，将古圣先贤的智慧融入现代生活，促进社会和谐与个人成长。

二、文化践行活动

根据本校实际情况，结合学生特点，在以下文化践行活动中选择一项进行。

（一）文化践行活动一："修德之道"实践工作坊

1. 活动目标

通过工作坊的形式，引导学生深入解读《论语》中关于修德的内涵与要求，明确品德修养的重要性，并从日常生活中的小事做起，将修德理念转化为实际行动，促进个人品德的提升。

2. 活动方案

（1）理论学习阶段：组织专题讲座或导读课，由老师引导学生深入研读《论语》中关于修德的章节，理解其思想精髓。

小组讨论：学生分组讨论修德的具体表现、重要性及挑战，分享个人见解与体会。

（2）实践规划阶段：

① 制订个人修德计划：每位学生根据自身情况，制定一份个人修德计划，明确具体行动步骤与目标。

② 分享与反馈：学生间相互分享自己的修德计划，听取他人建议，进一步完善计划。

（3）实践执行阶段：

① 每日践行：鼓励学生将修德计划融入日常生活，如诚实守信、尊老爱幼、勤俭节约等。

② 反思日记：要求学生每日记录修德实践过程中的心得体会与改进点，培养自我反思能力。

（4）成果展示与分享：

① 成果展示会：组织一次成果展示会，邀请学生展示自己的修德实践成果，如修德日记、志愿服务证书、他人感谢信等。

② 心得交流会：安排时间让学生分享修德实践过程中的感悟与收获，促进彼此间的相互学习与激励。

3. 成果展示与评估

（1）综合评估：结合学生的修德计划、实践记录、成果展示及同伴评价等多方面因素进行综合评估。

（2）表彰奖励：对表现突出的学生给予表彰奖励，颁发"修德之星"证书。

（3）后续跟进：建立长期跟踪机制，持续关注学生的修德成长情况，并提供必要的支持与指导。

（二）文化践行活动二：《论语》修德剧场

1. 活动目标

通过剧场表演与反思相结合的方式，让学生在角色扮演与深度对话中体验修德的重要性，培养学生的自律性、责任感和同理心，提升个人品德修养，促进学生全面发展。

2. 活动方案

（1）《论语》修德剧场：剧本创作，选取《论语》中关于修德的经典故事或言论，组织学生改编成短剧剧本。

（2）角色分配与排练：学生自愿报名参与，通过选拔确定演员阵容，并在老师指导下进行排练。

（3）公开演出：在校园内搭建简易舞台，邀请师生观看《论语》修德剧场演出，展现古代修德智慧与现代生活的融合。

3. 成果展示与评估

（1）剧场视频与照片集：记录并展示剧场演出的精彩瞬间，作为校园文化活动的珍贵资料。

（2）反思报告与行动计划：收集学生的反思报告与个人修德行动计划，评估活动效果。

（3）表彰与分享：对表现突出的学生及优秀剧本进行表彰，并邀请部分学生在全校范围内分享修德实践心得，激励更多学生参与到修德实践中来。

第六章　士与君子

导 读

一、士

"士"的概念最早可以追溯至商周时期,最初主要由贵族阶层的旁支子弟及较低等级贵族成员构成。至春秋时期,孔子对"士"的内涵进行了根本性的重塑,孔子之后的"士",作为中国古代社会特殊的知识分子阶层,他们不仅拥有丰富的知识和技能,更以其超越普通知识分子的责任感和影响力,关注着社会民生和国家命运。

"士"不仅致力于个人修养和德行的培养,而且积极参与政治和社会事务,为国家和民众的福祉不懈努力。他们的仁者之心,使他们成为知识与道德的传承者、创新者、引领者和实践者。"士"阶层在中国历史上扮演的角色,不仅推动了当时社会的进步与发展,更为后世留下了宝贵的文化遗产,为后世树立了道德典范。他们身上的"士"风精神对于形成中华优秀传统文化中崇尚仁爱、关心社会、弘扬正义的核心价值观起到了重要作用。

孔子作为儒家学说的奠基人,在《论语》中多次涉及对"士"的论述。在这些论述中,"士"具有两层含义:一是泛指普通人士;二是指知识分子。对于后者,孔子寄予了极大的期望,并将他们视为社会变革和恢复礼制的重要力量。因此,孔子对"士"提出了严格的要求,希望他们不仅在学问上有所成就,更要求他们胸怀仁义之心,努力为社会的和谐与进步贡献自己的力量。这种精神也是儒家思想中关于"知行合一""修身、齐家、治国、平天下"的核心理念之一。

二、君子

在西周时期,"君子"一词已被广泛使用,其主要作为特殊阶层符号,指"国君之子"。对"君子"赋予道德内涵的解释,始于孔子。"君子"一词在《论语》中共出现107次,且在《论语》开篇第一章和最后一篇最后一章中都提到了"君子",这表明"君子"是《论语》中唯一贯穿始终的概念,体现了孔子对于道德高尚和品德完善的不懈追求。事实上,孔子办学的宗旨就是培养"君子",他自己也被视为"君子之师",孔子的学说就是"君子之学",他所倡导的"君子之学"注重修身养德,推崇"仁、义、礼、智、信"等美德。

孔子对中国古代"士"文化和"君子"风范的形成起到了重要的推动作用,为"仁德"价值观的传承奠定了坚实基础,也为后世人们树立了崇高的人格典范,使"仁德"价值观成为中华优秀传统文化的重要组成部分之一。

章句品读

音频：《士与君子》章句诵读

章句（一）至（五）：论述"士"之修养。

（一）

子路问曰："何如斯可谓之士矣？"子曰："切切偲偲⁽¹⁾，怡怡⁽²⁾如也，可谓士矣。朋友切切偲偲，兄弟怡怡。"

——《论语·子路篇》

【注释】

（1）偲（sī）：勉励督促、诚恳的样子。
（2）怡（yí）怡：和气亲切、顺从的样子。

【今译】

子路问道："怎样才可以称为士呢？"孔子说："互相帮助督促而又和睦相处，就可以叫作士了。朋友之间互相勉励督促，兄弟之间和睦相处。"

微课视频：《士之道》

【解读】

孔子在回答子路关于士的提问时，强调了朋友之间以及兄弟之间的相处艺术。他认为，朋友之间的结交往往基于共同的兴趣爱好和追求，因此孔子鼓励朋友之间坦诚交流并互相勉励督促，以促进彼此的道德修养。对于兄弟之间的关系，由于亲密无间，日常的言行可能较为随意，这容易导致矛盾的产生，因此孔子提倡兄弟之间相处应友爱和恭敬，这是维系和谐关系的关键。

孔子的教导告诉我们，尊重、善意和礼貌是人际关系的重要基石，相互理解和相互尊重才能促进人际关系的和谐发展。

【典章印证】

正德中，贼掠巨鹿，执赵智、赵慧之母，将杀之。智追至，跪告曰："母年老，愿杀我。"慧亦至，泣曰："兄年长，愿留养母而杀我。"智方与争死，而母复请曰："吾老当死，乞留二子。"群贼笑曰："皆好人也。"并释之。

——《明史·孝义列传》（汉·刘向）

意译：

正德年间，有贼寇劫掠巨鹿一带，抓住了赵智和赵慧的母亲，打算杀掉她。赵智追上贼寇，跪着求告说："我母亲年纪大了，要杀就杀我吧。"赵慧也赶到了，哭着说："我的兄长年长，希望能留下他赡养母亲，要杀就杀我吧。"兄弟二人争着替死，母亲也请求贼寇说："我年纪大了，应该死了，乞求留下我的两个儿子。"贼寇笑着说："都是好人啊！"于是将他们都放了。

（二）

子贡问曰："何如斯可谓之士矣？"子曰："行己有耻⁽¹⁾，使于四方，不辱君命⁽²⁾，可谓士矣。"曰："敢问其次？"曰："宗族⁽³⁾称孝焉，乡党⁽⁴⁾称弟焉。"曰："敢问其次？"曰："言必信,行必果(5),硁硁(6)然小人哉!抑亦可以为次矣(7)。"曰:"今之从政者何如?"子曰:"噫!斗筲之人(8),何足算也(9)!"

——《论语·子路篇》

【注释】

(1)行己有耻:对(不当)的行为能自己感到羞耻,能有所为有所不为。

(2)不辱君命:奉命出使,不辜负君主的委托。

(3)宗族:家族。

(4)乡党:同乡。

(5)行必果:对自己应该做的事情一定果断去做。

(6)硁(kēng)硁:象声词,敲击石头的声音。这里引申为像石头那样坚硬,意为固执。

(7)抑亦可以为次矣:也可以说是再次一等的了。

(8)斗筲(shāo)之人:比喻器量狭小的人。筲:竹器,容一斗二升。

(9)何足算也:算得上什么呢?

【今译】

子贡问道:"怎样才可称得上'士'呢?"孔子说:"能用羞耻之心约束自己的行为,奉命出使不辜负君主的委托,这就可以称作'士'了。"子贡说:"请问次一等的'士'是什么样的?"孔子说:"宗族的人称赞他孝顺,乡里的人称赞他友爱。"子贡说:"请问再次一等的'士'是什么样的?"孔子说:"说话一定要诚信,做事一定要坚定果断,这虽然是耿直固执的小人物,但也可以算是再次一等的'士'了。"子贡说:"现在那些执政的人怎么样?"孔子说:"唉!一帮器量狭小的人,算得上什么呢!"

【解读】

根据孔子的观点,士分为三个不同的层次:上等士、中等士和下等士。上等士具备"行己有耻""不辱君命"的高尚品德,是道德修养极高的人;中等士怀有孝悌之心,社会口碑良好,虽不及上等士,但也算是品德端正之士;而下等士则以诚信和果断为主,虽然不及中上等之士,但也算得上是道德端正、行动果敢之人。

孔子对士的划分为后人提供了明确的道德准则和行为规范。这些教导鼓励人们追求高尚的道德境界,注重个人品德的提升和道德的践行,促进了社会的和谐与稳定。

【典章印证】

晏子将使楚。楚王闻之,谓左右曰:"晏婴,齐之习辞者也。今方来,吾欲辱之,何以也?"左右对曰:"为其来也,臣请缚一人,过王而行,王曰:'何为者也?'对曰:'齐人也。'王曰:'何坐?'曰:'坐盗。'"

晏子至,楚王赐晏子酒,酒酣,吏二缚一人诣王。王曰:"缚者曷为者也?"对曰:"齐人也,坐盗。"王视晏子曰:"齐人固善盗乎?"晏子避席对曰:"婴闻之,橘生淮南则为橘,生于淮北则为枳,叶徒相似,其实味不同。所以然者何?水土异也。今民生长于齐不盗,入楚则盗,得无楚之水土使民善盗耶?"王笑曰:"圣人非所与熙也,寡人反取病焉。"

——《晏子春秋》

意译：

晏子将要出使楚国。楚王听到这个消息，对身边的大臣说："晏婴是齐国一个能言善辩的人，现在他要来了，我想羞辱他，用什么办法呢？"侍臣回答说："在他来的时候，大王请允许我们绑着一个人从大王面前走过。大王（就）问：'（他）是什么人？'（我则）回答说：'（他）是齐国人。'大王（接着再）问：'（他）犯了什么罪？'（我就）回答：'（他）犯了偷窃罪。'"

晏子来到楚国，楚王请晏子喝酒，喝酒喝得正高兴的时候，两名小官员绑着一个人来到楚王面前。楚王问道："绑着的人是什么人？"（公差）回答说："（他）是齐国人，犯了偷窃罪。"楚王看着晏子问道："齐国人本来就擅于偷东西吗？"晏子离开座位回答道："我听说（这样一件事）：橘树生长在淮河以南的地方就是橘树，生长在淮河以北的地方就是枳树，它们只是叶子相像罢了，但果实味道却不同。这是什么原因呢？（是因为）地方水土不同啊。老百姓生长在齐国不偷东西，到了楚国就偷东西，莫非楚国的水土使百姓善于偷东西吗？"楚王笑着说："圣人是不能同他开玩笑的，我反而自讨没趣了。"

（三）

子曰："士而怀居[1]，不足以为士矣。" ——《论语·宪问篇》

【注释】

（1）怀居：留恋家园的安逸。怀：思念，留恋。居：家园。

【今译】

孔子说："士如果留恋安逸的生活，就不足以称为士了。"

【解读】

此文中孔子向学生们传达了士的核心理念：士应该承担起属于自己的社会责任和历史责任。他警示学生们，士不应该沉溺于个人生活的舒适与安逸，而应该胸怀天下，以天下为己任，这正是大丈夫志在四方的体现。钱穆在《论语新解》中亦提出："士当励志修行以为世用，专怀居室居乡之安，斯不足以为士矣。"因此，作为士，就要不断自我完善，提升自我修养，成为对社会、对国家有用的人。

【典章印证】

《七绝·改西乡隆盛诗赠父亲》

（毛泽东）

孩儿立志出乡关，

学不成名誓不还。

埋骨何须桑梓地，

人生无处不青山！

（四）

子曰："士志[1]于道[2]，而耻恶衣恶食[3]者，未足与议也。" ——《论语·里仁篇》

【注释】

（1）志：立志。

（2）道：大道，追求真理之道。
（3）恶衣恶食：粗劣的衣食。

【今译】

孔子说："士立志于追求真理，如果以粗劣的衣食为耻，这种人就不值得和他谈论真理了。"

【解读】

孔子倡导的"志于道"的境界，意味着将道德、修养和学问置于人生追求的核心位置，超越物质需求，以高尚的目标为导向，实现个人价值与社会责任的和谐统一。这种超脱世俗、专注于道德和学问的境界，是士必须努力追求的理想状态。它要求士必须不断自我完善，以道德为行动准则，以学问为力量源泉，以社会为己任，不以物喜，不以己悲，以超然的态度面对物质诱惑，以坚定的信念追求道德和学问的精进，这样才能不断推动个人与社会的共同进步。

【典章印证】

划粥割齑

范文正公读书南都学舍，煮粟二升，做粥一器，经宿遂凝；以刀画为四块，早晚取二块，断齑数十茎啖之。留守有子居学，归告其父，以公厨室馈，公置之，既而悉已败矣。

留守子曰："大人闻公清苦，遗以食物，而不下箸，得非以相浼为罪乎？"公谢曰："非不感厚意，盖食粥安之已久，今遽享盛馔，后日岂能啖此粥也！"

——《昨非庵日纂》（明·郑瑄）

注：范仲淹，字希文，苏州吴县（今江苏省苏州市）人，谥号"文正"，世称"范文正公"；北宋时期杰出的政治家、文学家；范仲淹文武兼备、智谋过人，无论是在朝主政还是出帅戍边，均系国之安危、时之重望于一身，他倡导的"先天下之忧而忧，后天下之乐而乐"思想和仁人志士节操，对后世影响深远。

意译：

范仲淹在南都学舍读书时，煮二升粟米，做成一锅浓粥，经过一宿浓粥就凝结了，再用刀划为四块，早晚各取两块，再切一些葱蒜来拌着它当饭吃。南都留守有个儿子也在南都学舍读书，回去后将此事告诉他父亲，他父亲将公家厨房里的好食物送给范仲淹，范仲淹将这些食物放在一边不理会，后来那些食物全都坏掉了。

留守的儿子说："我父亲听说您清苦，送来一些食物，可是您都不动一下筷子，是不是要把它牵扯成为一项罪状呢？"范仲淹抱歉地说："我不是不感谢你父亲的厚意，而是我食粥的习惯已经很久了，一下子突然享受这么丰盛的肴馔，以后哪还能吃下去这种冷粥呢！"

（五）

曾子曰："士不可以不弘毅(1)，任重而道远。仁以为己任(2)，不亦重乎？死而后已(3)，不亦远乎？"

——《论语·泰伯篇》

【注释】

（1）弘毅：宏大刚毅，这里指志向远大。

（2）仁以为己任：即"以仁为己任"，把实现仁德当作自己的使命。

（3）已：停止。

【今译】

曾子说："士不可以没有远大志向，因为他肩负的责任重大而道路遥远。把实现仁德作为自己的使命，难道还不重大吗？奋斗终身，直到生命尽头方才停止，难道路程还不遥远吗？"

【解读】

自孔子时代起，士大夫便深感自身肩负着追求高尚德行与实现国家繁荣的双重使命。他们以曾子所言"仁以为己任"为座右铭，展现出对社会责任的深切认知与坚定承诺。这一使命呼唤士不懈努力地肩负起历史赋予的责任，将仁义的理念内化于心、外化于行，为实现和谐社会的理想持续追求卓越，这正是后世学者所推崇的"为天地立心，为生民立命，为往圣继绝学，为万世开太平"的崇高精神。

曾子所倡导的士的品格和精神正是中华民族坚韧不拔、自强不息的核心动力。这种精神的传承与发展将继续激励中华儿女恪守仁义之道，为国家的繁荣昌盛和民族振兴而不懈努力。

【典章印证】

嗟夫！予尝求古仁人之心，或异二者之为，何哉？不以物喜，不以己悲，居庙堂之高则忧其民，处江湖之远则忧其君。是进亦忧，退亦忧。然则何时而乐耶？其必曰"先天下之忧而忧，后天下之乐而乐"乎！

噫！微斯人，吾谁与归？

——《岳阳楼记》（节选）（北宋·范仲淹）

意译：

唉！我曾经探求过古时品德高尚的人的思想，或许不同于（以上）两种心情，这是为什么呢？他们不因外在环境的好坏和个人的得失而喜或悲；在朝廷做官的人为百姓担忧，不在朝廷做官的人为君王担忧。这样在朝为官也担忧，在野为民也担忧。那么，什么时候才快乐呢？那一定是"在天下人忧虑之前先忧虑，在天下人快乐之后再快乐"吧？

唉！（如果）没有这种人，我和谁志同道合呢？

章句（六）至（十）：论述君子之道。

（六）

子路问君子，子曰："修己以敬(1)。"曰："如斯而已乎？"曰："修己以安人(2)。"曰："如斯而已乎？"曰："修己以安百姓(3)。修己以安百姓，尧、舜其犹病(4)诸(5)！"

——《论语·宪问篇》

【注释】

（1）修己以敬：修养自己，保持严肃恭敬。

（2）安人：使上层的人安乐。

（3）安百姓：使百姓安乐。

微课视频：《君子之道》

（4）病：这里有担心的意思。
（5）诸："之于"的意思。

【今译】

子路问怎样做才是君子。孔子说："修养自己，保持恭敬认真。"子路说："像这样就可以了吗？"孔子说："修养自己并且使上层的人安乐。"子路又问："像这样就可以了吗？"孔子说："修养自己并且使百姓安乐。修养自己，使百姓都安乐，尧、舜大概都很难完全做到吧！"

【解读】

孔子所说的"修己以敬"即修养身心。孔子深信，君子唯有通过修养身心来培养品德，达到内心清净和道德完善，才能为社会、为国家作出贡献。在《大学》中有这样的表述："物格而后知至，知至而后意诚，意诚而后心正，心正而后身修，身修而后家齐，家齐而后国治，国治而后天下平。"体现了儒家"齐家治国平天下"的理念，强调了修养身心为一切之本，即君子首先要修养身心，才能真正实现对社会、对国家的有效治理，最终实现天下太平。

【典章印证】

子路治蒲

子路治蒲三年，孔子过之，入境而善之，曰："由恭敬以信矣。"入邑，曰："善哉！由忠信以宽矣。"至庭，曰："善哉！由明察以断矣。"子贡执辔而问曰："夫子未见由而三称善，可得闻乎？"孔子曰："入其境，田畴甚易，草莱甚辟，此恭敬以信，故民尽力。入其邑，墉屋甚尊，树木甚茂，此忠信以宽，其民不偷。入其庭，甚闲，此明察以断，故民不扰也。"

——《孔子家语·辨政》

意译：

子路治理蒲地三年，孔子前去考察，一进入蒲城境内就称赞，说："子路恭敬诚信。"进入城邑后，孔子又赞叹道："子路做事忠实诚信，待人宽厚仁爱。"最后到了府衙，孔子继续称赞道："子路睿智审慎，果断决策。"子贡牵马向孔子请教："夫子您没有亲眼见到他，却连连称赞他优秀，可否让我详细了解一下？"孔子回答说："当我步入他管理的地界时，田畴整洁宽广，花草茂盛，这是因为他恭敬诚信，所以百姓都竭尽全力配合他。进入城邑后，城墙房屋高大豪华，树木繁茂欣欣向荣，这是因为他忠厚诚信、宽容仁爱，让百姓不敢行窃。再到了他的府衙，非常宁静祥和，这是因为他明察聪慧、行事果断，所以百姓不受干扰得以安宁。"

（七）

子曰："质⁽¹⁾胜文⁽²⁾则野⁽³⁾，文胜质则史⁽⁴⁾。文质彬彬⁽⁵⁾，然后君子。"

——《论语·雍也篇》

【注释】

（1）质：质朴、自然，无修饰的。
（2）文：经过修饰的。
（3）野：粗鲁、野鄙，缺乏文采。

（4）史：言辞华丽，虚伪、浮夸，不注重内在。
（5）彬彬：指文采与质朴两者兼备，配合适当。

【今译】

孔子说："一个人过于质朴，缺乏文采，就显得粗俗；文采过多，不够质朴，就显得轻浮。文采与质朴两者兼备，配合适当，才称得上是君子。"

【解读】

孔子这句传世名言精妙阐释了文化修养和内在品质之间的辩证关系。"质胜文则野"揭示了一个人如果只注重内在淳朴的本性，而忽略了外表仪态举止及文化修养，则其行为可能显得粗鄙，是不可取的。"文胜质则史"则指出一个人若只追求外在表现而忽视了内在品质的培养，其行为就会显得轻浮，华而不实，同样不足为道。而"文质彬彬"则是对君子形象的完美勾勒。真正的君子是外在风度与内在品质兼备的人，他们既有优雅的举止和文化修养，又有高尚的道德情操，是内外兼修的人，这才称得上是君子。"文质彬彬，然后君子。"体现了儒家倡导的中庸之道，对后世产生了深远的影响，引领人们追求心灵与行为的完美统一，达到真善美的境界。

【典章印证】

孔子见子桑伯子。子桑伯子不衣冠而出。弟子曰："夫子何为见此人乎？"曰："其质美而无文，吾欲说而文之。"

孔子去，子桑伯子门人不悦，曰："何为见孔子乎？"曰："其质美而文繁，吾欲说而去其文。"

——《说苑·修文》（西汉·刘向）

意译：

孔子去拜访子桑伯子，子桑伯子衣冠不整地出来会面。（从子桑伯子家里出来后）弟子对孔子说："您何必要见子桑伯子这样的人呢？"孔子说："子桑伯子这人，虽然内在涵养（质）很高，但是外在的礼仪举止（文）则有所欠缺，所以我想劝说他以后在外在的礼仪举止方面要有所提高。"

孔子离开后，子桑伯子的弟子不高兴，对他说道："您何必要见孔子这样的人呢？"子桑伯子说："孔子其人，虽然内在涵养（质）很高，但是外在的礼仪举止（文）过于烦琐，所以我想劝说他以后在外在礼仪举止方面要有所改进。"

（八）

子贡曰："君子之过(1)也，如日月之食(2)焉。过也人皆见之，更(3)也，人皆仰(4)之。"

——《论语·子张篇》

【注释】

（1）过：过失。
（2）日月之食：日食和月食。
（3）更：改正错误。
（4）仰：仰望。

【今译】

子贡说:"君子的过失,就像日食和月食一样啊。有过错人人都看得见,他改正了,人人都仰望他。"

【解读】

这句话说明了君子的过失像日食和月食一样,会被众人所见,不可忽视;但君子改正过失的行为同样会受到众人的敬仰和尊重。正因为君子的言行对社会的影响力和榜样作用,所以君子必须以身作则,保持谦逊、正直和诚实,时刻反省自己的行为,勇于接受外界的批评,敢于承认自己的不足,进而虚心改正,修正自身,在社会中发挥出积极作用。

【典章印证】

贞观十三年,褚遂良为谏议大夫,兼知起居注。太宗问曰:"卿比知起居,书何等事?大抵于人君得观见否?朕欲见此注记者,将却观所为得失以自警戒耳。"遂良曰:"今之起居,古之左、右史,以记人君言行,善恶毕书,庶几人主不为非法,不闻帝王躬自观史。"太宗曰:"朕有不善,卿必记耶?"遂良曰:"臣闻守道不如守官,臣职当载笔,何不书之?"黄门侍郎刘洎进曰:"人君有过失,如日月之蚀,人皆见之。设令遂良不记,天下之人皆记之矣。"

——《贞观政要》(唐·吴兢)

意译:

贞观十三年,褚遂良被任命为谏议大夫,兼任撰写帝王言行起居注的史官。唐太宗问道:"你担任起居注,都记录了哪些事情?我希望看一看这些记录,以便从中得知我的得失,自我警醒。"褚遂良回答说:"现在的起居注官相当于古代的左右史官,记录君王的言行善恶之事,详尽记录,这样可以使国君不犯法,可是,我却没听说过帝王自己要看关于自己的史书。"太宗问:"如果朕有过失,你会记录下来吗?"褚遂良说:"我听说坚守道义不如尽忠职守,我的责任就是记录下来,为什么不写呢?"黄门侍郎刘洎接着说:"君主有过错,就像日食月食那样明显,所有人都会看到。即使遂良不记载,天下众人也会记住。"

(九)

子曰:"君子之于天下也,无适(1)也,无莫(2)也,义之与比(3)。"　　——《论语·里仁篇》

【注释】

(1)适(dí):绝对如此。
(2)莫:不肯,绝不如此。
(3)义之与比:依从义理,以义为标准。比:依从。

【今译】

孔子说:"君子对于天下的事,没有规定一定要怎样做,也没有规定一定不要怎样做,而只考虑怎样做才符合道义。"

【解读】

"义之与比"是孔子对君子行为的精辟指导,要求君子的一切行为举止应以道义为准绳。"无适也，无莫也"也是君子的处世之道，孔子认为，君子的行为不拘泥于一成不变的规则，而应以智慧和道义来选择和决策。孔子的这一理念体现了君子的道德追求。正因为如此，君子才能在社会中树立正面形象，成为引领风尚、促进和谐的典范。

【典章印证】

墨者有钜子

墨者有钜子腹䵍，居秦，其子杀人，秦惠王曰："先生之年长矣，非有他子也，寡人已令吏弗诛矣，先生之以此听寡人也。"腹䵍对曰："墨者之法曰：'杀人者死，伤人者刑。'此所以禁杀伤人也。夫禁杀伤人者，天下之大义也。王虽为之赐，而令吏弗诛，腹䵍不可不行墨子之法。"不许惠王，而遂杀之。子，人之所私也，忍所私以行大义，钜子可谓公矣。

——《吕氏春秋》（秦·吕不韦）

意译：

墨家有个德高望重的人叫腹䵍，居住在秦国。他的儿子犯了杀人罪，秦惠王说："老先生年纪已长，又没有其他孩子，我已经下令让官吏不要处死你的儿子了，先生您也听从我的命令吧。"腹䵍回答说："墨家的法则是：'杀人者必死，伤人者受刑。'这是用来防止杀戮和伤害的。禁止杀人伤人，是天下的大义。即使陛下施恩免罪，要求官吏不处置，但腹䵍不能不按照墨家的法则行事。"他没有听从惠王的命令，最终还是处决了儿子。儿子，人们都是偏爱的，能抑制私心而坚持大义，腹䵍可称之为公正的人了。

（十）

子曰："君子道者三，我无能⁽¹⁾焉：仁者不忧⁽²⁾，知者不惑⁽³⁾，勇者不惧。"子贡曰："夫子自道也。"

——《论语·宪问篇》

【注释】

（1）无能：没有做到。

（2）忧：忧愁。

（3）惑：迷惑。

【今译】

孔子说："君子之道有三个方面，我都没能做到：仁德的人不忧愁，智慧的人不迷惑，勇敢的人不惧怕。"子贡说道："这正是老师对自己的描述啊。"

【解读】

"仁者不忧，知者不惑，勇者不惧。"此言精炼地揭示了君子应具备的三大德行：仁爱之心，敏慧之智，坚毅之勇。这三种德性，不仅是君子立身处世的根本，也是其高尚人格魅力和坚定道德信念的展现，因此君子是社会的楷模与引领者。

【典章印证】

鼓盆而歌

庄子妻死，惠子吊之，庄子则方箕踞鼓盆而歌。惠子曰："与人居，长子，老，身死，不哭亦足矣，又鼓盆而歌，不亦甚乎！"

庄子曰："不然。是其始死也，我独何能无概！然察其始而本无生，非徒无生也而本无形，非徒无形也而本无气。杂乎芒芴之间，变而有气，气变而有形，形变而有生，今又变而之死，是相与为春秋冬夏四时行也。人且偃然寝于巨室，而我嗷嗷然随而哭之，自以为不通乎命，故止也。"

——《庄子·至乐》

意译：

庄子的妻子去世，惠子前去吊唁，却发现庄子正叉开双腿，像簸箕一样坐在地上边击鼓边唱歌。惠子说："你的妻子与你共同生活了一辈子，为你生儿育女，如今她衰老离世，你不伤心哭泣也就罢了，还击鼓唱歌，未免太过分了！"

庄子回答道："并非如此。当初她刚去世的时候，我怎么能不感伤呢！然而仔细想想，她原本就没有生命；不但没有生命，本来连形体也没有；不但没有形体，本来连形成形体的气息也没有。只是在恍惚之间产生了气息，气息变化产生了形体，有了形体才有了生命，如今生命又变化回归死亡，这一过程就像春夏秋冬四季运行一样自然。死去的人安静地寝卧于天地之间，而我却围着她呜呜地啼哭，想想自己这样做是不懂得天命自然的道理，所以就停止了哭泣。"

章句（十一）至（十三）：论述君子与小人之别。

（十一）

子曰："君子周(1)而不比，小人比(2)而不周。"

——《论语·为政篇》

【注释】

（1）周：以道义相结合，指与人相处时亲厚但不偏私。
（2）比：偏私，指与人相处时结党营私。

【今译】

孔子说："德行高尚的人以正道广泛交友但不互相勾结，品格卑下的人互相勾结却不顾道义。"

【解读】

孔子指出，君子与小人的区别之一就是他们在群体中的态度和行为。小人只看重私利，不顾公共利益，会因私利而结党营私，难以与众人和谐相处；而君子则心怀公心，没有私利的驱动，坚持道义原则，与众人融洽共处，从不与人结党营私。这就是君子与小人在处理群体关系方面展现的截然不同的道德立场和价值取向。

孔子的这些教诲指导现代社会中的我们，如何在人际交往中明辨是非，并勉励自己以君子的风范去建立和谐的人际关系，在群体中发挥积极作用，努力促进社会的和谐与进步。

【典章印证】

臣闻朋党之说，自古有之，惟幸人君辨其君子小人而已。大凡君子与君子，以同道为朋；小人与小人，以同利为朋。此自然之理也。

然臣谓小人无朋，惟君子则有之。其故何哉？小人所好者，利禄也；所贪者，货财也。

当其同利之时，暂相党引以为朋者，伪也。及其见利而争先，或利尽而交疏，则反相贼害，虽其兄弟亲戚，不能相保。故臣谓小人无朋，其暂为朋者，伪也。君子则不然。所守者道义，所行者忠信，所惜者名节。以之修身，则同道而相益；以之事国，则同心而共济。终始如一，此君子之朋也。故为人君者，但当退小人之伪朋，用君子之真朋，则天下治矣。

——《朋党论》（宋·欧阳修）

意译：

臣听说朋党之说，自古以来就存在，只有幸运的君主能够区分出其中的君子和小人。一般情况下，君子与君子结为朋友是因为志趣相投；小人与小人结为朋友则是出于私利。这是符合自然规律的。

然而，臣认为小人没有真正的朋友，只有君子才能拥有真正的朋友。为什么会这样呢？因为小人所追求的是利益和财富；他们贪婪地追逐物质财富。当彼此有共同利益时，他们暂时结党为友，其实是虚伪的表现。一旦利益相争或者利益消失，他们便会相互欺骗、背叛，即使是兄弟亲戚也无法相互保护。因此我认为小人没有真正的朋友，他们暂时结党为友只是表面现象。君子却不同。他们坚守道义，忠诚信义，珍惜名节。通过修身，彼此志同道合；在治理国家时，心心相印，共同支持，始终如一，这就是君子之间真正的友谊。因此，作为君王，只需摒弃小人的虚伪友谊，用君子的真诚友谊，天下便可安定治理。

（十二）

子曰："君子易事(1)而难说(2)也。说之不以道，不说也；及其使人也，器之(3)。小人难事而易说也。说之虽不以道，说也；及其使人也，求备(4)焉。"

——《论语·子路篇》

【注释】

（1）易事：容易侍奉。

（2）难说：难以取悦。说：通"悦"。

（3）器之：依其才能而任用。器：作动词用，器用。

（4）求备：求全责备，苛刻求全。

【今译】

孔子说："为君子办事很容易，但很难取得他的欢喜。不按正道去讨他的喜欢，他是不会喜欢的。但是，当他任用人的时候，总是量才而用；为小人办事很难，但要取得他的欢喜则很容易。不按正道去讨他的喜欢，也会得到他的喜欢。但等到他任用人的时候，却是求全责备。"

【解读】

孔子认为，君子之所以易于相处，是因为君子有着高尚的道德情操和做人标准。他平易近人，没有私心，心胸开阔，办事公正，任人唯贤，有恒定和正确的价值观，不会见利忘义。而小人则与此相反，他们缺乏内在修养和正确的价值观，其行为往往受情绪和私利的驱动，他们情绪多变，见利忘义，使得与他们相处变得复杂和困难。

孔子的教诲提醒我们，应以君子的道德标准来修养自身，提升自己的内在修养，以宽容和正直的态度与人相处，这样才能建立和谐的人际关系，促进社会的稳定和发展。

【典章印证】

（杨）震少好学，大将军邓骘闻其贤而辟之，举茂才，四迁荆州刺史、东莱太守。当之郡，道经昌邑，故所举荆州茂才王密为昌邑令，谒见，至夜怀金十斤以遗震。震曰："故人知君，君不知故人，何也？"密曰："暮夜无知者。"震曰："天知，神知，我知，子知。何谓无知！"密愧而出。后转涿郡太守。性公廉，不受私谒。子孙常蔬食步行，故旧长者或欲令为开产业，震不肯，曰："使后世称为清白吏子孙，以此遗之，不亦厚乎！"

——《后汉书·杨震传》（南朝宋·范晔）

意译：

杨震小时候喜欢学习。大将军邓骘听说杨震贤明就派人去征召他，推举他为秀才，四次升迁，从荆州刺史转任东莱郡太守。在他赴郡途中，经过昌邑，他从前举荐的荆州秀才王密担任昌邑县令，前来拜见（杨震），到了夜里，王密怀揣十斤金子来送给杨震。杨震说："我了解你，你不了解我，为什么这样做呢？"王密说："夜深了没有人会知道。"杨震说："上天知道，神明知道，我知道，你知道。怎么说没有人知道呢！"王密（拿着金子）羞愧地出去了。

后来杨震调任做涿郡太守。他品性公正廉洁，不肯接受私下的拜见。他的子孙常吃素食，步行出门，他的老朋友中德高望重的人想要让他为子孙开办一些产业，（劝他），杨震（回答）说："让我的后代被称作清官的子孙，把这种为人清白的风气留给他们，这样的遗产不是也很丰厚吗？"

（十三）

子曰："君子不可小知(1)而可大受(2)也，小人不可大受而可小知也。"

——《论语·卫灵公篇》

【注释】

（1）小知：做小事情。知：作为的意思。
（2）大受：承担大任。受：责任、使命的意思。

【今译】

孔子说："不能让君子做那些小事，但可以让他们承担重大的使命。不能让小人承担重大的使命，但可以让他们做那些小事。"

【解读】

孔子所言揭示了用人之道：君子，才华卓越，品德高尚，所以堪当大任；小人，才能有限，不宜重用，只可安排适当机会让其发挥有用之处。正如石头与金子，各按其质，各有所用，关键在于安置得当。

孔子的这一用人理念不仅体现了他对人性的深刻洞察，也为现代社会的人才管理提供了宝贵的经验。领导者通过正确识别和使用人才，可以充分发挥每个人的潜力，促进社会的进步与发展。

【典章印证】

孟尝君有舍人而弗悦，欲逐之。鲁连谓孟尝君曰："猿猕猴错木据水，则不若鱼鳖；历险乘危，则骐骥不如狐狸。曹沫之奋三尺之剑，一军不能当；使曹沫释其三尺之剑，而操铫与农夫居陇亩之中,则不若农夫。故物舍其所长,之其所短,尧亦有所不及矣。今使人而不能,则谓之不肖;教人而不能,则谓之拙。拙则罢之,不肖则弃之,使人有弃逐,不相与处,而来害相报者,岂非世之立教首也哉!"孟尝君曰:"善。"乃弗逐。

——《战国策》(西汉·刘向)

意译:

孟尝君不喜欢手下的一个门客,想要驱逐他。鲁仲连告诉孟尝君说:"猿狖、猴子会攀爬树木,但它们不如鱼龟在水中游动自如;要说经历险阻攀登悬崖,那良马比不上狐狸。曹沫挥舞三尺长的剑无人可挡,但如果让曹沫放下剑,在农夫身边耕作,他也不如农夫。万事万物,如果舍弃他的长处,改用他的短处,即使是尧也有做不到的事。如今,让一个人去做某事而他不能胜任,就说他无能;教导他而他仍然不懂,就说他愚笨。认为他愚笨就放弃,认为他无能就驱逐,假使有人被驱逐而别人不屑与之相处,被驱逐的人必然来施害以报怨,这岂非成为世俗教训的始源?"孟尝君表示赞同,没有将那个门客驱逐出去。

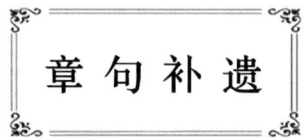

章句补遗

1. 子贡曰:"纣之不善,不如是之甚也。是以君子恶居下流,天下之恶皆归焉。"

——《论语·子张篇·第二十章》

2. 子夏曰:"君子有三变:望之俨然,即之也温,听其言也厉。"

——《论语·子张篇·第九章》

3. 子夏曰:"百工居肆以成其事,君子学以致其道。"　　——《论语·子张篇·第七章》

4. 子夏曰:"虽小道必有可观者焉,致远恐泥,是以君子不为也。"

——《论语·子张篇·第四章》

5. 子贡曰:"君子亦有恶乎?"子曰:"有恶。恶称人之恶者,恶居下流而讪上者,恶勇而无礼者,恶果敢而窒者。"曰:"赐也亦有恶乎?""恶徼以为知者,恶不孙以为勇者,恶讦以为直者。"　　——《论语·阳货篇·第二十四章》

6. 孔子曰:"君子有三畏:畏天命,畏大人,畏圣人之言。小人不知天命而不畏也,狎大人,侮圣人之言。"　　——《论语·季氏篇·第八章》

7. 孔子曰:"君子有三戒:少之时,血气未定,戒之在色;及其壮也,血气方刚,戒之在斗;及其老也,血气既衰,戒之在得。"　　——《论语·季氏篇·第七章》

8. 孔子曰:"侍于君子有三愆:言未及之而言谓之躁,言及之而不言谓之隐,未见颜色而言谓之瞽。"　　——《论语·季氏篇·第六章》

9. 子曰:"君子求诸己,小人求诸人。"　　——《论语·卫灵公篇·第二十一章》

10. 子曰:"君子病无能焉,不病人之不己知也。"　　——《论语·卫灵公篇·第十九章》

11. 子曰:"君子义以为质,礼以行之,孙以出之,信以成之。君子哉!"

——《论语·卫灵公篇·第十八章》

12. 在陈绝粮,从者病,莫能兴。子路愠见曰:"君子亦有穷乎?"子曰:"君子固穷,小人穷斯滥矣。"——《论语·卫灵公篇·第二章》

13. 子曰:"君子上达,小人下达。"——《论语·宪问篇·第二十三章》

14. 子曰:"君子和而不同,小人同而不和。"——《论语·子路篇·第二十三章》

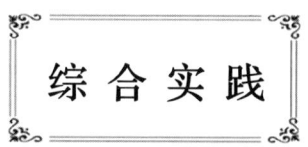

综合实践

传统文化主题践行活动:士与君子

一、传统文化践行主题

本章传统文化践行活动的主题是"士与君子"。通过深入理解和实践"士与君子"的德行与精神,引导学生追求高尚的道德情操,培养责任感和使命感,能够在日常生活中践行"士与君子"之道,树立正确的人生观和价值观,成为有德行、有担当的新时代青年。

二、文化践行活动

根据本校实际情况,结合学生特点,在以下文化践行活动中选择一项进行。

(一)文化践行活动一:"士与君子"品行实践周

1. 活动目标

通过一周的集中实践活动,让学生深入理解"士"与"君子"的精神实质,并在日常生活中践行"士"与"君子"的品行,体验高尚品德带来的正面影响,培养社会责任感。

2. 活动方案

(1)晨读《论语》:每天早晨安排一定时间,集体诵读《论语》中关于"士"与"君子"的章节,加深理解。

(2)品行挑战赛:设计一系列与"士"与"君子"品行相关的挑战任务,如诚信考试、礼貌待人、助人为乐等,鼓励学生积极参与并完成任务。

(3)志愿服务行动:组织学生参与社区志愿服务活动,如环保清洁、关爱老人儿童、支教助学等,将"士"的社会责任感与"君子"的仁爱之心付诸实践。

(4)反思与分享:每天晚上安排反思时间,让学生记录当天的品行实践经历及感受,并在小组内分享交流。

3. 成果展示

(1)品行实践报告:每位学生提交一份实践报告,总结一周内的实践经历、收获与感悟。

(2)表彰仪式:举行表彰仪式,对表现突出的学生给予表彰奖励,并邀请他们分享实践经验与心得，激励更多学生向"士"与"君子"看齐。

（二）文化践行活动二："士与君子"主题辩论赛

1. 活动目标

通过辩论赛的形式，在锻炼逻辑思维能力与语言表达能力的同时，加深学生对"士"与"君子"品行的理解，将"士"的忠诚、勇敢、正直与"君子"的仁爱、谦逊、诚信等品质内化于心，以提升个人修养。

2. 活动方案

（1）确定辩题：围绕"士与君子在现代社会中的价值与意义""如何在现代社会中践行士与君子的品行"等主题设定辩题。

（2）组建辩论队：学生自愿报名参与辩论赛，通过选拔组建正反两方辩论队。

（3）准备阶段：各辩论队收集资料、准备论点论据、进行模拟辩论训练。

（4）正式辩论：组织正式辩论赛，邀请校内外专家作为评委进行点评打分。

3. 成果展示

（1）辩论视频与记录：录制辩论赛过程并整理辩论记录作为校园文化活动的资料保存。

（2）优秀辩手表彰：对表现优异的辩手进行表彰奖励并颁发证书。

（3）辩论总结报告：各辩论队提交辩论总结报告分析辩论过程中的得失并提出改进建议。

贰

《孟子》选章品读

孟子

第一章　认识孟子

导 读

孟子名轲，字子舆（也有说法称字子车、子居），战国时期邹国（今山东济宁邹城）人，中国古代著名思想家、哲学家、政治家、教育家，儒家思想代表人物之一，其地位仅次于孔子，被后世尊称为"亚圣"，与孔子合称为"孔孟"。

微课视频：《认识孟子》

一、早年生活与教育

孟子是鲁国贵族孟孙氏的后裔。孟孙氏衰微后，有一支从鲁国迁居到邹国，就是孟子的祖先。孟子幼年丧父，由母亲仉（zhǎng）氏独自抚养长大。孟母是一位伟大的女性，她非常注重孟子的教育，以教子有方著称，为了给孟子营造一个良好的成长环境，孟母曾三次搬家（即"孟母三迁"的故事）。此外，为了教导孟子勤奋学习，不要半途而废，孟母还留下了"断机教子"等教育佳话。孟母以自身品格树立了良好家风，为孟子少年时期的教育打下了坚实基础。

二、学业与师承

孟子自小便接受了儒家教育，并在十五六岁时来到鲁国，受业于孔子嫡孙子思之门人。虽然孟子没有成为孔子的弟子，但他对孔子极为尊崇，并努力学习和传承孔子的思想。孟子继承了孔子的"德治"思想，并发展为"仁政"学说，建立了以"民本"为基础的政治思想体系，取得了很高成就。

三、游历与政治主张

孟子身处诸侯国合纵连横、战争不断的战国时期，作为思想家，他意识到了自己的社会责任，力图将儒家的政治理论和治国理念推行于天下。于是孟子与孔子一样，率领弟子周游列国，历时二十多年，以士的身份游说各国君主，试图将他的政治主张转化为具体的治国措施。孟子主张法先王、行仁政，认为君主应该以身作则，具备仁德之心，关爱百姓，以民生为重。然而，这些主张在当时的社会背景下并未得到广泛认可。

四、晚年生活与著书立说

晚年时期孟子回到了自己的家乡邹国。他在那里传道授业，与弟子们一起将自己的思想著书立说，最终编成了《孟子》一书。《孟子》是孟子的言论汇编，记录了孟子在政治、哲学、伦理、教育等各个方面的思想，共有七篇内容，分别为《梁惠王》《公孙丑》《滕文公》《离娄》《万章》《告子》《尽心》，每篇又分上下，共有十四章。

《孟子》是儒家经典著作之一，与《论语》《大学》《中庸》合称"四书"。全书虽然只有34000余字，但早已是世界文化遗产的一部分。

五、思想与影响

孟子的主要思想就是：仁、义、善。《孟子》一书充分反映了其思想和主张：

（1）在人性方面，孟子主张性善论，认为人生来就具备"仁、义、礼、智"四种品德。人们可以通过内省去保持和扩充这四种品德，否则就会失去善的本质，因此他要求人们重视内省的作用。

（2）在社会政治观方面，孟子推行"仁政、王道"理论。"仁政"就是对人民"省刑罚，薄税敛。"他还提出"民贵君轻"主张，认为君主必须以人民为重。另外，他反对实行霸道，即通过暴力去征服民众，他主张以"行仁政"来争取民心的归附，实行王道，则可无敌于天下，也即他所说的"仁者无敌"。

（3）在价值观方面，他强调舍生取义，"生，亦我所欲也；义，亦我所欲也。二者不可得兼，舍生而取义者也。"强调要以"礼义"来约束自己的言行，任何情况下都不能放弃"义"。

孟子的思想学说对唐宋之后的中国产生了深刻且巨大的影响，其许多哲学思辨以及伦理启示至今仍影响着中国乃至整个东亚地区。

音频：《认识孟子》章句诵读

章句（一）（二）：表明孟子志存高远，胸怀远大。

（一）

孟子去⁽¹⁾齐。充虞⁽²⁾路问曰："夫子若有不豫⁽³⁾色然。前日虞闻诸夫子曰：'君子不怨天，不尤人。'"

曰："彼一时，此一时也。五百年必有王者兴⁽⁴⁾，其间必有名世者⁽⁵⁾。由周而来，七百有余岁矣。以其数⁽⁶⁾，则过矣；以其时⁽⁷⁾考之，则可矣。夫天未欲平治天下也；如欲平治天下，当今之世，舍我其谁也？吾何为不豫哉⁽⁸⁾？"

——《孟子·公孙丑下》

【注释】

（1）去：离开。

（2）充虞：齐国人，孟子的弟子。

（3）豫：愉悦。不豫色然，指神色不愉悦的样子。
（4）五百年必有王者兴：自尧、舜至汤，自汤至文、武皆五百余年，必有圣王出现。
（5）名世者：指德业有名于当世，能辅佐圣王的人。
（6）数：年数，指五百年之数。
（7）时：时势。
（8）吾何为不豫哉：我为什么不愉快呢？

【今译】

孟子离开齐国，在路上充虞问道："老师似乎有点不愉快的样子。以前充虞听老师说过：'君子不抱怨上天，不责怪他人。'（今天又为什么如此呢？）"

孟子说："那时是那时，现在是现在。（情况不同了，从历史上看来，）相隔五百年的时间一定会有推行王道的圣君出现，其间还会出现德业有名的旷世奇才来辅佐圣君。从周朝的文王、武王至今，已经七百多年了。论年数，已经超过了五百年；论时势，现在正该是圣君、贤臣出来的时候了。除非上天还不想让天下太平，如果上天想让天下太平，在当今这个时代，除了我，谁还能承担这个责任呢？我为什么会不愉快呢？"

【解读】

"不怨天，不尤人"出自《论语·宪问篇》，原本是孔子之语。孟子说的"彼一时"，是指在传道授业时，要告诉学生处世的基本原则与道理；而"此一时"则是考量天下百姓的福祉，以及个人能否助君行道。

孟子所说的"五百年必有王者兴"，是他对历史的理解，从尧舜至商汤，从商汤至周文王、周武王，再至孔子，都是间隔五百年，这反映出孟子对世道拨乱反正的期待和信心。他还提到"如欲平治天下，舍我其谁？"体现了孟子在时代潮流中积极作为、勇于担当的精神。

【典章印证】

《象》曰："天行健，君子以自强不息。潜龙勿用，阳在下也。见龙在田，德施普也。终日乾乾，反复道也。或跃在渊，进无咎也。飞龙在天，大人造也。亢龙有悔，盈不可久也。用九，天德不可为首也。"

——《周易·乾卦》

意译：

天道运行周而复始，永无止息，谁也不能阻挡。君子应该效法天道，自强不息，永不懈怠。潜伏的龙不要轻举妄动，当龙出现在大地上，犹如阳光普照，使天下人都得到恩泽。整日勤奋不懈，是为了遵循正道，不敢有丝毫大意。龙或腾跃而起，或退居于渊，因能审时度势，进退自如，故不会有危害。一旦龙飞上天，则预示着有杰出人物出现且有所作为。龙飞得过高，必将会后悔，因为物极必反，事物发展到了尽头，必将走向自己的反面。"用九"的爻象说明，天虽生万物，但却不居首、不居功。

（二）

孟子谓宋勾践⁽¹⁾曰："子好游⁽²⁾乎？吾语子游。人知之，亦嚣嚣⁽³⁾；人不知，亦嚣嚣。"

曰："何如斯可以嚣嚣矣？"

曰："尊德乐义，则可以嚣嚣矣。故士穷不失义，达不离道。穷不失义，故士得己[4]焉；达不离道，故民不失望焉。古之人，得志，泽加于民；不得志，修身见于世。穷则独善其身，达则兼善天下。"

——《孟子·尽心上》

【注释】

（1）宋勾践：人名，姓宋，名勾践，生平不详。
（2）游：游说。
（3）嚣嚣：安然自得、自得其乐的样子。
（4）得己：同"自得"。

【今译】

孟子对宋勾践说："你喜欢游说各国的君主吗？我告诉你游说的态度。别人理解你，要安然自得；别人不理解你，也要自得其乐。"

宋勾践问孟子："怎样才能做到安然自得呢？"

孟子答道："尊崇道德，喜爱仁义，就可以安然自得了。所以士在穷困时不能失去仁义，在显达时不能背离道德。穷困时不丢失仁义，所以能安然自得；显达时不背离道德，就不会使民众失望。古代先贤，得志时，把恩泽普施于百姓；不得志时，就修养品德立身在世。穷困时独自保持自己善的本性，得志时则恩泽于天下（使天下的人保持善的本性）。"

【解读】

"穷则独善其身，达则兼善天下。"后人又将"兼善"改为"兼济"，意思是：不得志时要修身养性，得志时要努力让天下人都受益。这句话精练地表达了君子入世与出世的政治选择和人生态度，彰显了儒学通权达变的思想方法和精神气度，成为从古至今众多知识分子立身处世的座右铭。孔子曾言："用之则行，舍之则藏。""天下有道则见，无道则隐。""邦有道，则仕；邦无道，则可卷而怀之。"由此可以看出孟子对孔子思想的继承和发扬。

【典章印证】

《定风波》

（北宋·苏轼）

莫听穿林打叶声，何妨吟啸且徐行。

竹杖芒鞋轻胜马，谁怕？一蓑烟雨任平生。

料峭春风吹酒醒，微冷，山头斜照却相迎。

回首向来萧瑟处，归去，也无风雨也无晴。

注：此词作于苏轼因"乌台诗案"被贬为黄州（今湖北黄冈）团练副使的第三年。黄州三年是苏轼人生的至暗时刻。这首词描述苏轼面对无端风雨不慌不忙徐徐前行，他手执竹杖，脚踏芒鞋，风凉酒醒心却热，反映了苏轼面对世事无常、聚散随缘的旷达自在，这正是历代知识分子"穷则独善其身，达则兼善天下"的真实写照。

章句（三）（四）：表明孟子追求以仁义为核心的志向。

（三）

王子垫⁽¹⁾问曰："士何事？"孟子曰："尚志。"曰："何为尚志？"

曰："仁义而已矣。杀一无罪非仁也，非其有而取之非义也。居恶在？仁是也；路恶在？义是也。居仁由义，大人之事备矣。"

——《孟子·尽心上》

【注释】

（1）王子垫：齐国王子，名垫。

【今译】

王子垫问道："士应当做什么？"孟子回答："使自己的志向和行为高尚。"王子垫问："怎样才能使自己的志向和行为高尚？"

孟子回答："时刻想着仁和义而已。枉杀一个无辜的人，是不仁；占有不属于自己的东西，是不义。（内心）应该居于什么状态？应该保持在仁的状态；应该怎么做事呢？应该遵从道义。如果一个人心怀仁德，做事遵从道义，那么他就具备成为'大人'（有德行的人）的条件了。"

【解读】

本章句孟子强调"尚志"，他认为，做到了"尚志"就合乎"士"的标准了。"尚志"就是尊崇"仁""义"，这体现了孟子"仁、义、善"的思想。

"士尚志"言简意赅地概括了对士的要求。由此后世的仁人志士一直把"尚志"作为自己的座右铭，把仁、义作为最基本的道德标准。而"尚志"一词也是儒学的一个重要概念。

【典章印证】

孟子曰："自暴者，不可与有言也；自弃者，不可与有为也。言非礼义，谓之自暴也；吾身不能居仁由义，谓之自弃也。仁，人之安宅也；义，人之正路也。旷安宅而弗居，舍正路而不由，哀哉！"

——《孟子·离娄上》

意译：

孟子说："自己摧残自己的人，不要和他说什么道理；自己抛弃自己的人，不要和他一起做正事。出言诋毁礼义，这叫自己摧残自己；自身不能做到居仁心行道义，这是自己抛弃自己。仁，是人类最舒适的精神家园；义，是人类最正确的光明大道。空着最舒适的家园不去住，舍弃最正确的光明大道不去走，真可悲啊！"

（四）

孟子曰："鱼，我所欲也，熊掌亦我所欲也；二者不可得兼，舍鱼而取熊掌者也。生亦我所欲也，义亦我所欲也；二者不可得兼，舍生而取义者也。生亦我所欲，所欲有甚于生者⁽¹⁾，故不为苟得⁽²⁾也；死亦我所恶，所恶有甚于死者⁽³⁾，故患有所不辟⁽⁴⁾也。如使人之所欲莫甚于生，则凡可以得生者，何不用也？使人之所恶莫甚于死者，则凡可以辟患者，何不为也？由是则生而有不用也，由是则可以辟患而有不为也，是故所欲有甚于生者，所恶有甚于死者。非独贤者有是心也，人皆有之，贤者能勿丧耳⁽⁵⁾。"

——《孟子·告子上》

【注释】

（1）所欲有甚于生者：所喜欢的事情（这里是指"义"）胜过生命。
（2）苟得：苟且偷生。
（3）所恶有甚于死者：所厌恶的事情（这里是指"无义"）胜过死亡。
（4）辟：通"避"。
（5）贤者能勿丧耳：有贤德的人不丧失（义）罢了。

【今译】

孟子说："鱼是我喜欢的，熊掌也是我喜欢的；如果两者不能同时拥有，便舍弃鱼而选择熊掌。生命是我热爱的，义也是我热爱的；如果两者不能同时拥有，便牺牲生命而选择义。我热爱生命，但如果有比生命更让我热爱的事情，我便不会为了苟且偷生而放弃它；我厌恶死亡，但如果我厌恶的事情胜过死亡，那么灾祸（这里指死亡）来了我便不会躲避。如果人们所喜欢的事情莫过于生命，那么一切可以求得生存的方法，有什么不可以用的呢？如果人们所厌恶的事情莫过于死亡，那么一切可以避免灾祸的行为，有什么不可以做的呢？采用某种手段就能够活命，有的人却不肯采用；采用某种办法就能够躲避灾祸，有的人也不肯采用。由此可见，他们所喜爱的是比生命更宝贵的东西（那就是"义"）；他们所厌恶的是比死亡更令人厌恶的事情。这不只是贤德之人才有的本性，人人都有，只不过贤德之人能够保持、不丢失它罢了。"

【解读】

本文论述了孟子的一个重要主张：义重于生命，当义和生命不能两全时，应该舍生取义。孟子用日常生活的实例来引导人们领会义重于生命的命题，这是本章句的主旨。

孟子说："羞恶之心，义也。"又说："义，人路也……"孟子认为，对自己做了坏事感到耻辱，对别人做了坏事感到厌恶，这就是义；义是有道德的君子所必须遵循的正路。

【典章印证】

离骚

（战国·屈原）

长太息以掩涕兮，哀民生之多艰。
余虽好修姱以鞿羁兮，謇朝谇而夕替。
既替余以蕙纕兮，又申之以揽茝。
亦余心之所善兮，虽九死其犹未悔。

注：屈原，芈姓，屈氏，名平，字原，又自名正则、字灵均，楚武王熊通之子屈瑕的后代；战国时期的楚国诗人、政治家，也是中国历史上第一位伟大的爱国诗人；中国浪漫主义文学的奠基人，他是《楚辞》的开创者和代表者，主要作品有《离骚》《九歌》《九章》《天问》等；他创作的《楚辞》与《诗经》并称"风骚"，对后世诗歌产生了深远影响；屈原早年受楚怀王信任，任左徒、三闾大夫，兼管内政外交大事，他提倡"美政"，主张对内举贤任能、修明法度，对外力主联齐抗秦；因遭贵族排挤诽谤，被先后流放至汉北和沅湘流域，在流放期间听闻楚国郢都（今湖北江陵）被秦军攻破，悲愤交加，于农历五月初五抱石投汨罗江，以身殉国。

第一章 认识孟子

章句（五）至（七）：体现了孟子对个人修养的重视。

（五）

孟子曰："人有恒言(1)，皆曰：'天下国家。'天下之本在国，国之本(2)在家，家之本在身。"

——《孟子·离娄上》

【注释】

（1）恒言：常言。恒：常。
（2）本：根本或基础。

【今译】

孟子说："大家常常谈论的话题都是：'天下国家。'可见天下的基础是国家，国家的基础是家庭，而家庭的基础则是个人。"

【解读】

孟子认为，天下稳定的根本在于国家。要想拥有天下，必须先把国家治理好。而国家的根本则是每一个家庭。要想把国家治理好，就先要把每个家庭经营好。家庭怎么经营好呢？家庭的根本在于家庭成员个人，每个人自己修养好了，家庭就经营好了。所以，"天下国家"就是个人、家庭、国家、天下这四位一体的关系，而其中最为根本的就是个人的修身。

【典章印证】

古之欲明明德于天下者，先治其国。欲治其国者，先齐其家。欲齐其家者，先修其身。欲修其身者，先正其心。欲正其心者，先诚其意。欲诚其意者，先致其知。致知在格物。物格而后知至，知至而后意诚，意诚而后心正，心正而后身修，身修而后家齐，家齐而后国治，国治而后天下平。自天子以至于庶人，壹是皆以修身为本。

——《礼记·大学》（先秦·曾子）

意译：

古代那些要使美德彰显于天下的人，要先治理好自己的国家；要想治理好自己的国家，就要先管理好自己的家庭和家族；要想管理好自己的家庭和家族，则要先修养自身；要修养自身，必须先端正自己的思想；要端正自己的思想，先要使自己的意念真诚；要想使自己的意念真诚，先要使自己获得知识，获得知识的途径在于认知、研究万事万物。通过对万事万物的认知和研究，才能获得知识；获得知识后，意念才能真诚；意念真诚后，心思才能端正；心思端正后，才能修养品性；品性修养后，才能管理好家庭和家族；家庭和家族管理好了，才能治理好国家；治理好国家后天下才能太平。从天子到平民，一切都以修身为根本。

（六）

孟子曰："广土众民，君子欲之，所乐不存焉；中天下而立，定四海之民，君子乐之，所性不存焉。君子所性，虽大行(1)不加焉，虽穷居不损焉，分定故也。君子所性，仁义礼智根于心，其生色也睟然(2)，见于面，盎(3)于背，施于四体，四体不言而喻。"

——《孟子·尽心上》

【注释】

（1）大行：指理想、抱负行于天下。

（2）睟（suì）然：颜色润泽。

（3）盎（àng）：显露。

【今译】

孟子说："拥有广阔的土地、众多的人民，这是君子所向往的，但却不是他的快乐所在；立于天地中央，安定天下的百姓，这是君子的快乐，但却不是他的本性所在。君子所秉持的本性，纵使他实现了抱负也不会增加，纵使他陷于穷困也不会减少，因为他的本性已经固定。君子的本性，是仁、义、礼、智根植于内心，它们生发出来的气质是温润和顺的，流露在脸上，充盈在体内，延伸到四肢。行为举止不用说便知道该怎样做了。"

【解读】

孟子这段话阐述了君子对于广土众民和安定天下的态度。君子不以物喜，不以己悲，他们秉持的本性是"仁、义、礼、智"，这种本性不会因为外界环境的变化而改变。孟子所描述的是一个胸怀远大、品德高尚、表里如一的真正的君子。对于君子来说，穷达都是身外事，只有"仁、义、礼、智"根植于心，才是本性所在。

【典章印证】

孟子曰："君子所以异于人者，以其存心也。君子以仁存心，以礼存心。仁者爱人，有礼者敬人。爱人者，人恒爱之；敬人者，人恒敬之。有人于此，其待我以横逆，则君子必自反也：'我必不仁也，必无礼也，此物奚宜至哉？'其自反而仁矣，自反而有礼矣，其横逆由是也，君子必自反也：'我必不忠。'自反而忠矣，其横逆由是也，君子曰：'此亦妄人也已矣。如此，则与禽兽奚择哉？于禽兽又何难焉？'是故君子有终身之忧，无一朝之患也。乃若所忧则有之：'舜，人也；我，亦人也。舜为法于天下，可传于后世。我由未免为乡人也，是则可忧也。'忧之如何？如舜而已矣。若夫君子所患则亡矣。非仁无为也，非礼无行也。如有一朝之患，则君子不患矣。"

——《孟子·离娄下》

意译：

孟子说："君子与一般人不同的地方在于，他内心所怀的念头不同。君子内心所怀的念头是仁、是礼。仁爱的人爱别人，礼让的人尊敬别人。爱别人的人，别人也会爱他；尊敬别人的人，别人也会尊敬他。假定这里有个人，他对我蛮横无理，那君子必定反躬自问：'我一定不仁，一定无礼吧，不然的话，他怎么会对我这样呢？'如果反躬自问是仁的，是有礼的，而那人仍然蛮横无理，君子必定反省自己：'我一定不忠。'如果反省自己是忠诚的，而那人仍然蛮横无理，君子就会说：'这人不过是个狂人罢了。这样的人和禽兽有什么区别呢？而对禽兽又有什么可责难的呢？'所以君子有长远的忧虑，但没有短期的忧患。比如说这样的忧虑是有的：'舜是人，我也是人；舜是天下的楷模，名声传于后世，可我却不过是一个普通人而已。这个才是值得忧虑的事。'忧虑又怎么办呢？像舜那样做罢了。至于别的忧患，君子是没有的。不仁义的事不干，不合礼节的事不做。即使有朝一日有了忧患，君子也不会感到痛苦了。"

（七）

孟子曰："爱人不亲，反⁽¹⁾其仁；治人不治，反其智；礼人不答，反其敬——行有不得者，皆反求诸己，其身正而天下归之。《诗》云：'永言配命⁽²⁾，自求多福。'"

——《孟子·离娄上》

【注释】

（1）反：反省。

（2）永言配命：这句话出自《诗经·大雅·文王》，意思是"永远谨言慎行，以契合天命"。在古代，人们常以此来告诫自己要时刻注意自己的言行，以符合上天的旨意和道德准则。这也是一种修身养性的体现，强调个人应该不断提升自己的品德和行为，以与天命相契合。永：同"长"。言：助词。配：同"合"。命：指天命、天意。

【今译】

孟子说："爱别人却得不到别人的亲近，那就应反问自己的仁爱是否足够；管理别人却不能管理好，那就应反问自己的管理才智是否足够；礼貌待人却得不到别人相应的对待，那就应反问自己是否足够恭敬——任何行为如果得不到预期的效果，就应该反省自己。自身行为端正了，天下的人自然就会归服他。《诗经》说：'与天意相合才能长久，自己的幸福自己寻求。'"

【解读】

"反求诸己"强调了自己才是行为的主体。在面对困难或挫折时，首先要反思自己，只有自己修正和进步，才能赢得他人的认可和支持。从某种意义上说，自省精神是人生最大的财富，是让自己减少失误、取得进步的法宝。

【典章印证】

曾子曰："吾日三省吾身：为人谋而不忠乎？与朋友交而不信乎？传不习乎？"

——《论语·学而篇》

意译：

曾子说："我每天多次反省自己：替别人办事是不是尽心竭力了呢？同朋友交往是不是诚实可信了呢？老师传授的知识是不是温习了呢？"

章句（八）至（十）：体现了孟子的人生态度。

（八）

孟子曰："君子有三乐，而王天下不与存焉。父母俱存，兄弟无故⁽¹⁾，一乐也；仰不愧于天，俯不怍⁽²⁾于人，二乐也；得天下英才而教育之，三乐也。君子有三乐，而王天下不与存焉。"

——《孟子·尽心上》

【注释】

（1）故：事故，指灾患。

（2）怍：惭愧。

【今译】

孟子说:"君子有三大快乐,而以德服天下不在其中。父母健在,兄弟平安,这是第一大快乐;上不愧对于天,下不愧对于人,这是第二大快乐;得到天下优秀的人才并教育他们,这是第三大快乐。君子有三大快乐,而以德服天下不在其中。"

【解读】

这段话体现了孟子对于人生乐趣的理解。他认为,人生第一大快乐是"父母健在可以尽孝,兄弟平安可以尽悌";人生第二大快乐是"上不愧对于天,下不愧对于人。"内心无愧才能心安而快乐;人生第三大快乐是"得天下英才而教育之",这是为人师表的快乐。

孟子认为,真正君子所追求的,不仅仅是权力和地位,更重要的是家庭和睦、内心无愧以及教育英才。这对于当代社会的我们具有积极的教育和启示作用。

【典章印证】

《读山海经·其一》

(东晋·陶渊明)

孟夏草木长,绕屋树扶疏。众鸟欣有托,吾亦爱吾庐。
既耕亦已种,时还读我书。穷巷隔深辙,颇回故人车。
欢然酌春酒,摘我园中蔬。微雨从东来,好风与之俱。
泛览周王传,流观山海图。俯仰终宇宙,不乐复何如?

注:诗中描绘了一幅宁静惬意的田园生活画卷以及诗人耕读自给、与自然和谐共处的生活状态,抒发了陶渊明超脱尘世、怡然自得的心境。陶渊明是东晋末到刘宋初杰出的诗人、辞赋家、散文家,被誉为中国田园诗人的鼻祖。他不慕权贵,不恋权栈,毅然决然丢下乌纱帽而回家种地,"采菊东篱下,悠然见南山",自得其乐,活出了人生的另一种精彩。

(九)

孟子曰:"仁之实,事亲(1)是也;义之实,从兄是也;智之实,知斯二者弗去是也;礼之实,节文(2)斯二者是也;乐之实,乐(3)斯二者,乐则生矣;生则恶可已也?恶可已,则不知足之蹈之、手之舞之。"

——《孟子·离娄上》

【注释】

(1)事亲:指侍奉双亲。
(2)节文:调节。文:修饰。
(3)乐(lè):指快乐。

【今译】

孟子说:"仁的实质,是侍奉父母;义的实质,是顺从兄长;智的实质,是明白这两者的道理并坚持下去;礼的实质,是为这两者制定规则和尺度;乐的实质,是以这两者为乐事,快乐就产生了。快乐产生了怎么可以抑制住?抑制不住,人就会不知不觉高兴得手舞足蹈。"

【解读】

孟子之言，自古以来被誉为儒家之精髓。在这段话中孟子阐述了"仁""义""智""礼""乐"五种道德品质的实质。这五种道德品质构建了儒家思想的五大要素。

"仁之实，事亲是也；义之实，从兄是也。"孟子将儒家最为重视的"仁"与"义"直接关联到家庭伦理之中。仁，是对父母的深情厚意；义，则是对兄长的顺从与尊重。这两者是儒家伦理道德观的基石。家庭作为社会的基本单元，其和谐与否直接影响到社会的稳定和发展。

"智之实，知斯二者弗去是也。"强调的是对"仁"与"义"的坚守和不懈。

"礼之实，节文斯二者是也。"即通过礼仪、礼节等形式，将"仁"与"义"融入日常生活中，使之成为人们行为的准则。

"乐之实，乐斯二者，乐则生矣。"孟子认为，当"仁"和"义"深入人心，成为人们生活的一部分时，人们就会为之欢欣鼓舞，人生就会变得快乐。这句话表达了孟子"身心合一"的立场。

【典章印证】

孟子曰："万物皆备于我矣。反身而诚，乐莫大焉。强恕而行，求仁莫近焉。"

——《孟子·尽心上》

意译：

孟子说："世间万物之理我都具备了。反躬自问诚实无欺，这就是最大的快乐啊。尽力以推己及人的恕道为人处世，这便是追求仁德最直接的方式啊。"

【知识拓展】

微课视频：《儒家"五常"之道》

（十）

孟子曰："子路，人告知以有过，则喜。禹⁽¹⁾闻善言⁽²⁾，则拜。大舜有大焉，善与人同，舍己从人，乐取于人以为善。自耕稼、陶、渔以至为帝，无非取于人者。取诸人以为善，是与人为善者也。故君子莫大乎与人为善。"

——《孟子·公孙丑上》

【注释】

（1）禹：古代传说中夏朝的开创者，也是中国第一位治理洪水的伟大人物。
（2）善言：有益之言；好话。

【今译】

孟子说："子路，别人指出他的过错，他就很高兴。禹听到有益的话就向人拜谢。伟大的舜更了不得，自己做善事，也劝别人做善事，能够放弃自己的想法而听从他人的意见，乐于采纳别人好的建议来行善。他从种地、做陶器、做渔夫一直到做帝王，没有一处优点不是向别人学习的。吸取别人的优点用来行善，也就是和别人一道行善。所以君子最高的德行就是和别人一道行善。"

【解读】

这段话彰显了儒家文化中重视学习、尊重他人、追求至善的核心理念。子路"闻过则喜",听到别人给自己指出过错就高兴,勇于接纳批评;禹"闻善言则拜",他一旦听到别人对他说有教益的话,不仅高兴,而且还要下拜行礼,这是对智慧的尊重与追求;比起子路和夏禹来,大舜的"与人为善"就更高一筹了,不仅高兴,不仅下拜,而且还乐于采纳并付诸行动,这就等于和别人一起行善了。孟子认为,君子善于取长补短,这种"取人之善以行善"的精神,是君子的至高美德。

【典章印证】

《挺经》

(清·曾国藩)

取人为善,与人为善。

乐以终身,忧以终身。

注:曾国藩的此名联蕴含了深厚的儒家思想。"取人为善,与人为善。"意思是我们对待别人应该以善意为主,多从别人的优点出发,去欣赏和学习别人的长处,同时也要尽可能地帮助别人,让别人获得好处,这种思想体现了儒家的"仁爱"精神。而"乐以终身,忧以终身"的意思是,我们应该以乐观的态度面对人生中的喜怒哀乐,同时也要保持一份忧患意识,不断思考和反省自己的行为和言论,这体现了儒家士人既积极入世又心怀天下的情怀。

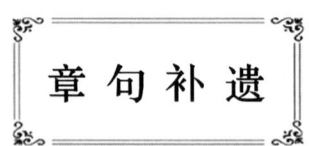

1. 孟子曰:"君子之泽五世而斩,小人之泽五世而斩。予未得为孔子徒也,予私淑诸人也。" ——《孟子·离娄下》

2. 孟子曰:"待文王而后兴者,凡民也。若夫豪杰之士,虽无文王犹兴。" ——《孟子·尽心上》

3. 孟子曰:"道在迩而求诸远,事在易而求诸难;人人亲其亲,长其长,而天下平。" ——《孟子·离娄上》

4. 孟子曰:"人有不为也,而后可以有为。" ——《孟子·离娄下》

5. 孟子曰:"人不可以无耻,无耻之耻,无耻矣。" ——《孟子·尽心上》

6. 孟子曰:"有事君人者,事是君则为容悦者也;有安社稷臣者,以安社稷为悦者也;有天民者,达可行于天下而后行之者也;有大人者,正己而物正者也。" ——《孟子·尽心上》

综合实践

传统文化主题践行活动：士尚志

一、传统文化践行主题

本章传统文化践行活动的主题是"士尚志"。通过深入理解和实践"士尚志"的精神，引导学生追求高尚的志向，培养责任感和使命感，成为有德行、有担当的新时代青年。

"尚志"，即"使志行高尚"。儒家文化一再强调个人尚志的重要性。孔子说："志士仁人，无求生以害仁，有杀身以成仁。"（《论语·卫灵公》）孟子也提出了"尚志"，提倡人要追求一种高尚的志向，并且要以个人的行动去宣扬和引领尚志的风气。

二、文化践行活动

根据本校实际情况，结合学生特点，在以下文化践行活动中任选一项进行。

（一）文化践行活动一：开展"围炉读书会"，从书籍中感悟历代人物之志

1. 活动目标

通过广泛阅读，促使学生在阅读中深入思考，用心体会文学人物、历史人物、楷模的远大志向，并分享自己在阅读中对"志"的感悟，提升自我认知，开阔思维格局。

2. 活动类型

校内实践。

3. 活动方案

（1）选定书籍：每个学生至少借阅1本图书开始阅读，纸质书和电子书均可。

（2）阅读时限：阅读时限为3周，在阅读过程中做好读书笔记。

（3）分享读书会：教师利用课堂或晚自习时间，组织学生进行读书分享活动。将阅读完的书籍带到教室，分小组开展读书心得交流。小组内设秘书一人，观察员一人。其中，秘书负责记录小组成员所分享的书籍名称、主题内容、经典段落等，形成文字汇总；观察员负责对读书会全程进行观察和协调，并对分享会中有趣的瞬间进行拍照录像，形成影像汇总。

4. 活动要求

（1）无论阅读哪种类型的书籍，都要围绕"尚志"这一主题展开阅读和分享。

（2）在阅读时限内，根据书籍的内容或主题，摘抄经典段落，并针对自己印象深刻的语句或段落及时记录想法，做好笔记，作为读书分享的重要材料。

（3）在读书分享会中分享的书籍必须是自己认真阅读完的，且有读书笔记的，不能以网络文章或简单搜索的资料来代替。小组内的秘书和观察员在读书会结束后，要及时上交各自负责的文字记录和影像资料。

(二)文化践行活动二：通过"走访探寻"，从生活中了解身边人物之志

1. 活动目标

通过实地走访、探寻和了解，搜集身边普通人物的志向，以"人物志"的形式予以展示。在活动中体会各种不同的人生志向，尊重不同的人生追求，学习身边"平凡而伟大"的榜样人物，深化对"尚志"的理解。

2. 活动类型

校内实践+校外实践。

3. 活动方案

（1）分组：全班同学按照 3～4 人为一组进行分组，以团队协作的形式完成本次活动。

（2）确定走访范围和对象：各小组根据自己的实际情况，选择 1～2 位走访和交谈的对象，包括但不限于家人、同学、朋友、老师等。

（3）制定访谈提纲：确定合适的访谈对象后，根据访谈对象的专业领域制定提纲，重点围绕"尚志"来进行提问和交流。

（4）成果展示：访谈结束后，各小组要将自己的访谈记录加以整理，总结自己在其中得到的收获，以"人物志"为主题做一份 PPT，作为活动成果在课上进行汇报展示。

4. 活动要求

（1）各小组在确定走访范围和访谈对象时，要根据自己的实际情况和兴趣而定，尽量从身边人入手，不宜将走访范围定得过大。

（2）在完成任务的过程中，团队成员要分工协作，确保从提纲整理、面对面交流、提问互动，再到资料汇总、汇报展示等环节完整、材料翔实。

（3）在最后的成果展示中，每一组选定一人作为主讲人进行汇报即可。汇报过程中，PPT 要清晰简洁，表达要流畅自如。

（三）文化践行活动三：通过"志愿服务"，从助人中树立个人之志

1. 活动目标

依托学校学生会和社团组织，积极参与各种形式的志愿服务活动。通过相关志愿活动的组织和参与，提升学生参与社会、服务社会、贡献社会的责任意识，结合自身所学专业，将自己的知识技能运用于志愿服务工作，充分发挥个人的主动性和积极性，体会助人的乐趣，从而思考自己要确立什么志向。

2. 活动类型

校内实践+校外实践。

3. 活动要求

全体同学至少参加一次由学院或社团组织的志愿服务，活动类型不限。在志愿服务中需认真履行自己的职责，展示出青年人的良好素质，主动将自己所具备的文化知识、专业技能、动手能力融入志愿服务中。在活动结束后，结合"尚志"主题，撰写一篇图文并茂的实践总结。

第二章　人性之道

导 读

一、性善论概述

儒家对人性的探讨是一个历史悠久且深邃的哲学议题，其中"性善论"是儒家思想中最为重要的理论之一。从孔子到孟子，儒家的性善论经历了重要的发展，并对中国乃至东亚地区的文化和道德观产生了深远的影响。

孔子作为儒家思想的奠基人，虽然没有直接阐述性善论，但他的思想中包含了性善论的萌芽。子曰："性相近，习相远也。"孔子认为，人的本性是相近的，而后天的习惯和教育会使人的行为产生差异。孔子的这一观点实际上已经体现了人性向善的思想。

微课视频：《孟子的性善论》

而孟子在孔子思想的基础上明确提出了性善论。孟子认为，人性本善，人生来具有"四心"，即恻隐之心、羞恶之心、辞让之心和是非之心，这是"仁、义、礼、智"四德的萌芽。孟子强调，通过后天的教育和修养，人的"四心"就会发展成"四德"，达到道德上的完善。

孟子的性善论为儒家治国理念的提出奠定了人性论的基础。

二、孟子性善论的基本阐述

第一，人禽之辨，是孟子性善论的逻辑起点。孟子首先通过人与禽兽的区别来论证人性之善。孟子曰："人之所以异于禽兽者几希，庶民去之，君子存之。"孟子认为，人与禽兽的差别很小，这"几希"的差别就在于"人皆有不忍人之心""……无恻隐之心，非人也；无羞恶之心，非人也；无辞让之心，非人也；无是非之心，非人也。"这样的论述再一次证明"不忍人之心"是人区别于禽兽的本质特性。

第二，以心论性，是孟子性善论的重要特征。"仁义在内，性由心显"是孟子性善论的理论要旨。孟子所说的"心"是指道德层面的"善心""仁心"而非生理上所指的心。孟子以"心"言"性"，提出"仁、义、礼、智"四德皆源自人的恻隐之心、羞恶之心、辞让之心和是非之心，因此得出"仁义在内，性由心显"的论断。

第三，仁政王道，是孟子性善论的最终旨归。孟子从人禽之辨的角度论证人性之善，又以心证之，提出"人皆有不忍人之心"，以"心"作为道德价值观和理想政治的基础。孟子从"不忍人之心"扩展到"不忍人之政"，提出了"仁政"思想，而"仁政"思想就是君王在政治领域对"仁心""善心"的实践与推广，以"仁心"为本实施"仁义之治"，最终实现王道政治。

章 句 品 读

音频：《人性之道》章句诵读

章句（一）至（三）：孟子论述人性之善。

（一）

公都子曰："告子曰：'性无善无不善也。'或曰：'性可以为善，可以为不善；是故文武⁽¹⁾兴，则民好善；幽厉⁽²⁾兴，则民好暴。'或曰：'有性善，有性不善；是故以尧为君而有象，以瞽瞍为父而有舜；以纣为兄之子，且以为君，而有微子启、王子比干。'今曰'性善'，然则彼皆非与？"

孟子曰："乃若⁽³⁾其情⁽⁴⁾，则可以为善矣，乃所谓善也。若夫为不善，非才⁽⁵⁾之罪也。恻隐之心，人皆有之；羞恶之心，人皆有之；恭敬之心，人皆有之；是非之心，人皆有之。恻隐之心，仁也；羞恶之心，义也；恭敬之心，礼也；是非之心，智也。仁义礼智，非由外铄⁽⁶⁾我也，我固有之也，弗思耳矣。故曰：'求则得之，舍则失之。'或相倍蓰而无算⁽⁷⁾者，不能尽其才者也。诗曰：'天生蒸民，有物有则。民之秉夷，好是懿德⁽⁸⁾。'孔子曰：'为此诗者，其知道⁽⁹⁾乎！故有物必有则；民之秉夷也，故好是懿德。'"

——《孟子·告子上》

【注释】

（1）文武：即周文王、周武王，是周代的两位圣王。
（2）幽厉：即周幽王、周厉王，是周代的两个暴君。
（3）乃若：同"若夫"，意思是"至于"。
（4）情：指人的本性。
（5）才：人之初，指人的原始本性。
（6）铄：这里指外部施加的影响。朱熹《集注》云："以火销金之名，自外以至内也。"又《尔雅·释诂》云："铄，美也。"谓自外而加的美饰。
（7）相倍蓰而无算：相差一倍、五倍，乃至无数倍。蓰（xǐ）：五倍。无算：无法计算，数倍。
（8）天生蒸民，有物有则。民之秉夷，好是懿德：此诗句引自《诗·大雅·烝民》。意思是：上天孕育了人民，有事物就有法则。人民掌握了这些法则，就会崇尚美好的品德。蒸：民众。懿：美好的意思。
（9）知道：知人性之道。

【今译】

公都子说："告子说：'（人的）本性没有善和不善的区别。'又有人说：'人的本性可以是善的，也可以是不善的。所以，周文王和周武王在位时，百姓就崇尚善；周幽王和周厉王在位时，百姓就趋向暴。'还有人说：'有的人本性善良，有的人本性不善良。所以，有尧这样的圣人为君，却有象这样品性不好的百姓；有瞽瞍这样坏的父亲，却有舜这样德性高尚、孝顺父亲的儿子；有纣王这样残暴的君王，却有微子启、王子比干这样的仁人。'如今老师说'人性本善'，难道这些人的观点都错了吗？"

孟子说："从人天生的本性来看，是可以成为善良之人的，这就是我所说的人性本善。至于会出现不善的表现与行为，那不能归罪于他的本性。同情心，人人都有；羞耻心，人人都有；恭敬之心，人人都有；是非之心，人人都有。同情之心是仁的表现，羞耻之心是义的表现，恭敬之心是礼的表现，是非之心是智的表现。仁、义、礼、智不是人从外部获得的，而是人本身固有的，只不过人们没有去思考它罢了。所以说'探求就能得到，放弃就会失去。'人与人之间相差一倍、五倍甚至数倍，就是因为没有充分发挥他们的本性所致。《诗经》说：'上天孕育万民，事物都有法则。民众把握了事物的规律，就会崇尚美好的品德。'孔子说：'作这首诗的人，是懂得大道理的。所以万事万物都必定有法则；民众把握了常规，就会崇尚美好的品德。'"

【解读】

孟子认为，人生来具备仁、义、礼、智等善的本质，这种本质是人区别于动物的社会属性，是人先天就拥有的，而非后天环境所塑造。孟子强调"求则得之，舍则失之。"意思是，人需要通过后天的学习与教育，将这些善的本质加以提高和发扬。

【典章印证】

告子曰："性犹湍水也，决诸东方则东流，决诸西方则西流。人性之无分于善不善也，犹水之无分于东西也。"

孟子曰："水信无分于东西。无分于上下乎？人性之善也，犹水之就下也。人无有不善，水无有不下。今夫水，搏而跃之，可使过颡；激而行之，可使在山。是岂水之性哉？其势则然也。人之可使为不善，其性亦犹是也。"

——《孟子·告子上》

意译：

告子说："人性就像那急流的水，缺口在东便向东方流，缺口在西便向西方流。人性无所谓善与不善，就像水无所谓向东流向西流一样。"

孟子说："水的确无所谓向东流向西流，但是，也无所谓向上流向下流吗？人性向善，就像水往低处流一样。人性没有不善良的，水没有不向低处流的。当然，如果水受到外力的拍打而飞溅起来，可以高过人的额头；或者受到阻挡而倒流，甚至可以流到山上。这难道是水的本性吗？是外部形势迫使它如此的。同样，人也可以变得不善，这是由于外部环境和条件的影响，而不是他本性使然。"

（二）

孟子曰："人皆有不忍人之心。先王有不忍人之心，斯有不忍人之政矣。以不忍人之心，行不忍人之政，治天下可运之掌上。所以谓人皆有不忍人之心者，今人乍(1)见孺子将入于井，皆有怵惕恻隐(2)之心；非所以内交(3)于孺子之父母也，非所以要(4)誉于乡党(5)朋友也，非恶其声而然也。由是观之，无恻隐之心，非人也；无羞恶之心，非人也；无辞让之心，非人也；无是非之心，非人也。恻隐之心，仁之端(6)也；羞恶之心，义之端也；辞让之心，礼之端也；是非之心，智之端也。人之有是四端也，犹其有四体也。有是四端而自谓不能者，自贼者也；谓其君不能者，贼其君者也。凡有四端于我者，知皆扩而充之矣，若火之始然(7)，泉之始达(8)。苟能充之，足以保(9)四海；苟不充之，不足以事父母。"

——《孟子·公孙丑上》

【注释】

（1）乍：突然，忽然。

（2）怵惕恻隐：惊惧、同情。朱熹《集注》云："怵惕，惊动貌。恻，伤之切也；隐，痛之深也，此即所谓不忍人之心也。"

（3）内交：结交的意思。内：同"纳"。

（4）要：通"邀"，"谋求"的意思。

（5）乡党：乡、党都是古代的居民基层组织，此处指乡里邻居。

（6）端：发端，开端。"恻隐之心，仁之端……"说明恻隐、羞恶、辞让、是非之心，分别为仁、义、礼、智等善性的发端。

（7）然：同"燃"。

（8）达：通达。

（9）保：安定，保有。

【今译】

孟子说："每个人都有怜悯体恤他人之心。古代圣王有怜悯体恤他人之心，所以才有怜悯体恤百姓的治国方略。用怜悯体恤他人之心，施行怜悯体恤百姓的政略，治理天下就很容易了（像在手掌上运转东西一样容易）。之所以说'每个人都有怜悯体恤他人之心'，是因为当人们突然看到一个小孩要掉入井中时，都会产生惊惧同情的心理；这不是因为想要与这孩子的父母拉近关系，也不是因为想要在乡邻朋友中博取声誉，也不是因为厌恶这孩子的哭叫声才产生这种惊惧同情心理。由此来看，没有同情之心的不能算是人，没有羞耻之心的不能算是人，没有谦让之心的不能算是人，没有是非之心的不能算是人。同情之心，是仁的发端；羞耻之心，是义的发端；谦让之心，是礼的发端；是非之心，是智的发端。人有这四种发端，就像人有四肢一样自然。有了这四项发端却自认为不行的，是自暴自弃的人。认为他的君主不行的人，是残害君主的人。凡是具备这四项发端的人，知道扩展充实它们，就像火刚刚开始燃烧，泉水刚刚开始流淌。如果能够扩展充实它们，便足以安定天下；如果不能扩展充实它们，就连赡养父母都无法做到。"

【解读】

孟子认为，人天生就具有恻隐之心、羞恶之心、辞让之心和是非之心。这"四心"只有在后天通过学习和修身才能不断扩充和强化，才能成为仁、义、礼、智四种美好的德行，而这"四德"又是施行仁政的重要保证。孟子从人性的前提推导政治，他认为，由于"不忍人之心"是人本身所固有的，所以推行仁政也应该是天经地义的，这就是孟子的思路。孟子所提出的"仁义礼智"都发端于这种"不忍人之心"的看法，成了中国古代哲学中"性善论"的理论基础和支柱。

【典章印证】

王烈以德威人

王烈字彦方，太原人也。少师事陈寔，以义行称。乡里有盗牛者，主得之。盗请罪曰："刑戮是甘，乞不使王彦方知也。"烈闻而使人谢之，遗布一端。或问其故，烈曰："盗惧吾闻其过，是有耻恶之心。既怀耻恶，必能改善，故以此激之。"后有老父遗剑于路，行道一人见而守之，至暮，老父还，寻得剑，怪而问其姓名，以事告烈。烈使推求，乃先盗牛者也。诸有争讼曲直，将质之于烈，或至涂而反，或望庐而还。其以德感人若此。

——《后汉书·王烈传》

意译：

王烈，字彦方，是太原人。他年轻时拜陈寔为师，以仁义德行著称。在乡里，有一次发生了盗牛事件，牛主人抓到了盗贼。盗贼向牛主人请求宽恕，说："甘愿接受刑罚处死，只求不要让王彦方知道这件事。"王烈听说后，派人前去慰问盗贼，还赠给他一匹布。有人问他这样做的原因，王烈回答说："盗贼怕我知道他的过错，说明他有羞耻之心。既然有了羞耻之心，就一定能改过自新，所以我送布去激励他。"后来，有位老人在路上遗失了一把剑，一个过路人看到后就守在那里等待失主。直到傍晚，老人才回来寻找，找到了剑，感到奇怪，便问那人的姓名，并把这件事告诉了王烈。王烈派人查访，发现那个守剑的人竟是先前盗牛的人。乡里人之间有了纠纷争执，想请王烈来评理，有的走到半路就反悔了，有的远远望见王烈的住处就回去了。王烈就是这样用德行来感化人的。

（三）

孟子曰："牛山(1)之木尝美矣，以其郊(2)于大国也，斧斤伐之，可以为美乎？是其日夜之所息，雨露之所润，非无萌蘖之生焉，牛羊又从而牧之，是以若彼濯濯(3)也。人见其濯濯也，以为未尝有材焉，此岂山之性也哉？虽存乎人者，岂无仁义之心哉？其所以放其良心(4)者，亦犹斧斤之于木也，旦旦而伐之，可以为美乎？其日夜之所息，平旦(5)之气，其好恶与人相近也者几希，则其旦昼之所为，有梏(6)亡之矣。梏之反复，则其夜气(7)不足以存；夜气不足以存，则其违(8)禽兽不远矣。人见其禽兽也，而以为未尝有才焉者，是岂人之情也哉？故苟得其养，无物不长；苟失其养，无物不消。孔子曰：'操则存，舍则亡；出入无时，莫知其乡(9)。'惟心之谓与？"

——《孟子·告子上》

【注释】

（1）牛山：山名，在今山东临淄之南，位于当时齐国都城的东南。
（2）郊：此作动词用，意思是临近大都邑。
（3）濯濯：这里指"光秃秃"的意思。赵注云："无草木之貌。"
（4）放其良心：丢掉固有之善心。放：丢失。良心：固有的善心（即仁义之心）。
（5）平旦：清晨天刚亮时，天明破晓之时。
（6）梏：古代拷手的刑具，这里的意思为"束缚"。
（7）夜气：指夜间养息之气。
（8）违：距离。
（9）乡：通"向"，"去向"的意思。

【今译】

孟子说："牛山上的树木曾经是很茂盛的，但因为牛山处在都城郊外，（山上的树木）经常遭到人们用斧子砍伐,还能保持茂盛吗?当然,山上的树木日夜都在生长,被雨露滋润着,并非没有新枝嫩芽长出来,但又被放的牛羊践踏、啃食,所以牛山就变成光秃秃的了。人们看到它光秃秃的,便以为牛山不曾有过树木,这难道是牛山的本来面目吗?有些人也是如此,难道他们没有仁义之心吗?他们丢掉仁义之心,就好像用刀斧砍伐树木一样,天天砍伐,还能保持树木的茂盛吗?就算他们日夜养息,呼吸着清晨的空气,这时在他们心里产生的良知与羞耻之心与一般人相比也不多,可是第二天他们的行为又将萌芽的善心泯灭了。反复遭到泯灭,那么夜晚养息的善心就荡然无存;夜晚养息的善心不存在了,那他和禽兽也差不多了。人们见到他们的行为如同禽兽,还以为他们不曾有过人的良知,难道他们本性如此吗?因此,如果能得到养育,则没有事物不能生长;如果失去养育,任何事物都会消亡。孔子说过:'把握它就存在,放弃它就失去。出入没有定时,去向也无法知晓。'这指的就是人心吧。"

【解读】

孟子在这一章强调的还是"人性本善"。孟子解释了"人之所以不善"的原因,即不注重后天的滋养和保持。孟子认为,人人都有向善的本性,都具有最基本的道德品质的萌芽,但一个人善心的萌芽会被不良的环境所泯灭。一旦存留于心的善意被泯灭之后,人的行为便与禽兽无异了。孔子所言"操则存,舍则亡"与"求则得之,舍则失之"有异曲同工之妙,均强调学习、修身贵在坚持、贵在探索。因此,这一章再次印证了孟子认为人性"可以为善"的观点,同时也强调了后天通过学习、修身、接受教育来不断滋养内心之善的重要性。

【典章印证】

孟子曰:"无或乎王之不智也。虽有天下易生之物也,一日暴之,十日寒之,未有能生者也。吾见亦罕矣,吾退而寒之者至矣,吾如有萌焉何哉?今夫弈之为数,小数也;不专心致志。则不得也。弈秋,通国之善弈者也。使弈秋诲二人弈,其一人专心致志,惟弈秋之为听。一人虽听之,一心以为有鸿鹄将至,思援弓缴而射之,虽与之俱学,弗若之矣,为是其智弗若与?曰:非然也。"

——《孟子·告子上》

意译:

孟子说:"大王的不明智,没有什么不可理解的。即使有一种天下最容易生长的植物,晒它一天,又冻它十天,它就无法再生长。我和大王相见的时候太少了。我一离开大王,那些'冻'他的奸邪之人就接近大王了,大王即使有'不忍人之心'的萌芽也被他们泯灭了,我有什么办法呢?比如下棋作为一种技艺,只是一种小技艺;但如果不专心致志地学习,也是学不会的。弈秋是全国闻名的下棋能手,同时教两个人下棋,其中一个人专心致志,听从弈秋的教导;另一个人虽然也在听,但心里老是觉得有天鹅要飞来,一心想着如何张弓搭箭去射击它。这个人虽然与专心致志的那个人一起学习,却比不上那个人,是因为他的智力不如那个人吗?答案很明确:当然不是。"

章句(四)至(六):体现了孟子性善论"以心论性"的特征。

(四)

孟子曰:"尽其心者,知其性也。知其性,则知天矣。存其心,养其性,所以事天(1)也。夭寿不贰(2),修身以俟之,所以立命也。"

——《孟子·尽心上》

【注释】

（1）事天：遵天道而行，遵循天命。

（2）不贰：不改变态度，一心一意。

【今译】

孟子说："尽自己的本心，就是觉悟到了自己的本性。觉悟到了自己的本性，就是懂得了天命。保持自己的本心，养护自己的本性，以此来遵循天命。无论寿命是长是短都不改变态度，只是修身养性等待天命安排，这就是确立正确人生道路的方法。"

【解读】

这一章孟子论述了人的本心、本性与天命的关系，体现了孟子对于人性、天命以及修身立命的深刻见解。孟子强调，虽然人性为善，但在后天的环境和发展中如果不去修养自己的本心，则善的本心就会丢失。因此孟子提出人应当"尽其心"，即积极主动地修养本心，将恻隐之心、羞恶之心、辞让之心和是非之心扩充到极致，进而实现"知其性"，即对仁、义、礼、智产生深刻认知并付诸实践。而面对天命，如果时运不济，就"独行其道"，守住为人的道德底线；如果通达畅意，就肩负使命，为社会和国家作出贡献，这便是仁人志士"安身立命"的人生态度。

【典章印证】

夫君子之行，静以修身，俭以养德。非淡泊无以明志，非宁静无以致远。夫学须静也，才须学也。非学无以广才，非志无以成学。淫慢则不能励精，险躁则不能冶性。年与时驰，意与日去，遂成枯落，多不接世，悲守穷庐，将复何及！——《诫子书》（三国·诸葛亮）

注：《诫子书》是三国时期政治家诸葛亮临终前写给他儿子诸葛瞻的家书。其中阐述了修身养性、治学做人的深刻道理。这封家书成为后世历代学子修身立志的名篇。

微课视频：《认识诸葛亮》

意译：

有道德修养的人，依靠内心宁静来修养身心，以节俭朴素来培养自己的品德。不淡泊名利无法明确自己的志向，不保持内心宁静无法实现远大目标。学习必须静心专一，而才干来自勤奋学习。如果不学习就无法增长自己的才能，不明确志向就不能在学业上取得成就。放纵懈怠就不能勉励心志振奋精神，轻薄浮躁就不能修养性情。年华随时光而飞驰，意志随岁月而流逝。最终枯败零落，不为社会所用，只能悲哀地处于穷困潦倒之境，到时候悔恨又怎么来得及？

（五）

孟子曰："仁，人心也；义，人路(1)也。舍其路而弗由(2)，放(3)其心而不知求，哀哉！人有鸡犬放，则知求之；有放心而不知求。学问之道无他，求其放心(4)而已矣。"

——《孟子·告子上》

【注释】

（1）人路：为人处世应遵循的正道。

（2）由：行。

（3）放：丢失。

（4）求其放心：找回丢失的本心。

【今译】

孟子说："仁，是人的本心；义，是人的正道。放弃了正道不走，丢失了本心而不去寻求，真是可悲啊！有的人鸡狗丢失了，尚且知道去寻找；可是本心丢失了却不知道去寻求。追求学问的道理没有别的，就是把丢失了的本心找回来罢了。"

【解读】

本章句是孟子关于人性和道德修养的重要论述。孟子认为"人性本善"，人天生具有"仁、义、礼、智"四德，这是人的本心。然而，在后天的生活中，由于环境的干扰，人们往往会偏离正道，丧失本心。因此，孟子提倡"反求诸己"，即遇到问题时先从自身找原因，反省自己的行为和思想是否符合仁义之道，通过不断反省和修正，找回丢失的本心，即"仁、义、礼、智"四德，从而实现道德的完善和提升。

孟子的话不仅是对个人道德修养的要求，也是对社会伦理道德的倡导。他希望人们能够重视内心的修养和道德的完善，以仁、义等美德为指导，走正确的人生道路。

【典章印证】

孟子·尽心知性

（宋代·陈普）

心具良知所性根，若非穷理亦能昏。

心须物格无余蕴，藩蔽开除本体存。

注：这首诗的大意是"心中具有良知和天性的根源，但如果不深入研究事理，也可能会变得昏聩不明。内心必须探求事物的真理，没有丝毫的遗留，才能不受蒙蔽，使本心得以保存。"

（六）

孟子曰："养心莫善于寡欲(1)。其为人也寡欲，虽有不存(2)焉者，寡矣；其为人也多欲，虽有存焉者，寡矣。"

——《孟子·尽心下》

【注释】

（1）寡欲：减少欲望。

（2）不存：此处指失其本心。

【今译】

孟子说："修养内心的方法，没有比减少求利的欲望更好的了。如果一个人求利的欲望很少，那么即使善心有所迷失，也是很少的；如果一个人求利的欲望很多，那么即使善心有所留存，也是很少的。"

【解读】

此章句中孟子强调了减少欲望对于道德修养的重要性。孟子认为，人性本善，但过多的欲望会蒙蔽人的良知，使人失去原本的善性；如果一个人能够克制自己的欲望，保持一种淡泊名利、知足常乐的心态，那他内心的善性就不容易被欲望所侵蚀。这一观点对于现代人来说仍然具有重要的启示意义。在现代社会中，我们应该学会克制自己的欲望，注重内心修养和精神追求，才能真正拥有幸福和满足的人生。

【典章印证】

孟子曰："圣人，百世之师也，伯夷、柳下惠是也。故闻伯夷之风者，顽夫廉，懦夫有立志；闻柳下惠之风者，薄夫敦，鄙夫宽。奋乎百世之上，百世之下闻者莫不兴起也。非圣人而能若是乎？而况于亲炙之者乎？"

——《孟子·尽心下》

意译：

孟子说："圣贤之人，是百世人的师表，伯夷、柳下惠就是这样的人。所以，听说过伯夷的道德风范，贪婪的人就会变得廉洁，懦弱的人会有立志的决心；听说过柳下惠的道德风范，刻薄的人会变得厚道，狭隘的人会变得心胸宽广。百代之前（奋发有为），百代之后听说过他们事迹的人，没有不振作发奋的。不是圣人能像这样吗？（百代以后的影响尚且这样，）更何况当时亲身受过他们熏陶的人呢？"

章句补遗

1. 孟子曰："好名之人能让千乘之国，苟非其人，箪食豆羹见于色。"

——《孟子·尽心下》

2. 孟子曰："不信仁贤，则国空虚；无礼义，则上下乱；无政事，则财用不足。"

——《孟子·尽心下》

3. 孟子曰："不仁而得国者，有之矣；不仁而得天下者，未之有也。"

——《孟子·尽心下》

4. 孟子曰："仁也者，人也。合而言之，道也。" ——《孟子·尽心下》

5. 孟子曰："诸侯之宝三：土地，人民，政事。宝珠玉者，殃必及身。"

——《孟子·尽心下》

6. 孟子曰："求则得之，舍则失之；是求有益于得也，求在我者也。求之有道，得之有命，是求无益于得也，求在外者也。" ——《孟子·尽心上》

7. 孟子曰："仁言不如仁声之入人深也，善政不如善教之得民也。善政，民畏之；善教，民爱之。善政得民财，善教得民心。" ——《孟子·尽心上》

8. 孟子曰："君子之于物也，爱之而弗仁；于民也，仁之而弗亲。亲亲而仁民，仁民而爱物。" ——《孟子·尽心上》

综合实践

传统文化主题践行活动：人性之道

一、传统文化践行主题

本章传统文化践行活动的主题是"人性之道"。通过深入理解和实践孟子倡导的"仁、义、礼、智"，引导学生追求高尚的道德品质和情操，培养责任感和使命感，成为有德行、有担当的新时代青年。

二、文化践行活动

根据本校的实际情况，结合学生特点，在以下文化践行活动中选择一项进行。

（一）文化践行活动一："你言我语，思维碰撞"班级辩论赛

1. 活动目标

以"人性善恶"为主题举行一场班级辩论赛，引导学生对人性之道做出深入思考和探讨，进而树立正确的价值观，同时提升学生的综合语言表达能力和人文素养。

2. 活动类型

校内实践。

3. 活动方案

（1）前期准备：按照辩题，分为正方及反方，两方进行资料收集和思路整理。
（2）辩论环节：按照辩论赛的环节，举行辩论赛。
（3）辩后总结：正反方选手以及其他同学和教师分别对本次班级辩论赛进行总结。
（4）针对此次辩论赛，撰写一篇活动总结。

4. 作品要求

（1）活动总结要写明个人对人性善恶的认识。
（2）活动总结应写明参加辩论赛的个人感受和体会。
（3）写作时可结合孔子、孟子、告子等对人性的看法，阐述自己对人性的认知和判断。
（4）写作时应结合古今中外的案例来论证自己的观点。

二、文化践行活动二：投身社会服务，弘扬人性之善

1. 活动目标

鼓励学生积极投身社会实践，通过参加形式丰富的志愿者服务活动，看到人性至善，弘扬人性至善。

2. 活动类型

校内、校外实践。

3. 活动方案

（1）根据学校实际情况，学生可自由选择校内和校外志愿者服务活动。

（2）详细记录参加志愿者服务活动的过程和经历。

（3）撰写志愿者服务活动报告。

4. 作品要求

（1）活动报告要写明参与志愿者服务活动的过程与经历。

（2）活动报告要求做到图文并茂。

（3）活动报告的内容应与课堂所学《人性之道》的内容相联系。

贰 《孟子》选章品读

第三章　义利之辨

导读

一、"义利观"概述

在数千年的儒家文化中，从先秦时期的孔子、孟子，到汉代的董仲舒，宋代的朱熹，明代的王阳明等一代代儒家知识分子，从未间断过对"义利观"的智慧阐述。

义利观，是一种特定的伦理规范和道德准则。义，指思想行为符合一定的道德标准，即人们心中认同的做人的伦理道德准则；利，指利益、功利。"义利之辨"意为关于道德行为与物质利益之间关系的辨析。"义利之辨"这个有关道德评价标准的问题，最先是由孔子提出的。《论语·里仁》中记载了孔子所说的"君子喻于义，小人喻于利"。孔子的义利观为儒家的"义利观"思想奠定了深厚基础。

微课视频：《孟子的"义利观"》

二、孟子的"义利观"

孟子以孔子"仁"的思想为根基，发扬其独到之"义"，形成了自己的"义利观"。

第一，"义"是君子、"仁"人应该追求的目标。孟子认为，"义"是"人之正路"，为了"义"，宁可放弃生命："生，亦我所欲也；义，亦我所欲也；二者不可得兼，舍生而取义者也。"孟子强调，在任何情况下都不能放弃"义"。此外，孟子还说："仁，人心也；义，人路也。"他认为，"仁"是人先天的本性，"义"是人后天的行为，因此他主张"居仁由义"，认为只有后天行为遵从了"义"的人，才可以在先天本性的基础上真正成为一个"仁"人。

第二，"义"是一种价值准则。孟子认为，"义"应该主导人们的价值观，见"利"要思"义"，不义则不为。"非其有而取之，非义也。"孟子认为，获取本不属于自己的东西，是不义的行为。此处的"东西"既可指个人私利、小集团利益，也可指国家利益。孟子曾说："春秋无义战。"（《孟子·尽心下》）孟子认为，春秋时期各国间的纷争皆是诸侯对自身利益的追逐，都是不义的。因此，孟子追求的"义"是在利益与道义发生冲突时应坚守的一种准则，一种"道义优先于利益"的价值观。

第三，"义"是一种约束。孟子认为，遵守"义"，人们就能理智地面对外界的各种利益诱惑，达到一种自律自制、以德自谦的境地。孟子曾说："居天下之广居，立天下之正位，行天下之大道；得志，与民由之；不得志，独行其道。"这条"天下之大道"就是大义之道。在孟子看来，"义"作为一种准则，可以约束人的行为，使人行为得当。

章句品读

章句（一）至（四）：孟子在治国以及个人志向追求、修身等方面皆主张以"义"为重。

音频：《义利之辨》章句诵读

（一）

孟子见梁惠王[1]。王曰："叟！不远千里而来，亦将有以利吾国乎？"

孟子对曰："王何必曰利？亦[2]有仁义而已矣。王曰：'何以利吾国？'大夫[3]曰：'何以利吾家[4]？'士、庶人曰：'何以利吾身？'上下交征[5]利而国危矣。万乘[6]之国，弑其君者，必千乘之家；千乘之国，弑其君者，必百乘之家。万取千焉，千取百焉[7]，不为不多矣。苟为后义而先利，不夺不餍[8]。未有仁而遗其亲者也，未有义而后其君者也。王亦曰仁义而已矣，何必曰利？"

——《孟子·梁惠王上》

【注释】

（1）梁惠王：即魏惠王（前369—前319年在位），战国时期的魏国国君。魏惠王在位时，因迫于秦国压力，将都城从安邑（今山西夏县西北）迁到大梁（今河南开封），故亦称梁惠王。

（2）亦：只；仅仅。

（3）大夫：先秦时代职官等级名，国君之下有卿、大夫、士三级。

（4）家：大夫的封邑，又称采地。封邑是诸侯封赐所属卿、大夫作为世禄的田邑（包括土地上的劳动者在内），又称采（cài）地。

（5）交征：互相争夺。征：夺取。

（6）乘（shèng）：量词。古代用四匹马拉的一辆兵车叫一乘，一乘兵车上有甲士三人，后有普通步兵七十二人，共七十五人。古代常以兵车的多少衡量诸侯国或卿大夫封邑的大小。万乘之国就是当时的大国。

（7）万取千焉，千取百焉：万份中占有千份，千份中占有百份。

（8）餍（yàn）：满足。

【今译】

孟子谒见梁惠王。梁惠王说："老先生！您不远千里而来，能给我的国家带来什么利益呢？"

孟子答道："大王您何必开口就讲利益呢？只要讲仁义就行了。大王说：'怎样才能对我的国家有利呢？'卿大夫也说：'怎样才能对我的封地有利呢？'那一般士子以至老百姓也都说：'怎样才能对我本人有利呢？'这样，上上下下互相追逐私利，那国家就危险了。在拥有一万辆兵车的国家里，能杀掉其国君的，一定是拥有一千辆兵车的卿大夫；在拥有一千辆兵车的国家里，能杀掉其国君的，一定是拥有一百辆兵车的卿大夫。这些卿大夫在一万辆兵车的国家中就拥有一千辆兵车，在一千辆兵车的国家中就拥有一百辆兵车，他们的兵力不能说是很多的了。可是，如果他们把义放在后而优先考虑自己的利益，那他们不夺得国君的王位是永远不会满足的。从来没有推崇'仁'的人会抛弃自己的父母，也从来没有推崇'义'的人会不顾自己的君王。所以，大王只讲仁义就行了，何必要讲利益呢？"

【解读】

本章是《孟子》一书的开篇,既是对当时社会状况的反映,也是理解《孟子》一书的关键,关乎全书主旨。从梁惠王称孟子为"叟"可以知道,这是孟子游历诸国晚期的事情。据考证,孟子在滕国推行仁政失败后,听说魏惠王招贤纳士,于是率领门徒"后车数十乘,从者数百人"浩浩荡荡来到魏国。孟子到魏国时,梁惠王正经历了一连串的军事失败,故急切地问:能给我的国家带来什么利益?于是二人有了这场关于义利观的著名对话。

梁惠王"何以利吾国"的"利"并非一般物质意义上的利,而是以"富国强兵"为利,实际上是梁惠王想扩张疆土,臣服秦、楚的"大欲"。对此孟子明确回答:"大王何必说利?只要行仁义就行了。"孟子的义利之辨告诉梁惠王,人不能没有道德原则,一味地追逐利益,这样下去的话,则诸侯想着取代天子,卿大夫想着取代诸侯,士想着篡夺卿大夫,使社会陷入混乱之中。孟子推崇的"仁义",即主张治国之道在于建立公平、正义以及人与人之间的良善关系。

微课视频:《梁惠王简介》

【典章印证】

太史公曰:"余读孟子书,至梁惠王问'何以利吾国',未尝不废书而叹也。曰:'嗟乎,利诚乱之始也!'夫子罕言利者,常防其原也。故曰:'放于利而行,多怨。'自天子至于庶人,好利之弊何以异哉!"

——《史记·孟子荀卿列传》(汉·司马迁)

意译:

太史公说:"我读《孟子》,每当读到梁惠王问'怎样使我的国家获利'时,总不免放下书本而有所感叹。说:'唉,谋利真是一切祸乱的开始呀!'孔子极少讲关于利的问题,其原因就是想从根本上防备这个祸乱的根源。所以他说:'为了个人的利益而行动,会招致很多怨恨。'上自天子下至平民,好利的弊病都存在,有什么不同啊!"

(二)

宋牼(1)将之楚,孟子遇于石丘(2),曰:"先生将何之?"

曰:"吾闻秦楚构兵(3),我将见楚王说(4)而罢之。楚王不悦,我将见秦王说而罢之。二王我将有所遇(5)焉。"

曰:"轲也请无问其详,愿闻其指(6)。说之将何如?"

曰:"我将言其不利也。"

曰:"先生之志则大矣,先生之号(7)则不可。先生以利说秦楚之王,秦楚之王悦于利,以罢三军之师,是三军之士乐罢而悦于利也。为人臣者怀利以事其君,为人子者怀利以事其父,为人弟者怀利以事其兄,是君臣、父子、兄弟终去仁义,怀利以相接,然而不亡者,未之有也。先生以仁义说秦楚之王,秦楚之王悦于仁义,而罢三军之师,是三军之士乐罢而悦于仁义也。为人臣者怀仁义以事其君,为人子者怀仁义以事其父,为人弟者怀仁义以事其兄,是君臣、父子、兄弟去利,怀仁义以相接也,然而不王(8)者,未之有也。何必曰利?"

——《孟子·告子下》

【注释】

（1）宋牼（kēng）：战国时期宋国的著名学者，反对战争，主张和平。《庄子·天下》中记载其人具体作风为"见侮不辱，救民之斗，禁攻寝兵，救世之战。"
（2）石丘：地名，地址不详。
（3）构兵：出兵交战。
（4）说（shuì）：劝说。
（5）遇：说服、意见相合。
（6）指：同"旨"，大概的意思。
（7）号：提法，说法。
（8）王（wàng）：指以行王道而统治天下。

【今译】

宋牼准备到楚国去，孟子在石丘这个地方遇上了他。孟子问："先生准备到哪里去？"

宋牼说："我听说秦楚两国交战，我打算去见楚王，劝说他罢兵。如果楚王不听，我将去见秦王，劝说他罢兵。在这两个君王中，我总会说服一个。"

孟子说："我不想问得太详细，只想知道你的大意，你准备怎样去劝说他们呢？"

宋牼说："我将告诉他们，交战是很不利的。"

孟子说："先生的动机是很好的，可是先生的提法却不行。先生用利去劝说秦王楚王，秦王楚王因为有利而高兴，于是停止军事行动；军队的官兵也因为有利而高兴，于是乐于罢兵。作为臣子如果怀着谋求私利的目的去侍奉君主，作为儿子如果怀着谋求私利的目的去侍奉父亲，作为弟弟如果怀着谋求私利的目的去侍奉兄长，这样就会导致君臣、父子、兄弟之间最终抛弃仁义，而只以利益来相互对待，然而这样做却不导致国家败亡，是从来没有过的。如果先生用仁义的道理去劝说秦楚两国的国君，秦楚两国的国君因喜欢仁义而停止军事行动，这样军队的官兵也因喜欢仁义而乐于罢兵。做臣子的怀着仁义之心侍奉君主，做儿子的怀着仁义之心侍奉父亲，做弟弟的怀着仁义之心侍奉兄长，这样君臣、父子、兄弟之间都去掉利己之心，心怀仁义来互相对待，这样还不能使天下归服，是绝不会有的。何必要去说'利'呢？"

【解读】

本章与上一章"孟子见梁惠王"的观点相似，显示了孟子的一贯立场。孟子批评宋牼说，在利益诱惑下的停战没有用，甚至会带来更大的危害。因为唯利是图的想法一旦蔓延开来，就会导致人与人之间、国家与国家之间最终抛弃仁义，而只以利益来相互对待，这必然会导致国家走向灭亡。这段话体现了孟子"以仁义为本"的政治思想。在孟子看来，仁义是人心之本，以仁义而非利益来治理国家和处理人际关系，是实现社会和谐与统一天下的关键。

【典章印证】

孟献子曰："畜马乘不察于鸡豚，伐冰之家不畜牛羊，百乘之家不畜聚敛之臣，与其有聚敛之臣，宁有盗臣。"此谓国不以利为利，以义为利也。 ——《礼记·大学》

意译：

孟献子说："家中有车马的大夫之家，不必在意养鸡、养猪的事；卿大夫以上按照礼制享有一定的采邑,就不该再去养牛、牧羊;拥有百辆兵车的诸侯之家,就不该豢养搜刮民财的家臣。与其有搜刮民财的家臣,还不如有偷盗东西的家臣。"这是说治国不能把追逐利益当成对国家有利,而应以道义为利啊。

(三)

孟子曰:"鸡鸣而起,孳孳(1)为善者,舜之徒也;鸡鸣而起,孳孳为利者,跖(2)之徒也。欲知舜与跖之分,无他,利与善之间也(3)。"

——《孟子·尽心上》

【注释】

(1)孳孳(zī):勤勉之意。

(2)跖(zhí):相传为柳下惠的弟弟,春秋时的大盗。《庄子》有《盗跖篇》,说他"从卒九千人,横行天下,侵暴诸侯,穴室枢户,驱人牛马,取人妇女"等。

(3)间(jiàn):同"异","不同"的意思。

【今译】

孟子说:"鸡叫就起身,孜孜不倦地行善的人,是舜一类的人;鸡叫就起身,一刻不停地求利的人,是跖一类的人。要想知道舜和跖的区别,没有别的,求利和求善的不同罢了。"

【解读】

此章是说圣人与其他人的不同之处。舜和跖是不同类的人,之所以会有本质上的区别,在于两者立志不同,舜追求的是善,而跖追求的是利。孟子通过对比"为善"与"为利"两种不同的人生态度和行为,阐述了道德追求与个人品质的重要性。

【典章印证】

子曰:"苟志于仁矣,无恶也。"言志之不可不定也。故志在乎道义,未有入于货利者也;志乎货利,未有幸而为道义者也。志乎道义,则每进而上;志乎货利,则每趋而下。其端甚微,其效甚巨,近在胸臆之间,而远周天地之内;定之一息之顷,而著之百年之久。孟子曰:"鸡鸣而起,孳孳为善者,舜之徒也。鸡鸣而起,孳孳为利者,跖之徒也。欲知舜跖之分,无他,利与善之间也。"人之所以孳孳终其身不已者,志在故耳。志之为物,往而必达,图而必成。及其既达,则不可以返也;及其既成,则不可以改也。于是为舜者安享其为舜,为跖者未尝不自悔其为跖,而已莫可致力矣。岂跖之聪明材力不舜若欤?所志者殊耳。呜呼!学者一日之志,天下治乱之原,生人忧乐之本矣。

——《辨志》(清·张尔歧)

意译:

孔子说:"如果一个人立志追求仁德,那么他就不会去做恶事。"这是说志向是不可不定的。所以如果志向在于道义,那么人就不会被利益所诱惑;如果志向在于逐利,那么人就很难做到遵循道义。志向于道义的人,会不断进步、提升;而志向于逐利的人,往往会逐渐堕落。这种志向的微小差别,其效果却是巨大的。它虽然只存在于个人的内心之中,但却能影响到个人的整个生命历程,甚至对社会产生深远的影响。一旦确立了正确的志向,即使只是一瞬间的决定,也能在百年之后留下显著的印记。孟子说:"鸡鸣就起来,勤勉努力地行善的,是舜一类的人;鸡鸣就起来，勤勉努力地谋利的，是跖一类的人。要知道舜、跖的区别，没有别的，无非是贪利和行善的区别罢了。"人们之所以一辈子勤勉不息，都是因为有志向啊。志向这东西，一旦追求就一定能达到，一旦谋划就一定能成功。达到了就无法回头，成功了就无法更改。所以啊，成为舜那样贤明的君主，就安享贤名；成为跖那样的大盗，就难免后悔，但已经无可挽回了。难道是跖的才智比不上舜吗？不是的，是因为他们的志向不同罢了。唉，学者的志向，可是天下治乱、百姓忧乐的根源啊。

（四）

孟子曰："人不足与适⁽¹⁾也，政不足与间⁽²⁾也，惟大人⁽³⁾为能格⁽⁴⁾君心之非。君仁，莫不仁；君义，莫不义；君正，莫不正。一正君而国定矣。"

——《孟子·离娄上》

【注释】

（1）适：同"谪（zhé）"，"责备"的意思。
（2）间（jiàn）：非议。
（3）大人：指有德行、有智慧、能够担当重任的人。
（4）格：纠正、匡正。

【今译】

孟子说："一般人是不值得去责备的，政事也不值得去非议。只有品德高尚、有智慧的贤德之人，才能够纠正君王心中的错误想法。如果君王仁爱，就没有人不仁爱；如果君王讲道义，就没有人不讲道义；如果君王正直，就没有人不正直。只要君王品行端正了，国家也就安定了。"

【解读】

孟子此句话意在申明"上行下效"的道理，认为一国之君应首先具备"仁义"的品质，整个国家才能普遍遵循，进而内化为一种行为准则。孟子的这一观点强调了领导者的重要性，认为领导者的品德和行为对于整个国家和社会具有深远的影响。

【典章印证】

故乐也者，动于内者也；礼也者，动于外者也。乐极和，礼极顺。内和而外顺，则民瞻其颜色而弗与争也，望其容貌而民不生易慢焉。故德辉动于内，而民莫不承听；理发诸外，而民莫不承顺。故曰：致礼乐之道，举而错之天下，无难矣。

——《礼记·乐记》

意译：

所以，乐是影响人的内心的，礼是端正人的外表的。乐使人极其平和，礼使人极其恭顺。内心平和而外表恭顺，那么人们看到这样的气色表情就不会同他争斗，看到这样的仪表举止就不会产生轻佻怠慢的念头。因此，（君主）内心萌动德行的光辉，百姓没有不听从的；（君主）以仁德作为行为准则，百姓没有不顺从的。所以说：推行礼乐之道，施行于天下，就没有什么困难了。

章句（五）（六）：孟子肯定人有利益需求，但应遵守礼义道德，并正确分辨义与利。

（五）

后稷⁽¹⁾教民稼穑，树艺⁽²⁾五谷⁽³⁾；五谷熟而民人育。人之内道也，饱食、暖衣、逸居而无教，则近于禽兽。圣人有⁽⁴⁾忧之，使契⁽⁵⁾为司徒，教以人伦：父子有亲，君臣有义，夫妇有别，长幼有叙，朋友有信。

——《孟子·滕文公上》

【注释】

（1）后稷：相传为周朝的始祖，尧舜时为农师。《诗经·大雅·生民》便是歌咏其事的乐章。
（2）树艺：种植。
（3）五谷：指"稻、黍、稷、麦、菽"。稻：水稻。黍：黄米之粘者，可以酿酒。稷：小米。麦：小麦。菽：豆类的总称。
（4）"有"：同"又"。
（5）契（xiè）：人名，相传是殷的祖先，姓子，尧帝时任司徒。

【今译】

后稷教导百姓耕种收获，栽培五谷。五谷成熟了便可以养育百姓。人之所以为人，吃饱了，穿暖了，住得安逸了，如果没有接受教化，那就和禽兽差不多。圣人为此感到忧虑，便派契担任司徒，负责教导人们人伦之道：父子之间有骨肉之亲，君臣之间有礼义之道，夫妻之间有内外之别，老少之间有尊卑之序，朋友之间有诚信之德。

【解读】

这段话讲述了古代圣人对民众生活的关怀与教育，尤其体现了对于道德与教育的重视。孟子认为，当人们摆脱贫困和饥饿之后就应当接受教育，认识到"义"的重要性，在各种关系中用礼义调节自己的行为。孟子的话告诉我们，人仅仅满足物质需求是不够的，还需要注重精神层面的提升和道德修养。

【典章印证】

故曰："仓廪实而知礼节，衣食足而知荣辱。"礼生于有而废于无。故君子富，好行其德；小人富，以适其力。渊深而鱼生之，山深而兽往之，人富而仁义附焉。富者得执益彰，失执则客无所之，以而不乐。夷狄益甚。谚曰："千金之子，不死于市。"此非空言也。故曰："天下熙熙，皆为利来；天下攘攘，皆为利往。"夫千乘之王，万家之侯，百室之君，尚犹患贫，而况匹夫编户之民乎。

——《史记·货殖列传》（汉·司马迁）

意译：

所以说："仓库储备充实，老百姓才能懂得礼节，衣食丰足，老百姓才能分辨荣辱。"礼仪是在富有的时候产生的，在贫困的时候就废弃了。因此，君子富有了，才能施恩德；平民富有了，才能将精力用在更适当的地方。水深，里面就会有鱼；山林茂密，野兽就会聚集；人民富了，仁义自然就归附于他们了。富人得了势，声名就更加显赫；一旦失势，就没有宾客会再登门了，因而不快活。在夷狄外族，这种情况则更厉害。俗话说："家有千金的人，就不会因犯法而死于市井。"

这并不是空话啊。所以说:"天下的人乐融融,都是为财利而来;天下的人闹嚷嚷,都是为着财利而往。"即使有千乘兵车的国君,有万家封地的诸侯,有百室封邑的大夫,尚且担心贫穷,何况编在户口册子上的普通百姓呢!

(六)

孟子致为臣而归(1)。王就见孟子,曰:"前日愿见而不可得;得侍同朝,甚喜;今又弃寡人而归,不识可以继此而得见乎?"

对曰:"不敢请耳,固所愿也。"

他日,王谓时子(2)曰:"我欲中国(3)而授孟子室,养弟子以万钟(4),使诸大夫国人皆有所矜式(5)。子盍为我言之?"

时子因陈子(6)而以告孟子,陈子以时子之言告孟子。

孟子曰:"然,夫时子恶知其不可也?如使予欲富,辞十万而受万,是为欲富乎?季孙(7)曰:'异哉子叔疑(8)!使己为政,不用,则亦已矣,又使其子弟为卿。人亦孰不欲富贵?而独于富贵之中有私龙断(9)焉。'古之为市也,以其所有易其所无者,有司者治之耳。有贱丈夫(10)焉,必求龙断而登之,以左右望而罔市利。人皆以为贱,故从而征之。征商自此贱丈夫始矣。"

——《孟子·公孙丑下》

【注释】

(1)致为臣而归:指孟子辞去齐宣王的客卿而归故乡。致,在古代有"致仕""致禄""致政"等多种说法,其中的"致"都是"归还"的意思。

(2)时子:齐王的臣子。

(3)中国:在国都中,指临淄城。中:在这里是介词。国:国都。

(4)万钟:钟,古代量器。齐国量器有豆、区、釜、钟四种。每豆四升,每区四斗,每釜四区,每钟十釜。万钟为六万四千石。

(5)矜式:敬重,效法。

(6)陈子:即孟子的学生陈臻。

(7)季孙:赵歧注为孟子的弟子,朱熹则认为"不知何时人"。

(8)子叔疑:人名,与季孙一样不可考。

(9)龙断:即"垄断"。原意是名词,指高而不相连属的土墩子,后逐渐引申为把持、独占。

(10)丈夫:对成年男子的通称。

【今译】

孟子将要辞去齐国的官职准备回乡。齐王专门去看望孟子说道:"往日想见到先生没有机会,后来终于得以同朝共事,我感到很高兴。如今先生又要舍弃寡人回国,不知道今后是否还可以再见到先生?"孟子回答说:"我不敢请求罢了,这本来就是我的愿望。"过了几天,齐王对臣下时子说:"我想在我的都城中送一座宅第给孟子,再以万钟的俸禄来供养他的弟子,使各位大夫以及国人都能敬重和效法。您何不替我给孟子说说呢?"时子便托陈子把这话转告给孟子。陈子于是把时子的话告诉了孟子。孟子说:"是的。时子哪里知道这事不可以呢?如果我是贪图财富的人,辞去十万钟俸禄的官不做却去接受一万钟的赏赐,这是想要更富的做法吗?季孙说过:'子叔疑真是奇怪！自己想要做官，不被任用，就算了嘛，却又让自己的弟子去做卿大夫。谁不想富贵呢？可他却因私心想垄断富贵的机会。'古代设立市场，是让人们拿出自己多余的东西来交换自己没有的东西，有专门的官吏进行管理罢了。有一种卑鄙小人，总是想方设法让自己登上垄断的高位，以便左右观望，网罗市场交易的最大利益。人们都认为这是卑鄙的，于是官府就对他征税。对商人征税，就是从这个卑鄙小人开始的。"

【解读】

孟子受到齐宣王的重视，甚至做了齐国的客卿，但齐宣王始终不愿意施行孟子提出的"仁政"，所以孟子只能辞职归家了。当齐宣王通过臣下来转达想留住孟子的愿望时，孟子的回答表明了自己做官不是为了个人发财致富，而是为了实现政治抱负，济世救民。孟子在这段话中批判了那些利用权势或地位谋取私利的行为，反映了孟子对于道义与富贵之间关系的看法，即不应以牺牲道义为代价去追求富贵。

孟子的这段话告诉我们，人在利益面前应坚守道义，不应因私欲而丧失本心。

【典章印证】

陈臻问曰："前日于齐，王馈兼金一百，而不受；于宋，馈七十镒而受；于薛，馈五十镒而受。前日之不受是，则今日之受非也；今日之受是，则前日之不受非也。夫子必居一于此矣。"孟子曰："皆是也。当在宋也，予将有远行，行者必以赆；辞曰：'馈赆。'予何为不受？当在薛也，予有戒心；辞曰：'闻戒，故为兵馈之。'予何为不受？若于齐，则未有处也。无处而馈之，是货之也。焉有君子而可以货取乎？"

——《孟子·公孙丑下》

意译：

陈臻问道："以前在齐国的时候，齐王送给您好金一百镒，您不接受；到宋国的时候，宋王送给您七十镒，您却接受了；在薛地，薛君送给您五十镒，您也接受了。如果以前的不接受是正确的，那后来的接受便是错误的；如果后来的接受是正确的，那以前的不接受便是错误的。老师您总有一次做错了吧。"

孟子说："都是正确的。当在宋国的时候，我准备远行，对远行的人理应送些盘缠。所以宋王说：'送上一些盘缠。'我怎么不接受呢？当在薛地的时候，我听说路上有危险，需要戒备。薛君说：'听说您需要戒备，所以送上一点买兵器的钱。'我怎么能不接受呢？至于在齐国，则没有任何理由。没有理由却要送给我一些钱，这等于是用钱来收买我。哪里有君子可以拿钱收买的呢？"

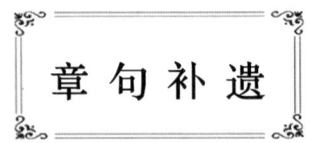

章句补遗

1. 孟子曰："无罪而杀士，则大夫可以去；无罪而戮民，则士可以徙。"

——《孟子·离娄下》

2. 孟子曰："非礼之礼，非义之义，大人弗为。" ——《孟子·离娄下》

3. 孟子曰："大人者，言不必信，行不必果，惟义所在。"
　　　　　　　　　　　　　　　　　　　　　　　　　——《孟子·离娄下》
4. 孟子曰："人之所以异于禽兽者几希，庶民去之，君子存之。舜明于庶物，察于人伦，由仁义行，非行仁义也。"
　　　　　　　　　　　　　　　　　　　　　　　　　——《孟子·离娄下》
5. 孟子曰："有天爵者，有人爵者。仁义忠信，乐善不倦，此天爵也；公卿大夫，此人爵也。古之人修其天爵，而人爵从之。今之人修其天爵，以要人爵；既得人爵，而弃其天爵，则惑之甚者也，终亦必亡而已矣。"
　　　　　　　　　　　　　　　　　　　　　　　　　——《孟子·告子上》
6. 孟子曰："春秋无义战。彼善于此，则有之矣。征者，上伐下也，敌国不相征也。"
　　　　　　　　　　　　　　　　　　　　　　　　　——《孟子·尽心下》

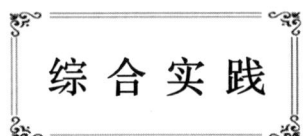

传统文化主题践行活动：辨义利

一、传统文化践行主题

本章传统文化践行活动的主题是"辨义利"。通过深入学习和理解孔子和孟子的"义利观"，引导学生追求正确的价值观和正义感，成为有德行、有担当的新时代青年。

孟子明确倡导，一个国家或社会，不能先利后义，必须要先义而后利，才能得到有序发展。这一价值观既是治国理政的价值观，也是社会关系的价值观，更是人生道德选择的价值观。

二、文化践行活动

根据本校实际情况，结合学生特点，在以下文化践行活动中任选一项进行。

（一）文化践行活动一：撰写观察报告《生活中的"义"与"利"》

1. 活动目标

通过观察现实生活中的"义"与"利"表现，学会运用理性去辨别善恶是非，树立正确的价值观，明确"义"与"利"的原则和边界，并培养文字书写能力和知识迁移能力，增强"从现象到本质"的理性思维。

2. 活动类型

校内实践+校外实践。

3. 活动方案

（1）围绕"义"与"利"的内涵和表现，细心观察并记录生活中能够体现"义利之辨"的典型行为。

（2）积累素材。将自己观察记录的现象和行为进行归纳和整理，以便形成文字报告。

（3）按照规范格式撰写观察报告并提交。报告中要总结自己对"义"与"利"的思考和看法。

4. 活动要求

（1）观察报告应始终围绕"义利之辨"这一主题展开。

（2）最终提交的观察报告要符合规范，应包含以下要素：标题、正文（观察背景、观察目标、观察内容、观察结果、体会感想）、结论。

（3）在观察报告中可以附带图片佐证，或以表格、数据等形式进行辅助说明。

（二）文化践行活动二：情景剧《"义"还是"利"？》

1. 活动目标

围绕生活中、学习中碰到的关于"义与利"的抉择问题，选择典型事件来编制情景短剧。通过剧情演绎，丰富学生的课余生活，促使学生针对"义利"该如何选择这一问题进行深度思考和讨论。通过情景短剧传递积极向上的正能量，弘扬社会主义核心价值观。

2. 活动类型

校内实践。

3. 活动方案

（1）分组：以3~4个人为一个小组，通过分工协作，明确各自的职责，合作完成情景剧的创作和展示。

（2）创作剧本：内容取材于真实生活，可以进行一定的艺术加工，围绕"义"与"利"应该怎样取舍来进行创作，重点突出人物的心理刻画，传达出对"义利"如何抉择的看法。

（3）排练剧目：结合情景剧的内容，准备表演所需要的道具、服装、音乐等，在课上展示。

4. 活动要求

（1）各小组在人员分工上要明确，一旦落实，每个人必须承担起自己的职责，以保证情景剧能顺利完成。

（2）情景剧在内容上应紧扣主题，情节衔接流畅；在思想上要积极向上、文明健康。

（3）在情景剧表演结束后，其他同学要给予点评，肯定优点的同时提出建议，便于今后改进和优化。

（三）文化践行活动三：课堂小辩论"'先义后利'还是'先利后义'？"

1. 活动目标

组织学生围绕"先义"还是"先利"进行多角度、多层次、多视角的辩论。在辩论中，激活思维，调动学习积极性，培养团队协作能力、思辨表达能力和分析比较能力。

2. 活动类型

校内实践。

3. 活动方案

（1）组建队伍：在班级内组建正反方两支队伍，每队需要4名队员。

（2）教师开场致辞，宣布辩题并介绍两方代表队及所持立场。

（3）按照立论、攻辩、自由辩、正反方陈词等环节开始辩论，整体辩论时间控制在三十分钟以内。

（4）辩论结束后，教师和其他同学进行评析发言。

4. 活动要求

（1）立论环节要求逻辑清晰、言简意赅。

（2）攻辩环节由正方二辩开始，然后正反方交替进行。

（3）自由辩论必须交替进行。当自由辩论开始时，先由正方任意一名队员起立发言。完毕后，反方的任意一位队员应立即发言。

（4）陈词环节应恰当地引经据典，所持观点清晰，表述层次分明，语言自然流畅。

贰 《孟子》选章品读

第四章 知言养气

导 读

孟子的"知言养气"是其哲学思想中的重要组成部分,其中"浩然之气"和"大丈夫精神"是其伦理道德观的核心。

微课视频:《浩然之气与大丈夫精神》

"浩然之气"是孟子提出的一种至大至刚的精神气质。"浩然之气"不是一般所谓的"精气""血气",而是充满正义、充满仁义道德的正气、骨气,一种正大刚直的精神。孟子认为,"浩然之气"是由内心的"义"积聚产生的,如果行为不能使内心快意,那么"浩然之气"也会萎缩。所以,"浩然之气"的培养需要个体的自我修养和道德实践,是一种内在的道德自觉。在孟子看来,"浩然之气"是实践修养过程中所追求的生命境界和理想的人格状态。

在孟子的思想中,最能体现"浩然之气"的当属其对"大丈夫"的描述。"大丈夫精神"是孟子倡导的一种理想的人格追求,即在任何情况下都能坚持道德原则和个人尊严,不为外界的富贵、贫贱或威武所动摇。孟子认为,大丈夫应当"居天下之广居,立天下之正位,行天下之大道",无论是得志还是不得志,都能坚守自己的道德信念和行为准则,这也是孟子所说的"穷则独善其身,达则兼善天下"。由此观之,"大丈夫精神"体现了孟子对于个人在社会中应承担的角色和行为的期望,强调了个人的道德责任和社会责任。

孟子的这些思想对后世产生了深远的影响。在中国历史上,许多仁人志士都以孟子的"浩然之气"和"大丈夫精神"作为人生追求的目标,这些思想是中华优秀传统文化中的重要价值观,对中国几千年来的政治和社会伦理产生了深刻的影响。在当代社会,这些思想仍具有重要的现实意义,鼓励着人们追求高尚的道德情操和人格修养。

章句品读

音频：《知言养气》章句诵读

章句（一）：孟子详细论述了何为"浩然之气"。

（一）

"敢问夫子恶乎长？"

曰："我知言⑴，我善养吾浩然⑵之气。"

"敢问何谓浩然之气？"

曰："难言也。其为气也，至大至刚，以直养而无害⑶，则塞于天地之然。其为气也，配义与道；无是，馁⑷也。是集义所生者，非义袭而取之也。行有不慊⑸于心，则馁矣。我故曰，告子⑹未尝知义，以其外之也。必有事焉，而勿正⑺，心勿忘，勿助长也。无若宋人然：宋人有闵⑻其苗之不长而揠⑼之者，芒芒然⑽归，谓其人⑾曰：'今日病⑿矣！予助苗长矣！'其子趋而往视之，苗则槁⒀矣。天下之不助苗长者寡矣。以为无益而舍之者，不耘苗者也；助之长者，揠苗者也，非徒无益，而又害之。"

"何谓知言？"

曰："诐辞⒁知其所蔽，淫辞⒂知其所陷⒃，邪辞知其所离，遁辞⒄知其所穷。——生于其心，害于其政；发于其政，害于其事。圣人复起，必从吾言矣。"

——《孟子·公孙丑上》

【注释】

（1）知言：善于分析别人的言语。

（2）浩然：盛大而流动的样子。朱熹《集注》云："盛大流行之貌。"

（3）以直养而无害：用正直（义）来培养它而不加损害。

（4）馁：缺乏力量的样子。

（5）慊：痛快。

（6）告子：名不详，可能曾受教于墨子。

（7）正："止"的意思。

（8）闵：担心，忧愁。

（9）揠（yà）："拔"的意思。

（10）芒芒然：疲倦的样子。

（11）其人：指他家里的人。

（12）病：疲倦，劳累。

（13）槁：干枯。

（14）诐（bì）辞：偏颇的言辞。

（15）淫辞：夸张、过分的言辞。

（16）陷：指与事实相背离之处。

（17）遁辞：躲闪的言辞。

【今译】

公孙丑说:"请问老师擅长哪方面?"

孟子说:"我能识别各种言论,我善于培养我的浩然之气。"

公孙丑说:"请问什么叫浩然之气?"

孟子说:"这难说清楚啊。那浩然之气,最为宏大、最为刚强,靠正直去培养它而不伤害它,就会充满天地之间。作为浩然之气,要和义与道配合;没有这些,它就会萎缩。它是义在内心不断积累而产生的,不是偶尔的正义行为就能获取的。如果行为有愧于心,这气就萎缩了。所以我说,告子不懂得义,因为他把义看作外在的东西。(对浩然之气,)一定要培养它,不能停止下来;心里不能忘记它,也不要妄自助长它。不要像宋国人那样:有个宋国人担心他的禾苗长不高而用手去把它们拔高,累得气喘吁吁地回家,对他家里人说:'今天把我累坏啦!我帮助禾苗长高了!'他的儿子跑去地里一看,禾苗都枯萎了。天下不拔苗助长的人实在很少啊。以为(培养浩然之气)没有用处而放弃的人,就像不给禾苗锄草的懒汉;妄自帮助它生长的,就像拔苗助长的人,非但没有好处,反而危害了它。"

公孙丑问:"什么叫能识别各种言论?"

孟子说:"偏颇的言论,知道它不全面的地方;过激的言论,知道它陷入错误的地方;邪僻的言论,知道它背离正道的地方;闪烁其词的言论,知道它理亏的地方。(这些言论)从心里产生出来,会危害政治;从政治上表现出来,会危害各种事业。如果圣人再世,也一定会同意我的见解。"

【解读】

在这篇文章中,孟子提出了"浩然之气"的著名论断。孟子认为浩然之气是"配义与道""是集义所生者",是天地间至善、至德的集合。在这段对话中,孟子通过生动的比喻,阐述了培养浩然之气的方法及重要性,同时以拔苗助长的示例强调了做事应遵循自然规律,不可急于求成,意指浩然正气的培养是一个积累的过程,是在遵循天道至理前提下,由内而外、坚定不移、持之以恒的道德实践过程。

【典章印证】

《正气歌》(节选)

(南宋·文天祥)

天地有正气,杂然赋流形。
下则为河岳,上则为日星。
于人曰浩然,沛乎塞苍冥。
皇路当清夷,含和吐明庭。
时穷节乃见,一一垂丹青。

注:抗元英雄文天祥被俘后在元大都狱中写下了千古流传、掷地有声的铿锵之作《正气歌》。这首诗慷慨激昂,表现了文天祥坚贞不屈、浩然正气、为义献身之精神。

章句（二）：孟子论述了何为"大丈夫精神"。

（二）

景春曰⑴："公孙衍、张仪岂不诚大丈夫哉？一怒而诸侯惧，安居而天下熄⑵。"孟子曰："是焉得为大丈夫乎？子未学礼乎？丈夫之冠⑶也，父命⑷之；女子之嫁也，母命之，往送之门，戒之曰：'往之女家，必敬必戒，无违夫子！'以顺为正者，妾妇之道也。居天下之广居⑸，立天下之正位⑹，行天下之大道⑺。得志，与民由⑻之；不得志，独行其道。富贵不能淫⑼，贫贱不能移⑽，威武不能屈，此之谓大丈夫。"

——《孟子·滕文公下》

【注释】

（1）景春：战国中期魏国人，名衍，著名的纵横家，曾多次游说各国与秦国结盟，瓦解齐楚联盟，使秦国更为强大。

（2）熄：平息；止。赵注云："天下兵革熄也。"

（3）冠：古时男子二十岁称作成年，要举行加冠礼。

（4）命：训导，教导。

（5）广居：宽大的房子，孟子用来比喻"仁"。

（6）正位：正确的位置，孟子用来比喻"礼"。

（7）大道：大路，孟子用来比喻"义"。

（8）由：沿着大道走。

（9）淫：迷乱。赵注云："乱其心也。"

（10）移：改变，变节。朱熹《集注》云："变其节也。"又赵注释为"易其行"。

【今译】

景春说："公孙衍和张仪难道不是真正的大丈夫吗？他们一发怒诸侯就害怕，他们安静下来天下就太平无事。"

孟子说："这怎么能算是大丈夫呢？你没有学礼吗？男子举行加冠礼的时候，父亲给予训导；女子出嫁的时候，母亲给予训导，送她到门口，告诫她说：'到了你丈夫家里，一定要恭敬，一定要谨慎，不要违背你丈夫的意愿！'以顺从作为准则，是为人之妻遵循的原则。大丈夫应该住进天下最宽广的住宅（仁），站在天下最正确的位置（礼），走着天下最正确的道路（义）。能够实现自己的志向时，与百姓一同遵循正道而行；不能实现自己的志向时，就独自走自己的道路（独自坚持自己的原则）。富贵不能使其思想迷惑，贫贱不能使其操守动摇，威武不能使其意志屈服，这样的人才称得上大丈夫。"

【解读】

景春认为公孙衍、张仪能够左右诸侯（一怒而诸侯惧，安居而天下熄），是了不起的大丈夫。孟子则认为公孙衍、张仪之流靠摇唇鼓舌挑起国与国之间的战争，曲意顺从诸侯的野心，没有仁义道德的原则，不过是小人，哪里谈得上是大丈夫呢？孟子进而阐述了什么是真正的大丈夫："富贵不能淫，贫贱不能移，威武不能屈。"

孟子关于"大丈夫"的这段千古名言，句句闪耀着思想和人格力量的光辉，对后世产生了深远的影响，成为不少仁人志士不畏强暴、坚持正义的座右铭。

【典章印证】

万章从游于牛山之上,孟子喟然叹曰:"此齐景公流涕之所也,而其骨已朽矣。"万章曰:"古之人何以不朽?"孟子曰:"太上有立德,其次有立功,其次有立言,此之谓三不朽。古之人皆有死,君子虽死而求其不死者,若小人则未死而已死矣。"——《孟子外书·文说》

意译:

万章跟随孟子在牛山上游览,孟子长叹一声说道:"这里就是齐景公流泪的地方,而他的尸骨早已腐烂了。"万章问道:"古代的人有什么办法能够不朽呢?"孟子回答说:"最上等的是树立德行,其次是建立功业,再次是创立学说。这就是所说的三不朽。自古以来人都有一死,但是君子即便死了,人们仍然记得他,就像他还活着一样;而那些小人呢,虽然还活着,但在人们的心中却已经死了。"

章句(三):孟子倡导君子不因欲望而放弃为人的底线和理想信仰。

(三)

孟子曰:"一箪(1)食,一豆(2)羹,得之则生,弗得则死,呼尔而与之(3),行道之人弗受;蹴尔(4)而与之,乞人不屑也;万钟(5)则不辨礼义而受之。万钟于我何加焉?为宫室之美、妻妾之奉、所识穷乏者得我与(6)?乡(7)为身死而不受,今为宫室之美为之;乡为身死而不受,今为妻妾之奉为之;乡为身死而不受,今为所识穷乏者得我而为之,是亦不可以已乎?此之谓失其本心(8)。"——《孟子·告子上》

【注释】

(1)箪:古代盛食物的圆竹器。
(2)豆:古代一种木制的盛食物的器具。
(3)呼尔而与之:呼喝着给他(吃喝)。尔:语气助词。呼尔:呼喝(轻蔑地,对人不尊重)。
(4)蹴尔:践踏的样子。蹴:用脚踢。
(5)万钟:这里指优厚俸禄。钟:古代的一种量器,六斛四斗为一钟。
(6)所识穷乏者得我与:为了让我认识的穷人感激我的接济吗?穷乏者:穷人。得:通"德","感激"的意思。
(7)乡(xiàng):通"向",原先,从前。
(8)本心:本性。这里指人的羞恶之心。

【今译】

一筐饭,一碗汤,得到它就能活下去,得不到它就会饿死。可是呵斥着给别人吃,路过的饥民也不愿意接受;用脚踢着给别人吃,乞丐也不肯接受。(可是有的人)见了优厚俸禄却不辨是否合乎礼义就接受了。优厚的俸禄对我有什么好处呢?是为了住所的华丽、妻妾的侍奉和熟识的穷人感激我吗?从前(有人)为了(道义)(宁愿)死也不愿接受(别人的施舍),如今(有人)却为了住宅的华丽而接受了;从前(有人)为了(道义)(宁愿)死也不愿接受(别人的施舍),如今(有人)却为了得到妻妾的侍奉而接受了;从前(有人)为了(道义)(宁愿)死也不愿接受(别人的施舍),如今(有人)却为了让所认识的穷困之人感激他们的恩德而接受了它。这种(行为)难道不可以停止吗？这就叫丧失了人的天性（指羞恶廉耻之心）。

【解读】

这段话强调了人在面对利益时应坚守道义，不应因私欲而丧失本心。孟子通过"一箪食，一豆羹"的事例表明：即使是乞丐，在面对带有侮辱性的施舍时，也会主动地舍生取义。在孟子看来，人人都有重义之心，人在生与义不可兼得之时都应舍生取义。但是，在现实生活中却并非都是如此，有的人在穷困危急的情况下可以拒绝别人侮辱性的施舍，而在和平安宁的环境中却见利忘义。

【典章印证】

齐大饥，黔敖为食于路，以待饿者而食之。有饿者，蒙袂辑屦，贸贸然来。黔敖左奉食，右执饮，曰："嗟！来食！"扬其目而视之曰："予唯不食嗟来之食，以至于斯也！"从而谢焉，终不食而死。

——《礼记·檀弓下》

意译：

齐国发生了大饥荒，黔敖在路边放了食物以供饥饿的人来吃。有个饥饿的人用衣袖蒙着脸，无力地拖着脚步，莽撞地走来。黔敖左手端着食物，右手端着汤，说："喂！来吃吧！"那个饥民抬眼看着他，说："我正因为不吃被别人轻蔑施舍的食物，才落得这个地步！"黔敖追上前去向他道歉，他仍然不吃，最终饿死。

章句（四）：孟子倡导大丈夫应发愤图强。

（四）

孟子曰："舜发于畎亩⁽¹⁾之中，傅说举于版筑⁽²⁾之间，胶鬲⁽³⁾举于鱼盐之中，管夷吾举于士⁽⁴⁾，孙叔敖⁽⁵⁾举于海，百里奚⁽⁶⁾举于市。故天将降大任于是人也，必先苦其心志，劳其筋骨，饿其体肤，空乏其身，行拂乱其所为，所以动心忍性⁽⁷⁾，曾⁽⁸⁾益其所不能。人恒过，然后能改；困于心，衡⁽⁹⁾于虑，而后作；征于色，发于声，而后喻。入则无法家拂士，出则无敌国外患者⁽¹⁰⁾，国恒亡。然后知生于忧患而死于安乐也。"

——《孟子·告子下》

【注释】

（1）畎亩：在田里耕作。舜曾耕作于历山。

（2）版筑：古人筑墙，用两板相夹，在其中放上泥土，用杵将其筑牢。

（3）胶鬲：商周之际时期人物，原为贩卖鱼、盐的，后周文王把他举荐给商纣王，以作为内应。

（4）管夷吾举于士：管夷吾即管仲，"士"为狱官。

（5）孙叔敖：芈姓，名敖，字叔敖，是楚国名相，春秋时期杰出的政治家。

（6）百里奚：姜姓，百里氏，名奚，字子明，号五羖大夫，是春秋时期著名的政治家和思想家。他出生于虞国（今河南省虞城县），早年曾是虞国的大夫。

（7）忍性：使其性格坚忍。

（8）曾：同"增"。

（9）衡：同"横"。

（10）入则无法家拂士，出则无敌国外患者："入"指国内；"出"指国外；"拂"指辅佐。

【今译】

孟子说："舜从田野耕作中被起用，傅说从筑墙的工作中被举荐，胶鬲从贩卖鱼盐的工作中被举荐，管夷吾从狱官手里被救出来并受到任用，孙叔敖从海滨隐居的地方被举荐，百里奚从奴隶市场里被赎回来并被起用。所以上天要把重任降临在某人身上，一定要先使他内心痛苦，使他筋骨劳累，使他忍饥挨饿，使他身处贫困之中，使他的每一个行动都不如意，这样来激励他的心志，使他的性情变得坚忍，增加他所不具备的能力。一个人，发生错误是常有的，知错后才能改正；内心里困惑，思维困顿，才知道有所作为去改变；把愤怒表达出来，把心里的怨恨说出来，才能被人知晓。一个国家，在国内没有坚守法度的大臣和足以辅佐君王的贤士，在国外没有实力相当、足以抗衡的国家和来自国外的祸患，这样的国家常常会走向灭亡。这就是忧虑祸患能使人（或国家）奋发图强，而安逸享乐会使人（或国家）走向灭亡的道理。"

【解读】

此篇是《孟子》中的著名篇章，后世有识之士常用来勉励自己从逆境中奋起。艰苦的环境，是锻炼人的大好机会。一个人想要成就大事，一定要经历许多艰难困苦的事情。在这一过程中，锻炼意志，增长才干，磨炼心性，才能担当大任；而一味贪图享乐，在困难面前手足无措，绝望消沉，最终将一事无成。所以孟子得出结论：生于忧患，死于安乐。

【典章印证】

盖文王拘而演《周易》；仲尼厄而作《春秋》；屈原放逐，乃赋《离骚》；左丘失明，厥有《国语》；孙子膑脚，兵法修列；不韦迁蜀，世传《吕览》；韩非囚秦，《说难》《孤愤》，《诗》三百篇，大抵贤圣发愤之所为作也。　　　　——《报任安书》（节选）（汉·司马迁）

意译：

西伯姬昌被拘禁而扩写《周易》；孔子因受困窘而作《春秋》；屈原被放逐才写了《离骚》；左丘明失去视力才写了《国语》。孙膑被截去膝盖骨，撰写出《孙子兵法》；吕不韦被贬谪蜀地，才有后世流传的《吕氏春秋》；韩非被囚禁在秦国，写出《说难》《孤愤》，《诗》三百篇，这都是先圣贤人们遭遇困惑后发愤图强而写作的。

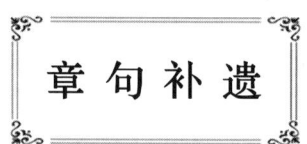

章 句 补 遗

1. 孟子曰："孔子登东山而小鲁，登泰山而小天下，故观于海者难为水，游于圣人之门者难为言。观水有术，必观其澜。日月有明，容光必照焉。流水之为物也，不盈科不行；君子之志于道也，不成章不达。"　　　　——《孟子·尽心上》

2. 孟子曰："天下有道，以道殉身；天下无道，以身殉道。未闻以道殉乎人者也。"
　　　　——《孟子·尽心上》

综合实践

传统文化主题践行活动：知言养气

一、传统文化践行主题

本章传统文化践行活动的主题是"知言养气"。本章通过传统文化主题践行活动，引导学生对儒家的人格修养进行深入理解，并在实践活动中，践行儒家思想所弘扬的崇高道德精神。

儒家思想尤为重视人的品格、修养的培养与提升，因而重视人的价值，重视人的主观能动性。孔子提出了"文质彬彬"的君子人格，孟子提出"穷则独善其身，达则兼善天下""富贵不能淫，贫贱不能移，威武不能屈"的大丈夫精神，荀子提出"权力不能倾也，群众不能移也，天下不能荡也"的君子德操。

二、文化践行活动

（一）文化践行活动一："培养君子人格 弘扬伟大气节"班级演讲比赛

1. 活动目标

通过演讲稿的写作和主题演讲的方式，提高学生对中华优秀传统文化所弘扬的崇高道德精神和品格的理解力和感受力，并将其化作内在动力，培养完善人格。

2. 活动类型

校内实践。

3. 活动方案

要求学生以"培养君子人格，弘扬伟大气节"为主题，结合古今案例，撰写演讲稿，并做一场五分钟的主题演讲。

4. 作品要求

（1）演讲稿要求为个人原创。

（2）演讲者在演讲过程中应注意语言流畅、情感表达准确。

（3）演讲者要求衣着得体，精神饱满，充分反映作品内涵。

（二）文化践行活动二：弘扬伟大精神，讲述英雄故事

1. 活动目标

通过讲述英雄故事，提高学生对中华优秀传统文化所弘扬的崇高道德精神和品格的理解力和感受力，树立正确价值观，厚植家国情怀。

2. 活动类型

校内实践。

3. 活动方案

（1）选择一位英雄的事迹进行故事改写。

（2）利用喜马拉雅、抖音等短视频平台，有感情地讲述英雄故事。

（3）班级评选出"最感人的英雄故事""最动听的英雄故事讲述者"。

4. 作品要求

（1）选择合适的短视频平台，要求本人出镜，自选场景，讲述英雄故事。

（2）讲述者在故事讲述过程中应注意语言流畅、情感表达准确。

（3）讲述者要求衣着得体，精神饱满，充分反映作品内涵。

（三）文化践行活动三：游览红色基地，传承英雄气概

1. 活动目标

通过参观、游览红色革命基地，了解英雄故事，传承孟子所倡导的大丈夫精神，进一步弘扬中华伟大精神，树立正确价值观，厚植家国情怀。

2. 活动类型

校外实践。

3. 活动方案

（1）选择一处当地的红色研学基地。在研学之前，对该红色革命基地和所弘扬的英雄事迹进行初步了解。

（2）在红色革命基地开展研学，深入了解英雄事迹，学习英雄的伟大精神。

（3）根据研学的经历，结合上课所学孟子的大丈夫精神，写一篇研学实践报告。

4. 作品要求

（1）研学实践报告要求根据真实的研学过程进行撰写，并结合上课所学知识。

（2）要求是原创作品，不得抄袭。

（3）要求图文并茂。

第五章 仁政王道

导 读

孟子的政治论，是以"仁政"为核心的王道，孟子认为这是一种最理想的政治。

一、孟子提出仁政思想的前提

孟子"仁政"思想的前提和理论基础是他提出的"性善论"。孟子认为"人皆有不忍人之心。"在此基础上，孟子将人性之善运用于政治领域，其仁政思想就是"不忍人之心"在政治上的体现，本质就是君王将自身的"不忍人之心"推恩及百姓，甚至推恩及自然。他认为，若统治者实行仁政，则可以得到天下人民的衷心拥护，便可以无敌于天下。

微课视频：《孟子的"仁政"之道》

二、孟子仁政思想的基本阐述

孟子的"仁政"学说内容很广泛，包括政治、经济、教育等，可以概括为：

第一，亲民。孟子主张统治者将自身的"不忍人之心"推恩及百姓，"老吾老以及人之老，幼吾幼以及人之幼。"统治者要像父母爱子一样爱护人民，要"与民同乐"，关心人民的疾苦并保障人民的权利，认为这样做便能得到人民的拥护，从而"无敌于天下"。

第二，用贤良。孟子提出了尊贤任能的主张。"为天下得人者谓之仁。""尊贤使能，俊杰在位，则天下之士皆悦而愿立于其朝矣。""贤者在位，能者在职；明其政刑。"孟子认为，只要君王尊贤任能，得到贤德之人的辅佐，就能使天下太平。

第三，尊人权。孟子提出："民为贵，社稷次之，君为轻。"意思是说，人民是第一位的，人民才是一个国家立国的根本。孟子认为，如何对待人民，对于国家的治乱兴亡具有重要意义，是关乎得天下与失天下的关键问题。他强调，只有统治者实行仁政、摒除霸道，才能得到人民的衷心拥护；反之，如果不顾人民死活，推行虐政，将会失去民心而被人民推翻。

第四，同情心。身处战国时期的孟子看到了暴政的残虐，因此他同情百姓、关心百姓，他抨击暴政、反对霸道和战争，指斥君王"争地以战，杀人盈野；争城以战，杀人盈城。"他提出"省刑法，薄税敛，深耕易耨。"呼吁统治者对人民减少压迫、减少剥削、减轻刑法、减少税敛、发展生产，使人民生存不受到威胁，能安居乐业，这样国家才能安定，甚至天下归附。

第五，重视道德教化。孔子曾认为治理国家要"先富后教"，对待人民要"富之""教之"，孟子继承了这一观点并进一步发扬。孟子认为，人民的物质生活有了保障，统治者再兴办学校，用孝悌的道理进行教化，引导百姓向善，就可以实现"父子有亲，君臣有义，夫妇有别，长幼有序，朋友有信。"的良好道德风尚，从而"人人亲其亲、长其长，而天下平。"

在中国两千多年的封建社会里，孔子的"为政以德"思想和孟子的"仁政"思想共同形成了儒家的"德治"思想，被历代圣王明君和有志之士奉为治国安邦的王道。在当今时代，这一思想仍然具有很高的价值，为当今社会提供了重要参考。

章 句 品 读

音频：《仁政王道》章句诵读

第（一）（二）：孟子阐述行"王道"的理念。

（一）

孟子曰："天时不如地利，地利不如人和(1)。三里之城，七里之郭(2)，环而攻之而不胜。夫环而攻之，必有得天时者矣，然而不胜者，是天时不如地利也。城非不高也，池(3)非不深也，兵革(4)非不坚利也，米粟非不多也，委(5)而去之，是地利不如人和也。故曰：域(6)民不以封疆之界，固国不以山溪之险，威天下不以兵革之利。得道(7)者多助，失道者寡助。寡助之至，亲戚畔(8)之；多助之至，天下顺之。以天下之所顺，攻亲戚之所畔，故君子有不战，战必胜矣。"

——《孟子·公孙丑下》

【注释】

（1）天时、地利、人和：孟子在这里所说的"天时"是指适宜作战的时机、气候等；"地利"是指有利于作战的地形、城池坚固等；"人和"是指得人心、内部团结等。

（2）三里之城，七里之郭：方圆三里的内城，方圆七里的外城。城：内城。郭：外城，指在城外加筑的一道城墙。古代内外城比例一般是三里之城、七里之郭。

（3）池：即护城河。

（4）兵革：兵，武器，指戈矛刀剑等攻击性武器。革：指铠甲、甲胄。

（5）委：放弃。

（6）域：界限。这里用作动词，是限制的意思。

（7）得道：得到治国之道，指施行仁政。

（8）畔：同"叛"，"背叛"的意思。

【今译】

孟子说："有利于作战的天气、时令，比不上有利于作战的地理形势；有利于作战的地理形势，比不上作战中的人心所向、内部团结。方圆三里的内城，方圆七里的外城，围着攻打它却不能取胜。能围着攻打它，一定是得到有利于作战的天气、时令了，这样却不能取胜，这是因为有利于作战的天气条件比不上有利于作战的地理形势。城墙不是不高啊，护城河不是不深呀，武器装备不是不坚固锋利啊，粮食供给不是不充足啊，但守城者还是弃城而逃，这是因为作战的地理形势再好，也比不上人心所向、内部团结啊。所以说，使人民定居下来而不迁徙到别的地方去，不能靠疆域的边界；巩固国防不能靠山河的险要，威慑天下不能靠武器装备的强大。能施行'仁政'的君王，帮助支持他的人就多；不施行'仁政'的君王，支持帮助他的人就少。支持帮助他的人少到了极点，连亲属都会背叛他；支持帮助他的人多到了极点整个天下的人都会归顺他。凭着天下人都归顺他的条件，去攻打连亲属都反对背叛他的君王，能行仁政的君王除非不战，战必取得胜利。"

【解读】

"天时、地利、人和"三者到底谁最重要，孟子在这里主要是从军事方面来阐述其观点："天时不如地利，地利不如人和。"用两个"不如"便突出了"人和"的重要性。孟子提出"得道者多助，失道者寡助"的论点，其中"得道"可理解为"得人心"，即"人和"，孟子的意思就是得人心者得天下。在孟子看来，"民心向背"不仅是战争能否取得胜利的关键，也是治理国家能否成功的关键，这体现了孟子的"仁政"思想。孟子坚信，只要施行"仁政"，就会得到天下民众的支持和帮助，从而天下归服。

【典章印证】

孙子曰："间于天地之间，莫贵于人。战不单。天时、地利、人和，三者不得，虽胜有殃。"

——《孙膑兵法·月战》

意译：

孙膑说："在天地间，没有什么比人更宝贵了。进行战争时，如果不能同时具备天时、地利、人和这三个条件，即便是胜利了，也可能会带来灾祸。"

（二）

梁惠王曰："晋国(1)，天下莫强焉(2)，叟之所知也。及寡人之身，东败于齐(3)，长子死焉；西丧地于秦七百里(4)；南辱于楚(5)。寡人耻之，愿比死者壹洒之(6)，如之何则可？"

孟子对曰："地方百里而可以王(7)。王如施仁政于民，省刑罚，薄税敛，深耕易耨(8)。壮者以暇日修其孝悌忠信，入以事其父兄，出以事其长上，可使制梃以挞秦楚之坚甲利兵矣。彼夺其民时，使不得耕耨以养其父母，父母冻饿，兄弟妻子离散。彼陷溺(9)其民，王往而征之，夫谁与王敌？故曰：'仁者无敌。'王请勿疑！"

——《孟子·梁惠王上》

【注释】

（1）晋国：韩、赵、魏三家共分晋国，号称三晋，所以梁（魏）惠王自称魏国也为晋国。

（2）莫强：没有强过它的。魏在战国初期因改革而称强一时，故此处说"天下莫强焉"。

（3）东败于齐：魏惠王三十年（前340年），魏国发兵攻打韩国，韩国向齐国求救，齐国派田忌、孙膑率军攻打魏国救韩国，两军在马陵交战，魏军中计大败，将军庞涓被杀，统帅太子申被俘。魏国从此一蹶不振。

（4）西丧地于秦七百里：马陵之战后，魏国遭到齐、秦、赵三国围攻，魏国在向秦国反攻的时候，被商鞅统领的秦军打得大败，将军公子卬被俘。后来又多次败于秦国，魏国被迫割地求和，献出河西之地和上郡的十五个县，约七百里地，黄河天险尽入秦国之手。

（5）南辱于楚：据《战国策·韩策》和《史记·楚世家》记载，梁惠王后元十二年（前324年），楚国为了迫使魏国倒向它，插手魏国的王位继承，派楚将昭阳在襄陵打败魏军，夺取了魏国的八座城邑。

（6）愿比死者壹洒之：希望为全体死难者报仇雪恨。比：替，为。壹：全，都。洒：洗刷。

（7）地方百里：方圆一百里的土地。

（8）易耨（nòu）：及时除草。易：疾，速，快。耨：除草。

（9）陷溺：暴虐的意思。朱熹《集注》云："陷，陷于阱；溺，溺于水。"

【今译】

梁惠王（对孟子）说："晋国曾是天下最强的国家了，这一点您是知道的。但是到了我这一代，东边被齐国打败，长子阵亡；西面丧失了七百里疆土给秦国；南面受辱于楚国。我对此深感耻辱，希望能为所有死难者报仇雪恨，我怎样做才能办到呢？"

孟子回答道："拥有方圆一百里的土地就能称王天下。大王如果能对百姓施行仁政，减免刑罚、少收赋税、深耕土壤、清除杂草；让青壮年在空闲时修养孝顺、尊敬、忠诚、守信的品德，在家侍奉父母兄长，出门尊敬长辈上级。这样就是让他们拿起木棒也可以打击拥有坚实盔甲锐利刀枪的秦楚军队了。因为秦国、楚国的执政者们剥夺了他们百姓的生产时间，使他们无法耕种来养活自己的父母，导致父母挨冻受饿，兄弟和妻儿离散。那些统治者虐害自己的人民，大王去征伐他们，有谁会抵抗大王呢？所以说：'施行仁政的人是无敌于天下的。'希望大王不要犹豫。"

【解读】

孟子在这一章中强调了仁政的重要性，他认为，施行仁政的君王会得到百姓的支持，从而无敌于天下。为了加强君王对施行仁政的重视，孟子从战争上升到治国，提出了"仁者无敌"的口号。孟子坚信，在战国当时的社会条件下，施行王道政治是由乱世走向盛世最有效、最理想的途径。

【典章印证】

孟子曰："桀纣之失天下也，失其民也；失其民者，失其心也。得天下有道：得其民，斯得天下矣；得其民有道：得其心，斯得民矣；得其心有道：所欲与之聚之，所恶勿施尔也。"

——《孟子·离娄上》

意译：

孟子说："桀和纣失去了天下，是因为失去了百姓的支持；失去百姓的支持，是因为失去了民心。获得天下有办法：获得百姓的支持，便能获得天下了。获得百姓的支持有办法：获得民心，便能获得百姓的支持了。获得民心有办法：百姓想要的，就为他们积聚起来；百姓所厌恶的，就不要强加给他们。"

章句（三）：孟子论述王道和霸道的区别。

（三）

孟子曰："以力假⁽¹⁾仁者霸，霸必有大国；以德行仁者王，王不待大，汤以七十里、文王以百里。以力服人者，非心服也，力不赡⁽²⁾也；以德服人者，心悦而诚服也，如七十子⁽³⁾之服孔子也。《诗》云(4):'自西自东,自南自北,无思(5)不服。'此之谓也。"

——《孟子·公孙丑上》

【注释】

(1) 假:借,凭借。
(2) 赡:充足。
(3) 七十子:指孔子的弟子。
(4)《诗》云:此处的诗句引自《诗·大雅·文王有声》,这是一首歌颂周文王的诗歌。
(5) 思:句中助词,无意义。

【今译】

孟子说:"假借仁德之名依靠武力行事的是霸主,要称霸必须有强大的国家作为后盾。依靠德行真正实行仁政的是王者,称王不一定要有强大的国家:商汤凭借方圆七十里的土地,周文王凭借方圆百里的土地就称王天下了。用武力征服别人的,别人并不是真心服从他,只不过是力量不够罢了。用德行使人归服的,是心悦诚服,就像七十位弟子归服孔子那样。《诗经》上说:'自西自东,自南自北,没有不归服的。'说的就是这个道理。"

【解读】

这一章提到了王道和霸道的区别。所谓"霸道",就是以武力征服民众,但民众难以心服,这是孟子所反对的。所谓"王道",就是以德服人,民众就会心悦诚服,这是孟子极力向君王宣传的。孟子强调,霸道只能得势一时,不能得势长久,因此君王要施行王道,避免霸道,以德服人,让民心归服,国家才能长治久安。

【典章印证】

孟子见梁襄王。出,语人曰:"望之不似人君,就之而不见所畏焉。卒然问曰:'天下恶乎定?'吾对曰:'定于一。''孰能一之?'对曰:'不嗜杀人者能一之。''孰能与之?'对曰:'天下莫不与也。王知夫苗乎?七八月之间旱,则苗槁矣。天油然作云,沛然下雨,则苗浡然兴之矣。其如是,孰能御之?今夫天下之人牧,未有不嗜杀人者也。如有不嗜杀人者,则天下之民皆引领而望之矣!诚如是也,民归之,由水之就下,沛然谁能御之?'"

——《孟子·梁惠王上》

意译:

孟子进见梁襄王,出来后,对人说:"(梁襄王)远远看上去不像个国君的样子,走近他也看不到有什么使人敬畏的地方。(他见了我之后)突然问我:'天下要怎样才能安定呢?'我回答说:'天下安定在于统一天下。''谁能统一天下呢?'我对他说:'不喜欢杀人的国君能统一天下。''有谁愿意跟随不喜欢杀人的国君呢?'我回答道:'天下的人没有不愿意跟随他的。大王您知道禾苗生长的情况吗?当七八月间发生干旱的时候,禾苗就要枯萎了。一旦天上乌云密布,哗啦哗啦下起大雨,禾苗便会蓬勃生长起来。这样的情况,谁能阻挡得住呢?而现在各国的国君,没有一个不喜欢杀人的。如果有一个不喜欢杀人的(国君),那么天下的百姓就会伸长脖子期待他来解救了。如果是这样,老百姓归附他,就像雨水向下奔流一样,哗啦啦地谁能阻挡得住呢'"

章句（四）：孟子论述施行仁政的具体措施。

（四）

王曰："吾惛⁽¹⁾，不能进于是矣。愿夫子辅吾志，明以教我，我虽不敏，请尝试之。"

曰："无恒产⁽²⁾而有恒心者，惟士为能。若⁽³⁾民，则无恒产，因无恒心。苟无恒心，放辟邪侈⁽⁴⁾无不为己。及陷于罪，然后从而刑之，是罔⁽⁵⁾民也。焉有仁人在位罔民而可为也？是故明君制⁽⁶⁾民之产，必使仰足以事父母，俯足以畜妻子；乐岁终身饱，凶年免于死亡。然后驱而之善，故民之从之也轻⁽⁷⁾。今也制民之产，仰不足以事父母，俯不足以畜妻子；乐岁终身苦，凶年不免于死亡。此惟救死而恐不赡⁽⁸⁾，奚暇⁽⁹⁾治礼仪哉？王欲行之，则盍反其本矣？五亩之宅，树之以桑，五十者可以衣帛矣。鸡豚狗彘之畜，无失其时，七十者可以食肉矣。百亩之田，勿夺其时，八口之家可以无饥矣。谨庠序之教，申之以孝悌之义，斑白者不负戴于道路矣。老者衣帛食肉，黎民不饥不寒，然而不王者，未之有也。"

——《孟子·梁惠王上》

【注释】

（1）惛（hūn）：同"昏"，糊涂、愚昧。

（2）恒产：这里指可以赖以维持生活的固定财产，如土地、田园、林木、牧畜等。

（3）若：转折连词，至于。

（4）放辟邪侈：指放纵邪欲违法乱纪。放：放荡。辟：同"僻"，与"邪"的意思相近，均指歪门邪道。侈：放纵挥霍。

（5）罔：同"网"，陷害、欺罔。

（6）制：约制、规定。

（7）轻：轻易、容易。

（8）赡：足够，充足。

（9）奚暇：怎么顾得上。奚：疑问词，怎么，哪有。暇：余暇，空闲。

【今译】

宣王说："我糊涂了，对您的说法不能进一步地领会。希望先生辅佐我实现大志，明白地教给我方法。我虽然不聪明，也想试着去做。"

孟子说："没有固定的产业收入却有固定的道德观念，只有士才能做到。至于一般老百姓，如果没有固定的产业收入，也就没有固定的道德观念。一旦没有固定的道德观念，他们就会胡作非为，什么坏事都做得出来。等到他们犯了罪，然后再去加以惩治，这等于是陷害他们。哪里有仁慈的人在位执政却去陷害百姓的呢？所以，贤明的国君制定产业政策，一定要让他们上足以赡养父母，下足以抚养妻子儿女；好年头丰衣足食，坏年头不至于饿死。然后督促他们走善良的道路，老百姓也就很容易听从了。现在为百姓制定的产业政策，上不足以赡养父母，下不足以抚养妻子儿女；丰年尚且艰难困苦，荒年更是性命难保。到了这个地步，老百姓连维持生命都难以做到，哪里还有工夫来修养礼仪呢？大王如果要施行仁政，何不从根本上解决问题呢？在五亩大的宅园中种上桑树，五十岁以上的老人就可以穿上丝棉衣服了；鸡鸭猪狗等牲畜根据时令及时畜养，七十以上的老人就能吃上肉了；百亩农田不要误了它的耕作时节，八口之家就能保证温饱了；认真地办好教育,向百姓反复教导孝顺父母、尊敬兄长的道理,这样须发斑白的人就不至于背负重物在道路上行走了。老年人能穿上丝绸、吃上肉,普通百姓能吃得饱、穿得暖,做到这些还不能使天下归服,是从来没有过的。"

【解读】

在这篇文章中,孟子阐述了施行仁政的具体措施,表达了孟子"保民而王"的王道思想和富民、教民的政治主张。他提出,首先要让人民安居乐业,然后再对民众进行伦理道德教育,这样就是王道政治。孟子的主张反映了他关心民众疾苦、为民请命的精神,也向统治者表达了人民向往安定生活的愿望。孟子的"仁政"思想对于当今社会仍然具有参考价值。

【典章印证】

孟子曰:"民事不可缓也。《诗》云:'昼尔于茅,宵尔索绹;亟其乘屋,其始播百谷。'民之为道也,有恒产者有恒心,无恒产者无恒心。苟无恒心,放辟邪侈,无不为已。及陷乎罪,然后从而刑之,是罔民也。焉有仁人在位罔民而可为也?是故贤君必恭俭礼下,取于民有制。阳虎曰:'为富不仁矣,为仁不富矣。'"　　　　　　　　　　——《孟子·滕文公上》

意译:

孟子说:"对老百姓的生产、生活不能放松不管。《诗经》上说:'白天割茅草,晚上编绳索,抓紧修缮房屋,及时播种五谷。'这是老百姓一般生活的写照。对于老百姓来说,有一定的产业收入才会有一定的道德修养和行为规范。生活收入没有保障,就无从谈起道德和情操的培养。如果没有一定的道德修养和行为规范,他们就会放纵邪欲、违法乱纪,什么坏事都干得出来。等到他们犯了罪,再去处罚他们,这等于是陷害百姓。哪个仁爱的人当了君王反而去陷害他的百姓呢?所以,贤明的君主一般都严谨勤勉,节省用度,温和地对待臣民,并且有限度地征收人民的赋税。阳虎说:'想发财必然不会仁爱,讲仁爱一定不会发财。'"

章句(五):论述了君王与民同乐的重要性。

(五)

孟子见梁惠王。王立于沼(1)上,顾鸿雁麋鹿,曰:"贤者亦乐此乎?"孟子对曰:"贤者而后乐此,不贤者虽有此,不乐也。《诗》(2)云:'经始灵台(3),经之营之(4),庶民攻(5)之,不日(6)成之。经始勿亟(7),庶民子来(8)。王在灵囿(9),麀鹿(10)攸伏(11),麀鹿濯濯(12),白鸟鹤鹤(13)。王在灵沼,于牣(14)鱼跃。'文王以民力为台为沼,而民欢乐之,谓其台曰灵台,谓其沼曰灵沼,乐其有麋鹿鱼鳖。古之人与民偕乐,故能乐也。《汤誓》曰:'时日害丧(15),予及女偕亡。'民欲与之偕亡,虽有台池鸟兽,岂能独乐哉?"　　　　　　　——《孟子·梁惠王上》

【注释】

(1)沼:水池。
(2)《诗》:此处诗句引自《诗·大雅·灵台》,这是一首歌颂周文王德行的诗歌。
(3)灵台:旧址在今陕西省鄠县以东。

（4）经之营之：测量它，标记它。

（5）攻：一起用力建造。

（6）不日：不几天的时间。

（7）亟：同"急"，快速。

（8）子来：像儿子前来侍奉父亲一样赶过来。

（9）灵囿：灵台下面畜养禽兽的园林。

（10）麀（yōu）：母鹿。

（11）攸伏：安然地伏卧于其中。

（12）濯濯：肥壮而且有光泽的样子。

（13）鹤鹤：羽毛洁白的样子。

（14）于牣：于，赞叹词。牣：满。

（15）时日害丧：这太阳什么时候毁灭呢？时：此，这个。日：太阳，这里指夏桀。害（hé）：通"何"，何时。丧（sàng）：灭亡。

【今译】

孟子觐见梁惠王，惠王站在池塘边，一边观赏着大雁和麋鹿，一边说："贤德的人也以此为乐吗？"孟子答道："贤德的人才有这样的快乐，不贤德的人就算有这些东西，也不会快乐。《诗》说：'开始规划造灵台，仔细营造巧安排。天下百姓都来干，几天建成速度快。建台本来不着急，百姓起劲自动来，国王游览灵园中，母鹿伏在深草丛。母鹿肥大毛色润，白鸟洁净羽毛丰。国王游览到灵沼，满池鱼儿欢跳跃。'周文王虽然用了老百姓的劳力来修建高台深池，可是百姓非常高兴，把那个台叫作'灵台'，把那个池叫作'灵沼'，以那里面有麋鹿鱼鳖等珍禽异兽为快乐。古代的君王与民同乐，所以能真正快乐。（相反，）《汤誓》里说：'你这太阳什么时候毁灭呢？我宁肯与你一起毁灭！'老百姓恨不得与他（指夏桀）同归于尽，即使他有高台深池、珍禽异兽，难道能独自享受快乐吗？"

【解读】

孟子通过讲述周文王与民同乐的故事，以及夏桀被百姓所怨恨的例子，来告诫梁惠王要实行仁政，与民同乐，才能真正得到快乐。这也是孟子一贯主张的民本思想的体现。周文王建造灵台是为了观察天象来安排农时、预防灾害，这是关系到国计民生的大事。所以老百姓自愿前来参与建台；而夏桀只知独乐，把自己的快乐建立在人民的痛苦之上，因此其独乐不能持续长久。可见，贤君为民着想，与民同乐，才能得到百姓的拥护。

【典章印证】

人不得则非其上矣，不得而非其上者非也，为民上而不与民同乐者亦非也。乐民之乐者，民亦乐其乐；忧民之忧者，民亦忧其忧。乐以天下，忧以天下，然而不王者未之有也。

——《孟子·梁惠王下》

意译：

人们要是得不到快乐，就会埋怨他们的国君。得不到快乐就埋怨国君是不对的；可是作为百姓的国君而不与民同乐也是不对的。国君以百姓的快乐为快乐，百姓也会以国君的快乐为快乐；国君以百姓的忧愁为忧愁，百姓也会以国君的忧愁为忧愁。和天下的人一同快乐，和天下的人一同忧愁，这样还不能称王于天下的，是绝不会有的。

章句（六）：孟子提出"选贤举能"的观点。

（六）

孟子曰："尊贤使能，俊杰在位，则天下之士皆悦，而愿立于其朝矣；市，廛(1)而不征(2)，法而不廛(3)，则天下之商皆悦，而愿藏于其市矣；关，讥而不征(4)，则天下之旅皆悦，而愿出于其路矣；耕者，助而不税(5)，则天下之农皆悦，而愿耕于其野矣；廛(6)，无夫里之布(7)，则天下之民皆悦，而愿为之氓(8)矣。信(9)能行此五者，则邻国之民仰之若父母矣。率其子弟，攻其父母，自生民以来未有能济(10)者也。如此，则无敌于天下。无敌于天下者，天吏(11)也。然而不王者，未之有也。"

——《孟子·公孙丑上》

【注释】

（1）廛（chán）：市场中储存、堆积货物的栈房，这里指用栈房储存。

（2）征：征税。

（3）法而不廛：指官方依据法规收购长期积压于货栈的货物，以保证商人的利益。

（4）讥而不征：只稽查不征税。讥：查问。

（5）助而不税：（按井田制）帮助耕种公田的不再对其征税。

（6）廛：这里指民居，与"廛而不征"的"廛"所指不同。

（7）夫里之布：古代的一种税收名称，即"夫布""里布"，大致相当于后世的土地税、劳役税。这里的意思为"苛捐杂税和服徭役"。

（8）氓：指从别处移居来的移民。

（9）信：即确实的意思。

（10）济：成功。

（11）天吏：顺从上天旨意的执政者。这里的"吏"不是指小官。

【今译】

孟子说："尊重贤才、任用能人，让杰出的人才来治理国家，那么天下的士人都会高兴，愿意在这样的朝廷里任职；在市场上提供储物货栈而不收税，对滞销的货物依法征购使其不造成积压，那么天下的商人都会高兴，愿意在这样的市场里做买卖；过关卡时只进行稽查而不征税，那么天下的商旅都会高兴，愿意在这样的道路上来往；耕种者只需助耕公田而不必交纳租税，那么天下的农夫都会高兴，愿意在这样的田野上耕种；居民不必交纳苛捐杂税和服徭役，那么天下的百姓都会高兴，愿意迁到这个地方来居住。真正能实施这五项措施的君王，就连邻国的百姓都会把他当父母一样敬仰。（如果有谁想率领这些百姓来攻打这样的君王）就好比率领子女去攻打他们的父母，自有人类以来就没有成功过。这样做，能无敌于天下。无敌于天下的人，就是'天吏'啊，如此都不能称王于天下，是从来没有过的。"

【解读】

在本篇中,孟子描绘了施行仁政之下,人们安居乐业、相处融洽的和谐、开放的美好社会蓝图。在这样的社会中,政治、经济、社会、教育等各个方面都会得到快速发展,这样的社会愿景,表现出孟子胸怀天下、关心民生以及要建立一个和谐社会的人文情怀。孟子的治国理念,对于现代社会仍有参考价值。

【典章印证】

"今王发政施仁,使天下仕者皆欲立于王之朝,耕者皆欲耕于王之野,商贾皆欲藏于王之市,行旅皆欲出于王之途,天下之欲疾其君者,皆欲赴愬于王;其若是,孰能御之?"

——《孟子·梁惠王上》

意译:

"(如果)大王现在发布政令施行仁政,使得天下仕途之人都想到大王的朝廷里任职,种田的农夫都想到大王的田野里耕作,商人都想到大王的市场上做生意,通商和旅行的人都想在大王的道路上出入,各国那些憎恨他们君主的人都想投奔大王向您申诉。果真做到这样,谁能阻挡大王统一天下?"

章句补遗

1. 孟子曰:"民为贵,社稷次之,君为轻。"
——《孟子·尽心下》

2. "老吾老,以及人之老;幼吾幼,以及人之幼;天下可运于掌。"
——《孟子·梁惠王上》

3. 孟子曰:"设为庠序学校以教之。庠者,养也;校者,教也;序者,射也。夏曰校,殷曰序,周曰庠;学则三代共之,皆所以明人伦也。人伦明于上,小民亲于下。有王者起,必来取法,是为王者师也。"
——《孟子·滕文公上》

4. 戴盈之曰:"什一,去关市之征,今兹未能,请轻之,以待来年,然后已,何如?"孟子曰:"今有人日攘其邻之鸡者,或告之曰:'是非君子之道。'曰:'请损之,月攘一鸡,以待来年,然后已。'——如知其非义,斯速已矣,何待来年?"
——《孟子·滕文公下》

综合实践

传统文化主题践行活动：仁政王道

一、传统文化践行主题

本章传统文化践行活动的主题是"仁政王道"。用王道政治治国，用王道政治平天下，是孟子坚持的伟大理想。这种理想成为日后仁人志士努力的方向与目标。孟子仁政思想中涉及的民本思想、生态观、教育观等，对当今社会也有重要指导意义。

二、传统文化践行活动

（一）文化践行活动一：诵读国学经典，弘扬传统文化

1. 活动目标

通过对中华优秀传统文化——国学经典作品的诵读与感悟，让学生体会传统文化的魅力，提高对经典作品的理解力和感受力，并将其中的"真、善、美"内化于心，进一步去完善人格，提升民族自豪感和自信心。

2. 活动类型

校内实践。

3. 活动方案

（1）本活动以小组为单位进行，每组5~6人。

（2）小组成员选定一篇关于仁政爱国的文章，全组合理分工，从作者、创作背景、思想表达和艺术手法等方面对该文章进行深入解读。

（3）小组成员可灵活采取任意方式，进行诵读，并录制视频。

4. 作品要求

（1）小组成员共同完成视频录制，视频时长8~10分钟，视频完整流畅，形式新颖，灵活多样，整体效果好。

（2）朗诵者应衣着得体，精神饱满，充分反映作品内涵。

（二）文化践行活动二：我当政策解读员

1. 活动目标

学生选取现阶段国家关于民生问题的政策进行解读，了解国家在民生问题方面的大政方针，形成关心国家政策的良好习惯，培养社会责任感，弘扬爱国主义精神。

2. 活动类型

校内实践。

3. 活动方案

（1）本活动以小组为单位进行，每组 5~6 人。

（2）全班举行"我当政策解读员"活动，每个小组集体对一项关于民生的国家政策进行解读，并举出丰富的案例，选派一名代表在班上进行集体分享。

（3）分享后，每人撰写一份活动感悟。

4. 作品要求

（1）活动感悟要求写出对政策的深刻理解。

（2）活动感悟要求写出自己的真实感受。

（三）文化践行活动三：开展社会实践活动"志愿服务，使命担当"

1. 活动目标

要求学生积极投身社会实践。通过参加形式多样的志愿者服务活动，让学生沉浸式感受当前社会民生发展的基本情况，体会国家对民生问题的重视，感受国家对民生问题的利好政策，进而培养学生的社会责任感和中华民族伟大复兴的使命感。

2. 活动类型

校外实践。

3. 活动方案

（1）联合学校志愿者协会等相关部门，向学生推荐丰富的社会志愿者服务机会，鼓励学生积极投身形式丰富的社会实践活动中。

（2）详细记录志愿者服务活动的过程。

（3）撰写志愿者服务活动报告。

4. 作品要求

（1）志愿者服务活动报告要求全面记述活动的过程和感受，要求写明自己在活动中的收获与真实感受。

（2）针对特色志愿者服务活动，班级进行交流。

第六章　尚友古人

导读

何谓"尚友古人"？所谓"尚友"，就是要追溯历史，与古代圣贤做朋友。《孟子·万章下》中讲，除了"友天下之善士"外，更要超越时空，与"古人"交友，通过"颂其诗，读其书，知其人，论其世"，进入古人的内心世界，结交先贤、崇尚先贤、学习先贤。清代名臣左宗棠曾写下"身无半亩心忧天下；读破万卷神交古人"的名联，其中"神交古人"即指与古代先贤精神相通、互相倾慕。这种与先贤神交、向宿儒求教的胸襟和抱负，就是孟子所讲的"尚友"。

孟子所推崇的古人，即以尧、舜、禹、汤、文武、周公、孔子等为代表的古代圣人。以尧、舜、禹为代表的古代圣人身上集中体现着儒家所重视的道德精神。根据《尚书》对尧、舜、禹的记录可见，他们都是杰出的政治领导，是天下百姓父亲般的大家长。他们修身、亲人，践行仁义价值，敬天保民，以德治天下；他们制定历法，发展农业，利用厚生，制礼作乐，确立人伦，建立制度，开启文明。而孔子更是圣人之集大成者，所以学习和继承孔子思想是天下读书人的首要责任。

孟子尊奉古代圣人，"尚友古人"就是要以古代圣人为师。孟子认为，学习圣人，就是要学习圣人立身处世的态度，感通圣人的生命智慧。

章句（一）：孟子论述修养己身，除了与当世之士结交外，尤须与古人为友。

音频：《尚友古人》章句诵读

（一）

孟子谓万章曰："一乡之善士斯友一乡之善士，一国之善士斯友一国之善士，天下之善士斯友天下之善士。以友天下之善士为未足，又尚[(1)]论古之人。颂[(2)]其诗，读其书，不知其人，可乎？是以论其世也。是尚友也。"

——《孟子·万章下》

【注释】

（1）尚：同"上"。
（2）颂：同"诵"，诵读。

【今译】

孟子对万章说："一个乡的优秀人物就和一个乡的优秀人物交朋友，一个国家的优秀人物就和一个国家的优秀人物交朋友，天下的优秀人物就和天下的优秀人物交朋友。如果认为和天下的优秀人物交朋友还不够，便又上溯古代的优秀人物。吟咏他们的诗，读他们的书，但不知道他们的为人，可以吗？所以要研究他们所处的社会时代。这就是上溯历史与古人交朋友。"

【解读】

在本章中孟子论述了交朋友的范围及重要性。孟子认为，君子不仅要与当今优秀的人交朋友，还要与古代圣人交朋友。而与古代圣人交朋友，不仅要诵读他们的诗书，还要了解他们的为人和所处的时代背景，这就是后世总结的"知人论世"的读书方法。只有这样才能明白古代圣人的思想并与之产生共鸣，即达到《周易》中所说的"同声相应，同气相求"，这就是"尚友"的境界。而有着同样理想追求的人相互为友，相互砥砺，才能推动时代进步。

【典章印证】

曾子曰："君子以文会友，以友辅仁。"　　——《论语·颜渊》

意译：

曾子说："君子靠文章学问来结交朋友，靠朋友来帮助自己培养仁德。"

【知识拓展】

微课视频：《古代十大之交》

章句（二）（三）：孟子论述尧、舜之德。

（二）

孟子曰："尧(1)舜，性者也；汤武，反之也。动容(2)周旋中礼者，盛德之至也。哭死而哀，非为生者也。经德不回(3)，非以干禄(4)也。言语必信，非以正行也。君子行法，以俟命(5)而已矣。"

——《孟子·尽心下》

【注释】

（1）尧：相传为上古帝王，帝喾之子，姓祁，名放勋，受封于唐，号陶唐，谥号尧，史称唐尧；代挚登帝位，建都平阳（今山西临汾西南），主政期间，派鲧治水，推广农耕，设官分职，命羲仲、羲叔、和仲、和叔分居东、南、西、北四方，名为"四岳"，观察天象制定历法，以授民时；晚年因"四岳"推荐，将帝位禅让于舜。《尚书》中记载："尧克明峻德，以亲九族，平章百姓，协和万邦，黎民于变时雍。"尧主张先由家族和谐，扩展到社会和谐，乃至不同邦族之间的和谐。其中"协和万邦"是中国优秀传统文化的基因与核心价值之一。引申到今天，就是协调不同国家之间的关系，让各个国家都能够相互尊重、相互合作、共同发展。

（2）动容：指动作和表情（容貌）。

（3）经德不回：依据道德而不违背。经：依据。回：违背。

（4）干禄：谋求官职，求仕进。

（5）俟命：等待天命。

【今译】

孟子说："尧、舜，是本性就仁德的人；商汤、武王，是通过后天的修养而返归仁德的人。（圣人的）一举一动都合乎礼，那是因为他们的仁德达到了最高境界。为死者哀伤而哭泣，不是为了做给活着的人看的。（圣人）遵循道德准则而不违背礼，不是为了追求功名利禄；（他们）说话一定信实，不是为了表明自己品行端正。君子按法度做事，（至于结果如何，）就只有等待命运的安排了。"

【解读】

孟子讲述了尧、舜等古代圣王的品性与行事准则，强调了道德修养和行为规范的关系，以及君子应如何行事。孟子所说的四位圣人都是至仁之人，他们的一切言行都是出于内在真诚的力量，而不考虑外在的遭遇。孟子认为，追求道义，实行仁德，不是做给别人看的，而应该与尧舜、汤武一样，出于本心，至情至性。

微课视频：《古代贤君：尧舜》

【典章印证】

致君尧舜上，再使风俗淳。　　　　　　　——《奉赠韦左丞丈二十二韵》（唐·杜甫）

意译：

辅助君王使他超越尧舜，使社会风尚变得敦厚朴淳。

注：杜甫在此诗中表达要通过辅佐君王成为尧舜那样的人，使得天下风气清正，民风归于淳朴。这并非杜甫个人的政治理想，也是儒家传统文人、士大夫的共同政治理想。

（三）

万章曰："尧以天下与舜⁽¹⁾，有诸？"

孟子曰："否。天子不能以天下与人。"

"然则舜有天下也，孰与之？"

曰："天与之。"

"天与之者，谆谆⁽²⁾然命之乎？"

曰："否；天不言，以行与事示之而已矣。"

曰："以行与事示之者，如之何？"

曰："天子能荐人于天，不能使天与之天下。诸侯能荐人于天子，不能使天子与之诸侯。大夫能荐人于诸侯，不能使诸侯与之大夫。昔者，尧荐舜于天，而天受之，暴⁽³⁾之于民，而民受之；故曰：天不言，以行与事示之而已矣。"

曰："敢问荐之于天，而天受之；暴之于民，而民受之，如何？"

曰："使之主祭，而百神享之，是天受之；使之主事，而事治，百姓安之，是民受之也。天与之，人与之。故曰：天子不能以天下与人。舜相尧二十有八载，非人之所能为也，天也。尧崩，三年之丧毕，舜避尧之子于南河(4)之南。天下诸侯朝觐者，不之尧之子而之舜；讼狱(5)者，不之尧之子而之舜；讴歌者，不讴歌尧之子而讴歌舜。故曰：天也。夫然后之中国(6)，践天子位焉。而(7)居尧之宫，逼尧之子，是篡也，非天与也。《太誓》曰：天视自我民视，天听自我民听。此之谓也。"

——《孟子·万章上》

【注释】

（1）舜：相传为上古帝王。姚姓，名重华，号有虞氏，谥号为舜，又称帝舜、虞舜、舜帝；生于姚沚（今山西永济），年二十以孝闻名，因尧年老，"四岳"举荐舜代尧摄政，他巡行四方，除去鲧、共工、獾兜和三苗"四凶"；尧死后舜登帝位，建都蒲坂（今山西永济西），建立有虞国，执政期间虚怀纳谏、任贤使能、百业兴旺（皋陶管理五刑，大禹治理水利、后稷主管农业、契主管五教）；晚年听从"四岳"的建议，禅位于治理洪水有功的大禹；舜帝是中华道德文化的鼻祖。《史记》所载："天下明德，皆自虞舜始"。

（2）谆谆：反复叮咛。

（3）暴（pù）：显露，公开。

（4）南河：舜避居处，在今山东濮县东二十五里，河在尧都之南，故称南河。

（5）讼狱：同"狱讼"，打官司。

（6）中国：这里指帝都。

（7）而：同"如"。

【今译】

万章问："尧把天下授予舜，有这回事吗？"

孟子答："没有。天子不能把天下授予人。"

万章又问："那么，舜得到天下，是谁授予的呢？"

孟子答："上天授予的。"

又问："上天授予舜的时候，对舜反复叮咛嘱咐了吗？"

答："不，上天不说话，只是用行动和事实来表示罢了。"

问："用行动和事实来表示，是怎样的呢？"

答："天子可以向上天推荐人，但不能强迫上天把天下授予他推荐的人；诸侯可以向天子推荐人，但不能强迫天子把诸侯之位授予他推荐的人；大夫可以向诸侯推荐人，但不能强迫诸侯把大夫之位授予他推荐的人。从前，尧将舜推荐给上天，上天接受了（尧的推荐），又把舜公开介绍给百姓，百姓也接受了舜；所以说，上天不说话，只是用行动和事实来表示罢了。"

问："请问推荐给上天，上天接受了；公开介绍给老百姓，老百姓也接受了，是怎么回事呢？"

答："叫他（舜）主持祭祀，所有神明都来享用，这便是上天接受了；叫他主持政事，政事处理得很好，百姓很满意，这便是百姓接受了。是上天授予他，是百姓授予他，所以说，天子不能把天下授予人。舜辅佐尧治理天下二十八年，这不是凭一个人的意志能够做到的，而是天意。尧去世后，舜为他服丧三年，然后便避居于南河的南边，是为了让尧的儿子继承天下。可是，天下诸侯朝见天子的，不到尧的儿子那里去，却到舜那里；打官司的，也不到尧的儿子那里去，却到舜那里；歌颂的人，也不歌颂尧的儿子，却歌颂舜。所以说，这是天意。这样，舜才回到帝都，登上了天子之位。如果舜事先就占据尧的宫室，逼迫尧的儿子（让位给自己），这就是篡夺，而不是上天授予他了。《太誓》里说过：'上天看到的就是百姓看到的，上天听到的就是百姓听到的。'说的正是这个意思。"

【解读】

孟子在本章里解答了"君权谁授？"的问题。按照传统的禅让制，下一代的君权是由上一代的天子授予的，这也是孟子学生万章的看法。可是孟子却给出了不同的回答。孟子认为，天子个人没有权力把天下授予谁，即便是伟大的尧也没有这个权力，只有上天和下民（老百姓）才有这个权力。孟子分析说，舜之所以最终"践天子位"，完全是因为"天下诸侯朝觐者，不之尧之子而之舜；讼狱者，不之尧之子而之舜；讴歌者，不讴歌尧之子而讴歌舜。"这就是民心所向。孟子最后还引用了《太誓》中的话："天视自我民视，天听自我民听。"来说明"天意"来自"民意"，民意就是天意的代表，所以，君权从根本上来说是民授而不是天授。可见，孟子的政治学说始终围绕着"以民为本"的思想。

【典章印证】

虞舜侧微，尧闻之聪明，将使嗣位，历试诸难，作《舜典》。曰若稽古，帝舜曰重华，协于帝。濬哲文明，温恭允塞。玄德升闻，乃命以位。　　——《尚书·虞书·舜典》

意译：

虞舜出身卑微，尧帝听说他很聪明，打算让他继承帝位，于是让他经历了各种艰难困苦的考验，最终作成了《舜典》这篇典章。考察古代历史，帝舜名叫重华，其圣明与尧帝相合。他睿智聪明，温和恭敬，诚实宽厚，他的高尚品德被大家传颂，于是尧帝就把帝位传给了他。

章句（四）至（五）：孟子论述禹、汤之德。

（四）

当尧之时，天下犹未平，洪水横流，氾滥于天下。草木畅茂，禽兽繁殖，五谷不登(1)，禽兽逼人，兽蹄鸟迹之道交于中国(2)。尧独忧之，举(3)舜而敷治(4)焉。舜使益(5)掌火，益烈山泽而焚之，禽兽逃匿。禹疏九河(6)，瀹济漯(7)而注诸海，决汝汉，排淮泗而注之江，然后中国可得而食也。当是时也，禹八年于外，三过其门而不入，虽欲耕，得乎？

——《孟子·滕文公上》

【注释】

（1）登：成熟。

（2）中国：古时指中原地区。

（3）举：选拔。

（4）敷治：全面治理。敷：同"遍"。

（5）益：传说是舜时主持火政的官。掌火：主持火政。

（6）九河：指古代九条河道。九条河道：徒骇、太史、马颊、覆釜、胡苏、简、絜、钩盘、鬲津。

（7）济漯（tà）：水名。

【今译】

在尧统治的时候，天下尚未太平，大水横溢，四处泛滥成灾，草木生长非常茂盛，禽兽大量繁殖，谷物却没有收成，禽兽威胁人类安全，兽蹄鸟爪的痕迹遍布中原大地。尧为此感到忧虑，选拔舜来负责全面治理工作。舜派伯益去掌管火政，伯益便放火烧了山野和沼泽地带的草木，使得禽兽四散奔逃躲藏。大禹疏通九条河道，治理济水、漯水，使它们流入大海；挖掘汝水、汉水，疏通淮水、泗水，使它们流入长江，这样一来中原大地上才可以种植作物。在当年那个时候，大禹在外（治水）八年，三次经过自己的家门都没（时间）进去，即使他想亲自耕种，哪里顾得上呢？

【解读】

本章重点突出了大禹治水的奉献精神。大禹不仅是一位卓越的治水总指挥，更是一名忘我奉献的实干家。他一年四季终日奔波在治水一线，吃的是粗茶淡饭，穿的是破旧衣服，住的是简陋房屋。大禹正是凭借这种身先士卒、艰苦奋斗、坚韧不拔的创业精神，才完成了治水伟业，使得百姓安居乐业，九州太平，其英名也得以流传后世。

【典章印证】

子曰："禹，吾无间然矣。菲饮食而致孝乎鬼神，恶衣服而致美乎黻冕；卑宫室而尽力乎沟洫。禹，吾无间然矣。"

——《论语·泰伯篇》

意译：

孔子说："对于禹，我没有什么可以挑剔的了；他的饮食很简单而尽力去孝敬鬼神；他平时穿的衣服很简朴，而祭祀时穿的礼服却十分华美；他住的房子很简陋，却把全部精力用于治理河道沟渠。禹，我确实没有什么可以挑剔的了。"

（五）

齐宣王问曰："汤放桀(1)，武王伐纣(2)，有诸？"

孟子对曰："于传(3)有之。"

曰："臣弑(4)其君，可乎？"

曰："贼仁者，谓之贼。贼义者，谓之残。残贼之人，谓之一夫。闻诛(5)一夫(6)纣矣，未闻弑君也。"

——《孟子·梁惠王下》

【注释】

（1）汤放桀：传说商汤灭夏后，把桀流放到南巢（据传在今安徽省巢湖一带）。汤：商朝的开国之君。桀：夏朝最后一个君主。放：流放。

（2）武王伐纣：纣是商朝最后一个君主，昏庸残暴，周武王起兵讨伐，灭掉商朝，纣自焚而死。

微课视频：《古代暴君：桀纣》

（3）传：传记。
（4）弑：杀死。这个字含有贬义，臣下无理地杀死君主，儿女杀死父母都用"弑"字。
（5）诛：合乎正义地惩杀罪犯便用"诛"字。
（6）一夫：即"独夫"的意思。"独夫""一夫"都是指失去民心的孤家寡人。

【今译】

齐宣王问："商汤流放夏桀，武王讨伐殷纣，真有这回事吗？"

孟子答："史籍上有这样的记载。"

宣王说："做臣子的杀掉他的君王，这是可以的吗？"

孟子说："破坏仁爱的人叫作'贼'，破坏道义的人叫作'残'。'残''贼'之人就叫'独夫'。我只听说（周武王）诛杀了独夫殷纣，没有听说他杀了国君啊。"

【解读】

本文展现了孟子对于君臣关系、仁政与暴政的深刻理解。孟子虽然承认君王的统治地位，但并不认为君王是至高无上的。孟子认为，君王之上还有天，而天意来自民意、民意是天意的代表，君王不过是上天推选的管理者，只有行仁政，保民、爱民，君王的统治才具有合法性；若君王残仁害义，便失去了作为君王的资格，成为人人可诛之的独夫民贼，臣民推翻他也是合理的。正是基于这一点，孟子肯定了汤武讨伐桀纣的正当性和合理性。

【典章印证】

"天地革而四时成，汤武革命，顺乎天而应乎人，革之事大矣哉。" ——《周易·革》

意译：

"天地通过变革才有了四季的更迭。殷汤王、周武王革命，是顺应天命、合乎民心的。变革的事情意义重大呀。"

注： "汤武革命，顺乎天而应乎人"意指汤武的变革既顺应天命又符合民意。后世常用"顺天应人"来形容做事合乎天道与民意。

章句（六）（七）：孟子论述周文王之德。

（六）

王曰："王政可得闻与？"

对曰："昔者文王(1)之治岐(2)也，耕者九一(3)，仕者世禄(4)，关市讥(5)而不征，泽梁(6)无禁，罪人不孥(7)。老而无妻曰鳏，老而无夫曰寡，老而无子曰独，幼而无父曰孤。此四者，天下之穷民而无告者。文王发政施仁，必先斯四者。诗云：'哿矣富人，哀此茕独(8)。'"

——《孟子·梁惠王下》

【注释】

（1）文王：即周文王，姬姓，名昌，又称周侯、西伯、姬伯；岐周（今陕西省岐山县）人，周太王之孙，季历之子，周武王之父；周朝奠基者，原为商朝的诸侯；他勤于政事，重视农业生产，礼贤下士，广罗人才，得诸侯拥护，使"天下三分，其二归周"；其创《周易》，成为中国最早的经书,是诸子百家之源,也是中华民族优秀文化之源;在政治上,周文王所奠定的西周政体是中国几千年封建专制集权之先声,孔子赞其为"三代之英",后世把周文王当成"内圣外王"的典型,作为判断国家管理是非曲直的标准。

(2)岐:地名,在今陕西省岐山县一带。

(3)耕者九一:指井田制。"井田制"是指把耕地划成井字形,每井九百亩,周围八家各一百亩,属私田,中间一百亩属公田,由八家共同耕种,收入归公家,所以又叫九一税制。井田制是孟子理想的土地制度,详见《孟子·滕文公章句上》。

(4)世禄:世代承袭的俸禄,指当时士大夫以上的官职而言。

(5)讥:稽查。

(6)泽梁:古代用来在流水中拦鱼的一种装置。

(7)不孥:不牵连妻子儿女。孥:本指妻子儿女,这里用作动词。

(8)哿矣富人,哀此茕独:引自《诗经·小雅·正月》。哿:可以。茕:孤单。

【今译】

齐宣王说:"可以把王政说给我听听吗?"

孟子回答说:"从前周文王治理岐山的时候,对农民的税率是九分抽一;对做官的人是给以世代承袭的俸禄;在关口和市场上只稽查、不征税;任何人到湖泊捕鱼都不禁止;对罪犯的处罚不牵连他的妻子儿女。失去妻子的老人叫鳏夫;失去丈夫的老人叫寡妇;没有儿女的老人叫独老,失去父亲的儿童叫孤儿。这四种人是社会上穷苦又无依无靠的人。周文王实行仁政,一定最先考虑到他们。《诗经》说:'有钱人是可以过得去了,可怜那些无依无靠的孤人吧。'"

【解读】

孟子所说的王政就是王道之政,即用仁德来治理国家的政策,也就是孟子所说的仁政。与孔子一样,孟子也十分推崇周文王和周武王,所以他向齐宣王介绍王道政治时也是以周文王治理岐山为例,内容涉及农业税收、官吏制度、商业政策、渔业开放、刑法制度等,尤其是重点说到了社会福利问题,即对社会中鳏、寡、孤、独等弱势群体的特殊关照,这些都是周文王所施行的仁政,是孟子心中理想社会的蓝图。

【典章印证】

孟子曰:"伯夷辟纣,居北海之滨,闻文王作,兴曰:'盍归乎来!吾闻西伯善养老者。'太公辟纣,居东海之滨,闻文王作,兴曰:'盍归乎来!吾闻西伯善养老者。'二老者,天下之大老也,而归之,是天下之父归之也。天下之父归之,其子焉往?诸侯有行文王之政者,七年之内,必为政于天下矣。"

——《孟子·离娄上》

意译:

孟子说:"伯夷为了躲避纣王,隐居在北海之滨,听说周文王兴起,高兴地说:'何不去归附他啊!我听说西伯敬待老人。'姜太公为了躲避纣王,隐居在东海之滨,听说周文王兴起,高兴地说:'何不去归附他啊!我听说西伯敬待老人。'这两位老人,是天下之德高望重的老人,他们都愿意归附文王,那么全天下的父亲都愿意归附于文王。全天下的父亲都归附文王了,那他们的孩子还会跑到哪儿去呢?现在的诸侯中,如果有施行文王之仁政的人,七年之内,必定能统治天下。"

（七）

齐宣王问曰："文王之囿方七十里⁽¹⁾，有诸？"

孟子对曰："于传有之。"

曰："若是其大乎？"

曰："民犹以为小也。"

曰："寡人之囿方四十里，民犹以为大，何也？"

曰："文王之囿方七十里，刍荛⁽²⁾者往焉，雉兔者往焉，与民同之。民以为小，不亦宜乎？臣始至于境，问国之大禁，然后敢入。臣闻郊关之内有囿方四十里，杀其麋鹿者如杀人之罪。则是方四十里为阱⁽³⁾于国中。民以为大，不亦宜乎？"

——《孟子·梁惠王下》

【注释】

（1）文王之囿方七十里：古代畜养禽兽的园林，有围墙的叫"苑"，没有围墙的叫"囿"。

（2）刍荛（chú ráo）：指割草砍柴。

（3）为阱（jǐng）：设置陷阱。

【今译】

齐宣王问："听说周文王的园林纵横七十里，有这回事吗？"

孟子答："在史籍上有这样的记载。"

齐宣王说："真有这么大吗？"

孟子说："百姓还觉得小了呢。"

宣王说："我的园林才纵横四十里，老百姓还觉得大了，这是为什么呢？"

孟子说："文王的园林纵横七十里，割草砍柴的可以去，打鸟捕兽的也可以去，是与百姓共同享用的。老百姓认为太小，这不是很正常吗？我刚到齐国边境的时候，问明了齐国最严格的禁令后，才敢入境。我听说在齐国国都郊区之内有一个纵横四十里的园林，谁要是杀害了里面的麋鹿，就等于犯了杀人罪。这就像是在国内设下了一个方圆四十里的陷阱。百姓认为太大了，不也是应该的吗？"

【解读】

此章反映了孟子倡导的君王要"与百姓同之""与民同乐"的主张。孟子曾说："为民上而不与民同乐者亦非也。乐民之乐者，民亦乐其乐；忧民之忧者，民亦忧其忧。"就是强调君王要与民同乐，如果君之乐与民之乐利益保持一致，那么君王的享乐就不会与百姓的利益相冲突，百姓自然不会反对，然而，如果君王把天下当作私人财产，剥夺了百姓的权益，君、民利益相冲突，则民必不安，导致国家也难以长治久安。孟子的论述再一次体现了其民本思想。

【典章印证】

惟乃丕显考文王，克明德慎罚，不敢侮鳏寡，庸庸，祇祇，威威，显民。用肇造我区夏，越我一二邦以修。惟时怙冒，闻于上帝，帝休，天乃大命文王，殪戎殷，诞受厥命。

——《尚书·康诰》

意译：

伟大显赫的文王啊，他能够发扬美德，慎重地使用刑法，不欺侮孤寡的人，任用有才能的人，恭敬而勤勉，威严而明智，行为光明磊落，体恤百姓。因此，他开创了我们这个区域性的国家，使我们众多邦国得以安定。当时文王的这些德行，上天都已听闻，上天赞赏他，于是上天郑重地任命文王，消灭了大殷国，文王郑重地接受了这一天命。

章句（八）：孟子论述伯夷、伊尹、柳下惠之德。

（八）

孟子曰："居下位，不以贤事不肖者，伯夷(1)也。五就汤，五就桀者，伊尹(2)也。不恶污君，不辞小官者，柳下惠(3)也。三子者不同道，其趋一也。一者何也？曰：仁也。君子亦仁而已矣，何必同？"

——《孟子·告子下》

【注释】

（1）伯夷：孤竹国君的长子，名允，字公信，谥号为伯夷。有史家推测，孤竹国建立于夏代，入商为商代的同姓诸侯国。孤竹国君有三个儿子，幼子名智，字公达，谥号为叔齐。孤竹国君生前想立叔齐为国君，等他死后，叔齐要把君位让给伯夷。伯夷说："这是父亲的遗命啊！"于是逃走了。叔齐也不肯继承君位逃走了。国人只好拥立孤竹君的次子。伯夷、叔齐听说西伯昌敬待老人，就去投奔他，可是到了那里西伯昌已经死了，他的儿子武王继位，并举兵去讨伐殷纣。伯夷、叔齐上前拉住武王马缰说："你父亲死了不在家守孝，就发动战争，这称得上孝道吗？你作为商朝的臣民，前去弑杀自己的君主，这能算仁义吗？"武王身边的随从要杀掉他们。太公吕尚说："这是有节义的人啊。"于是搀扶着他们离去。后来武王平定了商纣暴乱，天下都归顺了周朝，而伯夷、叔齐以此为耻，坚持大义不吃周朝的粮食，并隐居于首阳山，以野菜充饥，最终饿死在首阳山。

（2）伊尹：名挚，又名阿衡，商初大臣，尹是官名。伊尹具备运筹策划的才能，在灭夏过程中起到重要作用。

（3）柳下惠：姓展，名获，字季禽（展氏族谱记载），又有字子禽一说，鲁国柳下邑（今孝直镇）人，谥号为"惠"，因其封地在柳下，故后人尊称其为"柳下惠"（柳下惠是百家姓中"展"姓和"柳"姓的得姓始祖）。柳下惠是中国古代思想家、政治家、教育家，春秋时期鲁国大夫展无骇之子；曾任鲁国士师，掌管刑罚狱讼之事；作为遵守中国传统道德的典范，其"坐怀不乱"的故事广为传颂，孔子评价他是"被遗落的贤人"，孟子尊其为"和圣"。

【今译】

孟子说："处在卑贱的职位，不用自己的贤德去侍奉不贤的君主的，是伯夷；五次去朝拜商汤，又五次去朝拜夏桀的，是伊尹；不厌恶昏君，也不推辞做小官的，是柳下惠。这三位君子虽然行为方式各不相同，但他们的目标趋向是一致的。一致在什么地方呢？应该说，就是仁道。君子只要做到仁就行了，何必要求行为方式一致呢？"

【解读】

这段话是孟子谈论君子的行事方式虽各有不同,但都趋向于同一个核心——仁。孟子说,伯夷处在低下的地位,却不肯以贤者的身份去侍奉不贤的君主,这是他的态度;伊尹五次投奔商汤,又五次投奔夏桀,不因为君主的好坏而拒绝出仕,他有自己的考量;柳下惠不厌恶昏君,也不推辞做小官,他有自己的处世之道。这三个人虽然行为方式各不相同,但他们的目标是一致的,那就是追求仁道。

【典章印证】

曰:"伯夷伊尹何如?"曰:"不同道。非其君不事,非其民不使;治则进,乱则退;伯夷也。何事非君,何使非民;治亦进,乱亦进:伊尹也。可以仕则仕,可以止则止,可以久则久,可以速则速:孔子也。皆古圣人也。吾未能有行焉;乃所愿,则学孔子也。""伯夷、伊尹于孔子,若是班乎?"曰:"否。自有生民以来,未有孔子也。"曰:"然则有同与?"曰:"有。得百里之地而君之,皆能以朝诸侯有天下。行一不义,杀一不辜,而得天下,皆不为也:是则同。"曰:"敢问其所以异?"曰:"宰我、子贡、有若,智足以知圣人,污,不至阿其所好。宰我曰:'以予观于夫子,贤于尧、舜远矣。'子贡曰:'见其礼而知其政,闻其乐而知其德;由百世之后,等百世之王,莫之能违也。自生民以来,未有夫子也。'有若曰:'岂惟民哉!麒麟之于走兽,凤凰之于飞鸟,太山之于丘垤,河海之于行潦:类也。圣人之于民,亦类也。出于其类,拔乎其萃。自生民以来,未有盛于孔子也。'"

——《孟子·公孙丑上》

意译:

公孙丑问:"伯夷、伊尹怎么样?"孟子说:"处世的方法不同。不是理想的君主不去侍奉,不是理想的百姓不去使唤;天下安定就入朝做官,天下动乱就辞官隐居,这是伯夷的处世方法。可以侍奉不好的君主,可以使唤不好的百姓,天下安定去做官,天下动乱也去做官,这是伊尹的处世方法。该做官就做官,该辞官就辞官,该任职长一些就任职长一些,该赶快辞职就赶快辞职,这是孔子的处世方法。(他们)都是古代的圣人,我还做不到他们这样;至于我所希望的,那就是学习孔子。"(公孙丑问:)"伯夷、伊尹相对于孔子来说,是同等的吗?"孟子说:"不。自有人类以来,还没有比得上孔子的人。"公孙丑问:"那么他们有共同之处吗?"孟子说:"有。如果能有方圆百里的一块地方由他们做君主,他们都能使诸侯来朝见而拥有天下;如果要他们干一件不义的事情,杀一个无辜的人而让他们得到天下,他们都是不愿去干的。这些是共同的。"公孙丑说:"请问孔子和他们不同的地方。"孟子说:"宰我、子贡、有若,他们的智慧足以了解孔子,即使有所夸大,也不至于阿谀吹捧他们所敬爱的人。宰我说:'根据我对老师的观察,老师远远超过尧、舜了。'子贡说:'见了一国的礼制,就能知道一国的政治;听了一国的音乐,就能了解一国的德教;即使从一百代以后来评价这一百代的君主,也没有谁能违背孔子这个道理的。自有人类以来,没有谁比得上孔子的。'有若说:'岂止是人类有这样的不同!麒麟对于走兽,凤凰对于飞鸟,泰山对于土丘,河海对于水沟,都是同类的;圣人对于一般的人,也是同类的。但他们都高出了同类,超出了同群。自有人类以来,没有比孔子更伟大的人了。'"

章句补遗

1. 不挟长，不挟贵，不挟兄弟而友。友也者，友其德也，不可以有挟也。
——《孟子·万章下》

2. 孟子曰："知者无不知也，当务之为急；仁者无不爱也，急亲贤之为务。尧舜之知而不遍物，急先务也；尧舜之仁不遍爱人，急亲贤也。不能三年之丧，而缌、小功之察；放饭流歠，而问无齿决，是之谓不知务。"
——《孟子·尽心上》

3. 孟子曰："舜之居深山之中，与木石居，与鹿豕游，其所以异于深山之野人者几希；及其闻一善言，见一善行，若决江河，沛然莫之能御也。"
——《孟子·尽心上》

4. 桃应问曰："舜为天子，皋陶为士，瞽瞍杀人，则如之何？"孟子曰："执之而已矣。""然则舜不禁与？"曰："夫舜恶得而禁之？夫有所受之也。""然则舜如之何？"曰："舜视弃天下，犹弃敝屣也。窃负而逃，遵海滨而处，终身欣然，乐而忘天下。"
——《孟子·尽心上》

5. 孟子曰："禹恶旨酒而好善言。汤执中，立贤无方。文王视民如伤，望道而未之见。武王不泄迩，不忘远。周公思兼三王，以施四事；其有不合者，仰而思之，夜以继日；幸而得之，坐以待旦。"
——《孟子·离娄下》

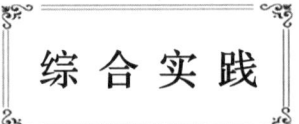

传统文化主题践行活动：善交友

一、传统文化践行主题

本章传统文化践行活动的主题是"善交友"。通过实践让学生深刻理解孟子的交友观，引导学生学会善交友、交善友，并且在与朋友相处的过程中学会包容接纳、提升自我认同，达到"以友辅仁"共同进步的目的。

朋友，与君臣、父子、长幼、夫妇一起，构成了中华传统伦理的"五伦"。随着现代社会的发展，"五伦"中的很多内容已经过时或根据现有的道德观和价值观有所扬弃，但在交友这件事上，古往今来的要求和价值观始终未曾变过。友情的平等、坦诚、自由和互助，既可以丰富个人生命、提升人格境界，也可以使整个社会的人际关系更加健康、和谐。

二、文化践行活动

根据本校实际情况，结合学生特点，在以下文化践行活动中任选一项进行。

（一）文化践行活动一：老友记（记一个未曾谋面却相识已久的老朋友）

1. 活动目标

一个未曾谋面却相识已久的老朋友，可以是喜欢的某本书中的主人公，也可以是某部电影或动画中的角色。通过对这位朋友的记述，唤醒自己对友情的渴望和珍视，以老朋友为映射，明确自我期待和自我要求，同时提升个人自信和勇气。

2. 活动类型

校内实践。

3. 活动方案

（1）确定"老友记"的对象：在看过的书籍和影视剧中，选择一位自己喜欢的人物或角色，思考"他"在哪些地方让你喜欢，为什么你会将"他"作为自己的一位朋友或知己。

（2）记述这位"老朋友"：在确定对象的基础上，围绕这位"老朋友"的性格、行为、经历、精神等方面进行叙述，重点说一说你在"他"身上所学到的东西，或"他"的身上深深吸引你的地方，以及在生活中，你是如何以"他"为友来激励自己、肯定自己的？据此形成一篇不少于800字的记叙文。

（3）分享交流：全班同学分小组对自己所写的"老友记"进行交流、分享和推荐。

4. 活动要求

（1）此任务中的"老朋友"是效仿孟子所说的"尚友"，即彼此未见过面。因此，在确定"老友记"的对象时，不应包含真实生活中的人物。

（2）在撰写记叙文时，要围绕一定的中心和主题，重点阐明为什么要以"他"为友，在这个过程中，自己的思考、收获和成长是什么。

（二）文化践行活动二：展信佳（给朋友的一封信）

1. 活动目标

通过给朋友写一封信，将自己的回忆、惦念、盼望等情感化为文字，付诸笔下，以此来加强彼此间的感情交流；同时，在书写信件的过程中，体会书信蕴含的礼仪文化——通过书信来往可以增进友情、传递友情、见证友谊。

2. 活动类型

校内实践。

3. 活动要求

（1）格式规范。书信是一种传统且重要的沟通方式。因此，学生在写信前需要明确信件的撰写要求和格式规范，遣词用句需要符合交流礼节，请认真思索，落笔谨慎。

（2）认真对待。写信可以让我们与好友分享自己的生活和感受，能维系友谊并增进彼此的了解和信任。因此，应认真对待写信这件事情，尽可能用简洁明了的语言和真实可信的内容来表达自己的想法和感受。

(三)文化践行活动三:见贤思齐(向身边的朋友学习一个优点)

1. 活动目标

朋友之间除了有共同的兴趣、志向、话题之外,还要相互勉励、从对方身上学习优点,优势互补,从而增进友谊。通过向身边的朋友学习,从小事中一点一滴完善自己、修炼自己,以实际行动学习先进、保持先进、赶超先进。

2. 活动类型

校内实践。

3. 活动要求

向身边的朋友学习一个优点,可以是学习方面的,例如学习方法、学习态度;可以是人际沟通方面的,例如表达能力、沟通技巧;也可以是生活方面的,例如生活习惯、寝室里的相处等。在向朋友学习的过程中,要及时记录自己在行为上和心理上的变化收获和感想,最后撰写《"见贤思齐"——实践报告》并提交。

叁

诸子选章品读

第一章 《大学》选读

导 读

《大学》是一部中国古代讨论教育理论的重要著作，体现了儒家"修身、齐家、治国、平天下"的核心思想。

一、《大学》成书

《大学》出自《礼记》，原本是《礼记》四十九篇中的第四十二篇。《礼记》原名《小戴礼记》，又名《小戴记》，由西汉时期儒家学者戴圣根据历史上遗留下来的一批佚名儒家的著作合编而成。

微课视频：《大学》简介

关于《大学》的作者，目前学术界比较认可的说法是孔子弟子曾子（曾参）所著。

二、《大学》的内容

《大学》全书共十一章，包括"经"和"传"（对经文的注释），第一章为"经"，是阐述《大学》核心思想"三纲领八条目"；"传十"部分是对核心思想进行的阐释。

《大学》全篇所述旨在张扬儒家的君子修德之学和圣王的治政之道。其核心思想在于"大学之道"，即"三纲领"：在明明德，在亲民，在止于至善。而实现"三纲领"的修养方法在于"八条目"：格物、致知、诚意、正心、修身、齐家、治国、平天下。此外还要遵从内在规范与秩序，即：知、止、定、静、安、虑、得。治学和修身按照"八条目"的方法和"七步骤"一步步地去做，自然就能达到"三纲领"的目标和宗旨，实现自我价值和社会价值。

三、《大学》的影响

《大学》作为儒家思想的重要载体，对中华民族文化和思想影响至深，尤其对中华民族的价值观塑造、理想追求和人生修养方法有着深远的影响。

宋朝理学家朱熹将《大学》从《礼记》中分离出来形成一册书籍，与《中庸》《孟子》《论语》并列，合称"四书"。朱熹确立了《大学》—《论语》—《孟子》—《中庸》四书的学习顺序，即《大学》定规模，《论语》立根本，《孟子》观发越，《中庸》求精微。《大学》处于"四书"之首，被奉为"初学入德之门"，足以体现其经典化地位和思想价值。

《大学》对中国古代教育产生了极大的影响。宋、元以后，《大学》成为官定的学校教科书和科举考试的必读书，之后几乎每个读书人都受到《大学》的影响。《大学》所提出的"修身、齐家、治国、平天下"思想，几乎成为所有读书人的标准理想。这种思想主张积极入世，注重自身修养，关心人民疾苦，努力改善民生，维护社会安定，对自古以来中国社会的繁荣稳定发挥了重要作用。这种思想对于当今社会的教育、民生和稳定也有很好的借鉴作用。

章句品读

章句（一）：《大学》之"经"一章"三纲八目"。

音频：《大学》章句诵读

（一）经一章

大学之道(1)，在明明德(2)，在亲民(3)，在止于至善。知止而后有定，定而后能静，静而后能安，安而后能虑，虑而后能得。物有本末，事有终始。知所先后，则近道矣。

古之欲明明德于天下者，先治其国；欲治其国者，先齐其家；欲齐其家者，先修其身；欲修其身者，先正其心；欲正其心者，先诚其意；欲诚其意者，先致其知；致知在格物(4)。物格而后知至，知至而后意诚，意诚而后心正，心正而后身修，身修而后家齐，家齐而后国治，国治而后天下平。

自天子以至于庶人，壹是皆以修身为本。其本乱而末治者，否矣。其所厚者薄，而其所薄者厚，未之有也。此谓知本，此谓知之至也。

【注释】

（1）大学之道：大学的宗旨，大学的最终目的。"大学"在古代有两种解释：一为"太学"，"博学"的意思；二是相对于小学而言的"大人之学"。古人八岁上小学，主要学习"洒扫应对进退、礼乐射御书数"等文化基础知识和礼节；十五岁入大学，开始学习伦理、政治、哲学等"穷理正心，修己治人"的学问。道：本意为路，这里引申为规律、原则或宗旨。

（2）明明德：弘扬高尚的德行。第一个"明"是动词，彰显、弘扬的意思；第二个"明"是形容词，高尚、光明正大的意思。

（3）亲民：主要有两种含义。朱熹认为"亲民"当作"新民"，"革其旧之谓也。言既自明其明德，又当推以及人，使之亦有以去其旧染之污也。"侧重于贤圣自我革新，推以及人，感化民众，让百姓革新。王阳明认为"亲民"即亲近、关爱百姓，侧重于人之本性（内在修养）不断"向善""为善"，从而达到亲近百姓。

（4）格物：研究、认识世间万物。

【今译】

大学的宗旨，在于弘扬高尚的德行，在于自我革新，使人达到最完善的境界。知道应达到的"至善"境界，就能立下坚定志向；有了坚定志向，就能心地宁静；心地宁静方能安稳不乱，安稳不乱方能遇事思虑周详，思虑周详自然就能达到至善境界。万物都有根有节，万事也有始有终，明白了这本末始终的道理,就接近掌握事物发展的规律了。

自古以来,想要彰显美好德行于天下的人,先要治理好自己的国家;要想治理好自己的国家,先要管理好自己的家庭和家族;要想管理好自己的家庭和家族,先要修养自身的品性;要想修养自身的品性,先要端正自己的内心;要想端正自己的内心,先要使自己的意念真诚;要想使自己的意念真诚,先要自我革新,使自己获得知识和智慧;获取知识的途径则在于探究事理,探究事理后才能彻底认知事物,然后洞悉事理。洞悉事理才能认识本心,意念才能真诚;意念真诚后心思才能端正;心思端正后才能修养品性;品性修养后才能管理好家庭和家族;管理好家庭和家族后才能治理好国家;治理好国家后才能平定天下。

从天子到普通百姓,都要把修养品德作为根本。若这个根本被扰乱了,家庭、家族、国家、天下能治理好是不可能的。就像我厚待他人,他人反而怠慢我;我怠慢他人,他人反而厚待我,这样的事是不可能有的。这就叫知道了根本,这就是认知的最高境界。

【解读】

本章为《大学》"经"一章,着重阐述了提高个人修养、培养良好道德品质与治国平天下之间的重要关系。其中心思想可以概括为"修己以安百姓",强调了明明德、亲民以及止于至善的重要性,通过知止、定、静、安、虑、得这一系列内心修养的过程,来达到对事物本末终始的深刻理解,从而接近"道"。《大学》提出的人生观是儒家人生观的进一步扩展,这种人生观要求注重个人修养,怀抱积极的奋斗目标。

章句(二):论述"诚于中,形于外",需要"慎独",坦诚内心。

(二)释诚意(传六章)

所谓诚其意者,毋自欺也,如恶恶臭(1),如好好色(2),此之谓自谦(3),故君子必慎其独(4)也!小人闲居为不善,无所不至,见君子而后厌然(5),揜(6)其不善,而著其善。人之视己,如见其肺肝然,则何益矣。此谓诚于中,形于外,故君子必慎其独也。曾子曰:"十目所视,十手所指,其严乎!"富润屋,德润身,心广体胖,故君子必诚其意。

【注释】

(1)恶(wù)恶(è)臭:讨厌恶臭的气味。第一个"恶"是动词,"厌恶"的意思;第二个"恶"是形容词,"不好的"意思。

(2)好(hào)好(hǎo)色:喜爱美好的事物(或译为"喜爱容貌出众的女子")。第一个"好"是动词,"喜爱"的意思;第二个"好"是形容词,"美好的"意思。

(3)自谦(qiè),同"慊","满足"的意思。

(4)慎其独:在独处时要慎重,即谨慎、坦诚对待独处时的内心,时刻反省自身。

(5)厌然:掩盖,遮遮掩掩、躲避之意。

(6)揜(yǎn):通"掩",即遮蔽、掩盖。

【今译】

所谓真诚对待自己的内心,就是不要自欺欺人。就像厌恶难闻的气味,喜爱好看的女子,这是真实的内在感受，是人的本性使然，所以君子在独处时也要谨慎、坦诚对待独处时的内心，时刻反省自身。小人独居时，什么坏事都可能做得出来。但当他们见到君子时，就会遮掩躲闪，藏匿他们的不良行为，表面上装作善良恭顺。别人看他们，就像看他们的心肺一样清楚，那么掩饰又有什么用呢？这就是所谓内心所思所想，会表现在外表上。因此，君子在独处时一定要谨慎、慎重对待自己的内心，时刻反省自身。曾子说："就像被众多眼睛注视，被众多手指指着，这是很严格的啊。"财富可以修饰房屋，品德可以修养身心，心胸宽广开朗，身体自然安泰舒适。所以君子必须坦诚对待自己的内心，一定要意念真诚。

【解读】

本章阐述了君子"慎独"的道理。人都是天生喜欢美好的事物，讨厌不好的事情，这是人的自然天性，但君子会时刻反省自身，谨慎对待独处时的内心和行为，这是君子与小人的区别。这段话告诉我们诚意的重要性，特别是在独处时，更应该保持内心的真诚和善良，因为内心的真实想法最终会表现在外在行为上；同时，也提醒我们要加强品德修养，时刻注意自己的言行举止，做到表里如一、真诚待人，保持内心坦荡。

章句（三）：论述修身先正其心，平衡内心，使其不受干扰而避免看待事物偏颇。

（三）释正心（传七章）

所谓修身在正其心者，身有所忿懥(1)，则不得其正(2)；有所恐惧，则不得其正；有所好乐(3)，则不得其正；有所忧患，则不得其正。心不在焉，视而不见，听而不闻，食而不知其味。此谓修身在正其心。

【注释】

（1）忿懥（zhì）：愤怒。

（2）正：平正，端正，是指不偏斜，不偏不倚。

（3）好乐（hào yào）：喜欢、喜好、欣赏。

【今译】

所谓修养自身的品性，需要先端正自己的内心。心中愤愤不平，则内心无法平和、端正；心中恐惧不安，内心也无法平和、端正；心里有偏好，内心无法平和、端正；心里有忧虑，内心也无法平和、端正。一旦心思不端正，就像心不在自己身上一样：虽然看见了，却像什么也没看到；虽然在听，却像没有听见一样；虽然吃了，却不知道是什么滋味。所以说，修养自身的品性必须先端正自己的心思。

【解读】

这段话强调了修身要先正心，心正则身修，这是儒家修身养性的重要原则。这里强调人的内心状态会影响人的判断力、自律力和决断力，所以，我们在平时要注意端正心态，避免愤怒、恐惧、偏好、忧虑等情绪对内心造成影响，从而保证不偏不倚、客观地看待事物。

章句（四）：论述齐家先修身，避免因偏好、倾向、态度、习惯等导致言行偏颇。

（四）释修身（传八章）

所谓齐其家在修其身者，人之其所亲爱(1)而辟焉(2)，之其所贱恶而辟焉，之其所畏敬而辟焉，之其所哀矜而辟焉，之其所敖惰(3)而辟焉。故好而知其恶，恶而知其美者(4)，天下鲜矣。故谚有之曰："人莫知其子之恶，莫知其苗之硕。"此谓身不修，不可以齐其家。

【注释】

（1）亲爱：亲近、喜欢。
（2）辟（pì）：不当，偏颇。
（3）敖（ào）惰：傲慢，懒惰。
（4）好（hào）而知其恶，恶而知其美者："好"是喜欢的意思；第一个"恶"为形容词，指不好的；第二个"恶"为动词，指讨厌。

【今译】

要管理好家庭和家族，先要修养自身的品性。人们对喜欢的人和事往往会有偏爱，对厌恶的人和事往往会有偏见，对自己敬畏的人和事往往会有偏向，对自己同情和悲悯的人和事往往会有偏袒，对自己轻视的人和事往往会失之偏颇。因此，很少有人能喜爱某人又能认识到他的缺点，厌恶某人又能认识到他的优点。所以有谚语说："人们往往看不到自己孩子的缺点，不满足于自己庄稼的茂盛。"这就是不修养好自身品德，不能管理好家庭和家族的道理。

【解读】

这段话强调了修身的重要性，认为只有先修养好自己的品德，才能更好地管理家庭和家族；同时也提醒我们，在对待他人时要客观公正，不能因个人的情感而有所偏私。因此，在人际交往中，我们应尽量克服因个人情感而影响判断的现象，保持客观公正的态度。

章句（五）：论述治国先齐家，以孝悌之道治家，进而"成教于国"。

（五）释齐家（传九章）

所谓治国必先齐其家者，其家不可教而能教人者，无之。故君子不出家而成教于国。孝者，所以事君也；弟(1)者，所以事长也；慈者，所以使众也。《康诰》曰："如保赤子(2)。"心诚求之，虽不中，不远矣。未有学养子而后嫁者也。一家仁，一国兴仁；一家让，一国兴让。一人贪戾(3)，一国作乱。其机如此。此谓一言偾(4)事，一人定国。尧舜帅天下以仁，而民从之。桀纣帅天下以暴，而民从之。其所令，反其所好，而民不从。是故君子有诸己，而后求诸人；无诸己，而后非诸人。所藏乎身不恕，而能喻诸人者，未之有也。故治国在齐其家。《诗》云："桃之夭夭，其叶蓁蓁。之子于归，宜其家人。"宜其家人，而后可以教国人。《诗》云："宜兄宜弟。"宜兄宜弟，而后可以教国人。《诗》云："其仪不忒，正是四国。"其为父子兄弟足法，而后民法之也。此谓治国在齐其家。

【注释】

（1）弟：同"悌"，指敬爱兄长。

（2）如保赤子：出自《尚书·周书·康诰》，意思是作为国君要像保护自己孩子一样保护天下的百姓。如：同"若"，"好像"的意思。

（3）贪戾（lì）：贪婪暴戾。

（4）偾（fèn）：败坏，毁坏。

【今译】

要治理好国家，必须先管理好自己的家庭和家族。因为不能教育好家人却能教育好别人，这样的事情是不存在的。所以，君子在家里就可以培养出治国的能力。孝顺父母之理便是侍奉君王之道，尊敬兄长之理便是孝敬长辈之道，慈爱子女之理便是统治民众之道。《康诰》说："如同保护婴儿那样（对待百姓）。"诚心诚意去爱护，即便不合乎百姓的心意，也相差不远。没有先学会了养孩子再去出嫁的人啊！一家仁爱，一国也会兴起仁爱；一家谦让，一国也会兴起谦让；一人贪婪暴戾，则全国动乱不安。其中的机理就在于此。这就是一句话可以坏事，一个人可以安定国家。尧舜用仁爱统一天下，其百姓跟随着仁爱；桀纣用暴政统一天下，其百姓也变得暴戾。治国者的政令违反百姓的意愿，百姓是不会服从的。所以，君子总是自己先做到，然后才要求别人做到；自己先不这样做，然后才要求别人不这样做。自身的行为不符合恕道，却能使他人明白恕道，这是不会有的事情。所以，要治理好国家必须先管理好自己的家庭和家族。《诗经》上说："桃花鲜美，绿叶茂盛。姑娘出嫁，夫妻和顺。"只有夫妻和顺、家庭美满，才能教育一国之民和睦相处。《诗经》上说："兄弟要和睦。"兄弟和睦了，才可以教化国人和睦相处。《诗经》上说："容貌举止庄重严肃，成为四方国家的表率。"只有当一个人无论是作为父亲、儿子，还是作为兄长、弟弟，其行为能成为他人的表率，老百姓才会去效仿他。这就是要治理好国家必须先管理好自己家庭和家族的道理。

【解读】

齐家是治国的关键和基础。陈来认为，中国古代从西周到春秋的社会是宗法性社会，是以亲属关系为其结构、以亲属关系的伦理和准则调节社会的一种社会类型（陈来《中华文明的精神核心价值》）。家族血缘关系是中华文明的伦理精神渊源，因此家庭稳定对国家兴盛至关重要。儒家的孝悌之道、仁义慈爱是管理家庭、治理国家的重要方式。每个家庭的和睦关乎着整个国家的兴盛。只有天下无数小家和睦稳定，才有国家的兴盛发展。

章句（六）：论述以絜矩之道行于世，秉持"己所不欲，勿施于人"理念，遵循任用贤才、仁爱为政、以义为要、谨防小人的治国之道。

（六）释治国平天下（传十章）

所谓平天下在治其国者：上老老[(1)]而民兴孝，上长长[(2)]而民兴弟，上恤孤[(3)]而民不倍[(4)]，是以君子有絜矩之道[(5)]也。所恶于上，毋以使下；所恶于下，毋以事上；所恶于前，毋以先后；所恶于后，毋以从前；所恶于右，毋以交于左；所恶于左，毋以交于右：此之谓絜矩之道。《诗》云："乐只君子，民之父母。"民之所好好之，民之所恶恶之，此之谓民之父母。《诗》

云："节彼南山，维石岩岩，赫赫师尹，民具尔瞻。"有国者不可以不慎，辟则为天下僇(6)矣。

【注解】

（1）老老：前一个"老"是动词，后一个"老"是名词，指尊敬老人。
（2）长长：前一个"长"是动词，后一个"长"是名词，指尊敬兄长。
（3）恤孤：体恤关爱孤儿。
（4）倍：违背、背弃。
（5）絜（xié）矩之道：这是儒家的伦理思想，指一言一行要有模范作用。絜：度量之意。矩：规则、法度之意。
（6）僇（lù）：侮辱，杀掉。

【今译】

要想平定天下，先要治理好自己的国家。统治者尊敬老人，老百姓就会兴起孝道；统治者尊重兄长，老百姓就会兴起悌道；统治者怜爱孤寡，老百姓就不会背弃道德。所以，君子的言行具有示范作用。厌恶上级对自己的某种行为，就不要用这种行为去对待下级；厌恶下级对自己的某种行为，就不要用这种行为去对待上级；厌恶在我前面的人对我的某种行为，就不要用这种行为去对待在我后面的人；厌恶在我后面的人对我的某种行为，就不要用这种行为去对待在我前面的人；厌恶在我右边的人对我的某种行为，就不要用这种行为去对待在我左边的人；厌恶在我左边的人对我的某种行为，就不要用这种行为去对待在我右边的人。这就是所说的以身作则的法则。《诗经》说："使人心悦诚服的国君啊，是老百姓的父母。"老百姓喜欢的他也喜欢，老百姓厌恶的他也厌恶，这才能叫作老百姓的父母。《诗经》又说："巍峨的南山啊，岩石耸立，显赫的尹太师啊，百姓都仰望着你。"统治国家的人不可以不谨慎，稍有偏颇就会被天下人杀戮了。

【解读】

此章探讨了在现实生活中人与人的相处之道，强调不同身份关系都要秉持"己所不欲，勿施于人"的态度，做到将心比心，换位思考，这就是"絜矩之道"。对于治理国家来说，为政者衡量言行，尽职尽责，推己及人，要思百姓之所思，想百姓之所想，这样国家才能长治久安。

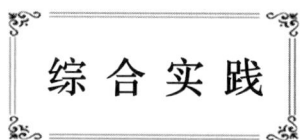

传统文化主题践行活动：大学之道

一、传统文化践行主题

本章传统文化践行活动的主题是"大学之道"。通过本专题的实践教学，使学生理解、感悟"大学之道"，做到内化于心、外化于形，提升自身的文化素养和综合素质。

《礼记·大学》记载："大学之道，在明明德，在亲民，在止于至善……"不同时代对"大学"有不同的解读。汉代郑玄："大学者，以其记博学可以为政也。"唐代孔颖达：《大学》之篇，论学成之事,能治其国,章明德于天下,却本明德所由,先从诚意为始。"宋代程颐:"《大学》,孔氏之遗书,而初学入德之门也。"宋代朱熹:"大人之学也。"前清华大学校长梅贻琦:"大学者,非大楼之谓也,乃大师之谓也。"这些都是历代著名学者对"大学之道"丰富、深刻内涵的诠释。追求"大学之道",为人、为学力求至善至美,才能达到人生的最高境界。

二、文化践行活动

根据本校实际情况,结合学生特点,在以下文化践行活动中选择一项进行。

(一)文化践行活动一:诵读国学经典,弘扬传统文化

1. 活动目标

通过对中华优秀传统文化——国学经典作品《大学之道》的诵读与感悟,让学生体会中华优秀传统文化的魅力,提高对经典作品的理解力和感受力,并从中汲取智慧力量,思考"明明德,在亲民,在止于至善"的人生境界,为实现个人价值和社会价值奠定基础。

2. 活动类型

校内实践。

3. 活动方案

(1)每班以个人或小组为单位开展文化践行活动。

(2)选定《大学之道》的一个段落朗诵,采取个人朗诵、群体朗诵、配乐朗诵、伴舞朗诵、情景朗诵等方式均可。

(二)文化践行活动二:"我的大学"主题演讲活动

1. 活动目标

传承中华优秀传统文化,培养学生的德育素养。

2. 活动类型

校内实践。

3. 活动方案

(1)每班以个人或小组为单位开展文化践行活动。

(2)结合大学生活、学习规划等,以"我的大学"为主题,完成主题演讲。

(3)认真撰写演讲稿,坚持原创,脱稿演讲。

4. 作品要求

(1)演讲时要注意主题立意、语言表达、逻辑结构、时间把控、互动交流、自信表现、着装姿势、演讲礼仪、精神状态等方面。

(2)小组成员共同完成视频录制,选择合适的服装、道具,视频时长5~10分钟,视频完整流畅,无噪声,画面清晰,形式新颖,灵活多样,整体效果好。

第二章 《中庸》选读

导 读

《中庸》是中国古代论述人生修养境界的一部道德哲学著作，是儒家经典之一。

微课视频：《中庸》简介

一、《中庸》成书

《中庸》原属《礼记》第三十一篇，相传为战国时期孔子的孙子子思及其弟子所著。到了宋代淳熙九年（1182），朱熹将《中庸》与《大学》《孟子》《论语》合刊为"四书"。

二、《中庸》的内容

《中庸》内容涉及为人处世之道、德行标准及学习方式等诸多方面。

《中庸》全书共三千五百多字，按照朱熹的分法，分三十三章，四大部分。第一章到第十九章的内容着重从多个角度论述中庸之道的普遍性和重要性；第二十章承上启下，从鲁哀公向孔子询问处理政务的方法一事着手，通过孔子的回答指出了施行政事与加强人自身修养之间的密切关系，并进一步阐明天下通行的五项伦理关系、三种德行以及治理国家的九条原则，在此章的最后引出全书后半部分的核心"诚"，并强调要做到"诚"的五个具体方面；第二十一章到第三十三章的内容便是围绕"诚"来展开的。

三、《中庸》的影响

《中庸》作为儒家经典，其肯定了"中庸"是道德行为的最高标准，认为"至诚"则是达到了人生的最高境界，并提出"博学之，审问之，慎思之，明辨之，笃行之"的学习过程和认识方法。《中庸》论述的有关天道、人道最高深、最恒常的道理，对中华民族的文化思想影响至深。宋、元以后，《中庸》成为官定的学校教科书和科举考试的必读书，这对中国古代读书人的价值观塑造、理想追求和人生修养方法产生了极大的影响。

《中庸》既是对为人处世的精辟总结，又体现了做人的规范与智慧，它提出的中庸之道对于当今社会的人们仍然具有指导意义。

章 句 品 读

章句（一）：概述《中庸》之纲领。

音频：《中庸》章句诵读

（一）

天命⁽¹⁾之谓性，率性⁽²⁾之谓道，修道⁽³⁾之谓教。道也者，不可须臾离也，可离非道也。是故君子戒慎乎其所不睹，恐惧乎其所不闻。莫见乎隐，莫显乎微，故君子慎其独⁽⁴⁾也。喜怒哀乐之未发，谓之中。发而皆中节，谓之和。中也者，天下之大本也。和也者，天下之达道也。致中和，天地位焉，万物育焉。

【注释】

（1）天命：此处"天"既有"自然的天"的意蕴，也有形而上的哲学内涵。命：赋予。
（2）率性：遵循天性。
（3）修道：行道，修习道德学问，实践某种思想。
（4）慎其独：闲居独处时，言行仍然谨慎不苟且。

【今译】

上天赋予人的是本性，遵循本性去做事叫作"道"，遵循道来修养自身就是"教"。"道"是片刻不能离开人的，离开了人的就不是"道"了。因此，君子在别人看不到、听不到的地方也会谨言慎行，不会放松自我要求。再隐蔽的地方也会被人看见，再细微的变化也会被人发现，所以，君子一个人独处、无人注意的时候，也要谨慎自律，不做失德失道的事情。喜怒哀乐没有表现出来的时候，叫作"中"；表现出来以后符合法度，叫作"和"。"中"，是人人都有的本性；"和"，是天下人共同遵循的法度。达到"中和"的境界，天地万物便各行其道、各得其所，万物就生长繁衍了。

【解读】

此章概述《中庸》的核心思想："致中和，天地位，万物育焉。"即中庸之道，儒家以中正平和作为中庸之道的重要精神修养，凡事有度，力求平衡稳定、不受干扰的状态，这便是天下各行其道的普遍真理。同时，本章也强调君子时刻要保持慎独，一人独处时也不放松自我要求，不要因为是细小的事情而不拘小节，道德原则是一时一刻也不能离开的，要时刻用它来审视自己的言行，任何时候都要自律、坦诚。

章句（二）：论述君子遵循的中庸之道。

（二）

仲尼⁽¹⁾曰："君子中庸⁽²⁾，小人反中庸。君子之中庸也，君子而时中⁽³⁾；小人之反中庸也，小人而无忌惮也。"

子曰:"中庸其至⁽⁴⁾矣乎!民鲜能久矣。"⁽⁵⁾

……

子曰:"道不远人。人之为道而远人,不可以为道。《诗》云:'伐柯伐柯,其则不远',执柯以伐柯,睨⁽⁶⁾而视之,犹以为远。故君子以人治人,改而止。忠恕违道不远,施诸己而不愿,亦勿施于人。君子之道四,丘未能一焉。所求乎子,以事父未能也。所求乎臣,以事君未能也。所求乎弟,以事兄未能也。所求乎朋友,先施之未能也。庸德之行,庸言之谨,有所不足,不敢不勉,有余不敢尽。言顾行,行顾言,君子胡不慥慥⁽⁷⁾尔?"

【注释】

(1)仲尼:孔子的字。

(2)中庸:为不偏不倚、无过无不及之意。中:不偏不倚,无过无不及。庸:平常,常理。中庸之道是儒家的伦理道德准则,为常行之礼。

(3)时中:在适当的时机做正确的事。

(4)至:极,最好。

(5)民鲜(xiǎn)能久矣:人们极少能做到,这种情况已经很久了。鲜,少。

(6)睨(nì):斜着眼睛去看。

(7)慥(zào)慥:忠厚老实的样子。

【今译】

孔子说:"君子遵循中庸之道,小人违背中庸之道。君子之所以能达到中庸的境界,是因为君子能随时做到适中、无过无不及;小人之所以违背中庸之道,是因为小人肆无忌惮,无所顾忌。"

孔子说:"中庸之道是最高的德行了!人们很少能长久地践行它啊。"

……

孔子说:"道不会脱离人们的实际生活。如果有人远离人群去践行中庸之道,就不能称之为道了。《诗经》说:'砍削斧柄,砍削斧柄,斧柄的式样就在眼前。'拿着斧子去砍树做斧柄,准备照着旧斧柄的样子做新斧柄,但是斜着眼睛看上去,斧柄的样子好像还是差得很远。所以,君子按照人的本性来教化人,只要能使其改正错误回归正道就行了。做到忠恕就离道不远了,什么叫忠恕呢?凡事自己不喜欢的事,也不要施加给他人。君子践行中庸之道有四个基本要求,我孔丘连其中的一项也没有做到。用要求自己儿子孝敬自己的标准,去侍奉自己的父亲,我尚未做到;用要求臣子效忠自己的标准,去效忠自己的君主,我尚未做到;用要求弟弟敬爱哥哥的标准,去对待自己的兄长,我尚未做到;希望朋友如何对待我,就先这样去对待朋友,我尚未做到。在平常道德的践行上,在日常言语的谨慎上,我有许多做得不够的地方,这使我不敢不努力去加以弥补,有做得较好的地方,也不敢张扬把话说尽。说话要符合自己的行为,行为也要遵循自己说过的话,言行一致,行为与言语相符,这样的君子又怎会不忠诚、不厚道呢?"

【解读】

此章探讨"中庸"的内涵,深刻反映了孔子对于人伦关系和道德准则的独特见解。孔子从"道不远人"的观念出发,提出了一套全面而系统的人际行为规范。这套规范的核心在于"己所不欲,勿施于人",这被视为恕道的精髓所在。这段文章使我们更加真切地感受到孔子的求实精神。尽管他被誉为社会的典范和道德的楷模，但孔子却从未将自己神化或过分夸大。相反，他坦诚地反映了自己的不足之处，并进行了深刻的自我批判和剖析。特别是在阐述君子应具备的四种道德品质时，孔子用"丘未能"来表明自己在这四个方面仍有很大的提升空间。这种谦逊而求实的态度，正是我们当代人应当学习和借鉴的宝贵品质。

章句（三）：《中庸》第二十一章，本章呼应了第一章的"天命之谓性"与"修道之谓教。"《中庸》第二十一章至第二十四章，皆为子思之言。

（三）

自诚明⁽¹⁾，谓之性；自明诚，谓之教⁽²⁾。诚则明矣，明则诚矣。

唯天下至诚，为能尽其性；能尽其性，则能尽人之性；能尽人之性，则能尽物之性；能尽物之性，则可以赞⁽³⁾天地之化育；可以赞天地之化育，则可以与天地参⁽⁴⁾矣。

其次⁽⁵⁾致曲，曲能有诚。诚则形，形则著，著则明，明则动，动则变，变则化。唯天下至诚为能化。

至诚之道，可以前知。国家将兴，必有祯祥⁽⁶⁾；国家将亡，必有妖孽⁽⁷⁾。见乎蓍龟⁽⁸⁾，动乎四体。祸福将至，善必先知之；不善必先知之。故至诚如神。

诚者，自成也，而道，自道也。诚者，物之终始，不诚无物，是故君子诚之为贵。诚者，非自成己而已也，所以成物也。成己，仁也；成物，知也。性之德也，合外内之道也，故时措之宜也。

【注释】

（1）自诚明：由真诚而领悟道理。自：通"由"。明：明白事理。

（2）教：教化。

（3）赞：辅助、帮助、促进。

（4）参：并列。

（5）其次：指次于圣人的贤人。

（6）祯祥（zhēn xiáng）：祥瑞、吉祥。

（7）妖孽（yāo niè）：比喻邪恶的事或人，即不祥的凶兆。

（8）蓍龟（shī guī）：是古人以蓍草与龟甲占卜凶吉，因以指占卜、喻德高望重的人、引申为借鉴。

【今译】

由于内心真诚而能通晓事理，是圣人固有的本性；由通晓事理而达到内心真诚，这是贤人受教化的结果。真诚使人通晓事理，通晓事理使人真诚。

只有天下至诚之人才能充分发挥天赋的本性；能够充分发挥天赋本性的人，才能让众人发挥他们的本性；能让众人发挥他们的本性，就能充分发挥万物的本性；能充分发挥万物的本性，就可以帮助天地化育万物；能帮助天地化育万物，就可以与天地并列了。

仅次于圣人的贤者，他们专注于某一领域，而在这一领域中，他们也能达到真诚的境地。一旦达到了真诚，就会自然地显现出来，随后逐渐显著，然后发扬光大，进而感动他人，激发他人的转变，最终引领万物的蜕变。只有那些在世界上最真诚的人，才能引领万物的蜕变。

达到了最高境界的真诚，就可以预知未来。国家将要兴盛，必定会有吉祥的征兆；国家将要衰败，也必然会有妖孽出现。这些征兆会从占卜的蓍草和龟甲上显示出来，也会从人的四肢动作上表现出来。祸福要来临时：好事一定会提前知道，不好的事也一定会提前知道。因此，最高境界的真诚如同神灵一般。

真诚，是自我完善；道，则是自我引导。真诚贯穿万物的始终，没有真诚就没有万物。因此，君子把真诚看得非常珍贵。真诚，并不只是完善自己就行了，还要完善万物。完善自己是仁义，完善万物是智慧。真诚是天赋的本性，它符合内外之道的规律，所以能够随时做到恰到好处。

【解读】

此章首先探讨了诚身与明善的相互关系。诚身与明善是《中庸》中的重要思想之一。诚身达到极致能实现明善，而明善达到极致能达到至诚，这是可以相互转化的过程，这与《中庸》的"天命谓之性"与"修道之谓教"有相通之处。这段话也强调了至诚的巨大力量和作用，认为至诚之道可以预知未来、完善自己和万物，是君子所应追求的宝贵品质；同时还强调了"至诚"对己对物都有重要的影响，"成己，仁也；成物，知也。"即：成就自己，是实现仁道，成就万物，是体现明智，亦如孔子所说的"己欲立而立人，己欲达而达人。"

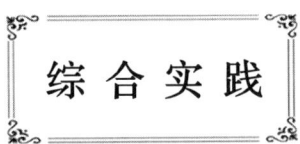

传统文化主题践行活动：中庸之道

一、传统文化践行主题

本章传统文化践行活动的主题是"中庸之道"。通过本专题的实践教学，使学生理解、感悟中庸思想，能以中庸之道来指导现实的问题，遵循"不偏不倚、无过不及"的原则行事于世，解开人生的疑问和迷茫，提升道德修养和人生智慧，为促进个人成长、助力职业发展、厚植家国情怀奠定基础。

《中庸》记载："天命之谓性，率性之谓道，修道之谓教。"这句话反映了中庸之道的核心要义。朱熹曰："中庸者，不偏不倚，无过不及，而平常之理，乃天命所当然，精微之极致也。"中国人自古以来秉承的中庸之道，既是重要的人际关系原则，又是重要的人生价值追求。

二、文化践行活动

根据本校实际情况，结合学生特点，在以下文化践行活动中选择一项进行。

（一）文化践行活动一：诵读国学经典，弘扬传统文化

1. 活动目标

通过朗读《中庸》经典作品，感受中国语言文字的独特魅力，思考"不偏不倚、无过不及"的人生境界，领略国学经典作品渗透的人生智慧与价值追求，塑造学生的世界观、人生观和价值

观，为实现个人成长和服务社会奠定基础。

2. 活动类型

校内实践。

3. 活动方案

（1）每班以个人或小组为单位开展文化践行活动。

（2）选定《中庸》的一个段落朗诵，采取个人朗诵、群体朗诵、配乐朗诵、伴舞朗诵、情景朗诵等方式均可。

（二）文化践行活动二："中庸之道与智慧人生"主题演讲活动

1. 活动目标

传承中华优秀传统文化，培养学生的德育素养。

2. 活动类型

校内实践。

3. 活动方案

（1）每班以个人或小组为单位开展文化践行活动。

（2）将《中庸》的思想和现实生活相结合，以"中庸之道与智慧人生"为主题，完成主题演讲。

（3）认真撰写演讲稿，坚持原创，脱稿演讲。

4. 作品要求

（1）演讲时要注意主题立意、语言表达、逻辑结构、时间把控、互动交流、自信表现、着装姿势、演讲礼仪、精神状态等方面。

（2）小组成员共同完成视频录制，选择合适的服装、道具，视频时长 5~10 分钟，视频完整流畅，无噪声，画面清晰，形式新颖，灵活多样，整体效果好。

第三章 《老子》选读

导 读

一、老子其人

老子,字伯阳,谥号聃,又称李耳(古时"老"和"李"同音;"聃"和"耳"同义),楚国苦县厉乡曲仁里(今河南鹿邑太清宫镇)人,曾做过周朝"守藏室之官"(管理藏书的官员),以博学而闻名,孔子曾入周朝向他问礼。在唐朝,老子被追认为李姓始祖。

老子是我国春秋时期伟大的哲学家和思想家,道家学派创始人,与后世的庄子并称"老庄",被列为世界文化名人,世界百位历史名人之一。

微课视频:《道德经》简介

二、《老子》一书

老子的传世作品《老子》(后来称《道德经》),是中国历史上首部完整的哲学著作。它和《易经》《论语》被认为是对中国人影响最深远的三部思想巨著。其成书年代至少在战国中前期。据传,春秋末年,天下大乱,老子欲弃官归隐,遂骑青牛西行,到函谷关时,受关令尹喜之请著《道德经》。

《道德经》全书共计五千字左右,分成八十一章,编为上下两篇,上篇《道经》三十七章,下篇《德经》四十四章。全书的思想结构是:前三十七章讲"道",后四十四章言"德"。简单说来就是,"道"是"德"之"体","德"是"道"之"用"。

三、道家学说

老子的哲学思想和由他创立的道家学派,不但对我国古代思想文化的发展作出了重要贡献,而且对我国2000多年来思想文化的发展产生了深远的影响。老子的思想主张是"无为",认为世间万物均为"有"与"无"之统一,"有""无"相生,而"无"为基础,"天下万物生于有,有生于无"。他关于民众的格言有:"天之道,损有余而补不足,人之道则不然,损不足以奉有余""民之饥,以其上食税之多""民之轻死,以其上求生之厚""民不畏死,奈何以死惧之?"在政治上,老子主张无为而治、不言之教;在权术上,讲究物极必反之理;在修身方面,讲究虚心实腹、不与人争的修持。

章 句 品 读

章句（一）：《道德经》第一章，老子哲学思想之开宗明义。 音频：《老子》章句诵读

（一）

道可道，非常道⁽¹⁾。名可名，非常名⁽²⁾。无名，天地之始；有名，万物之母。故常无欲，以观其妙；常有欲，以观其徼。此两者，同出而异名，同谓之玄，玄之又玄，众妙之门。

【注释】

（1）道可道，非常道：第一个和第三个"道"字是同一个意思，指大道的"道"；第二个"道"字是言道的"道"。这句话的意思是：人们奉行的、通常称之为"道"的思想主张、理论学说，确实都能用来指导行动，但都非恒道，即不是永远可用、在任何情况下都对人具有指导意义的道理（大道）。

（2）名可名，非常名：此句的语法结构和修辞手法与上句完全一样，意思是：人们使用的名称虽然可以用来指称对象，但都不是常（恒）名，即都不可以用来指称一切人、事、物。

【今译】

可以用语言说出来的"道"，它就不是永恒的"道"；可以用言词说出来的"名"，就不是永恒的"名"。"无"是天地的本始，"有"是万物的根源。因此，要常从"无"中去观察领悟"道"的奥妙；要常从"有"中去观察体会"道"的端倪。"无"与"有"这两者，来源相同而名称相异，都可以称之为玄妙、深远。它不是一般的玄妙、深远，而是玄妙又玄妙、深远又深远，是天地万物之奥妙的总门（即"道"是洞悉一切奥妙变化的门径）。

【解读】

这是《老子》第一章，此章开宗明义地宣告，《道德经》是要阐释一个对于人的任何活动都具有最高指导意义的主张、理论、学说，即为人之道和治国之道，可简称为"大道"。

"道可道，非常道。"可以这样理解："大道"如果可以用言语道出，那就不是真正的、永恒的"道"了，因为"道"是无形的，看不见摸不到，可是它又无处不在。

"名可名，非常名。"这句话是和上一句对应的，指出："道"是人们靠心去感悟的，而不是用来言道或妄加名称就可以的。

"无名，天地之始；有名，万物之母。"描写"道"的本质与作用，"无"就是"道"的本体，"道"在天地未开辟之前就已经有了，因为"道"最擅长的就是无中生有，所以才创造出了天地，这就是"有"，有了天地就有了万物，"道"就像是世间万物的母亲一样伟大。

"故常无欲，以观其妙；常有欲，以观其徼。"这句话是让我们体会"大道"无名无形的微妙，体会"道"创造出世间万物的神奇力量。

"此两者，同出而异名，同谓之玄，"为我们总结了"道"的玄妙与神奇，即"无"和"有"上这两种玄妙和神奇，都可谓是"道"玄妙作用。

"玄之又玄，众妙之门。"这句话中的"玄"与上句话中的"玄"意思不同，上句话中的"玄"

是"玄妙"的意思,这句里的"玄"是指变化。这句话的意思是:这样变化来又变化去,就是万物所遵守的"大道"了。

章句(二):《道德经》第二章,阐述老子哲学思想之无为之道。

(二)

天下皆知美之为美,斯(1)恶已(2);皆知善之为善,斯不善已。故有无相生,难易相成,长短相形,高下相盈,音(3)声相和(4),前后相随。恒也。是以圣人处无为(5)之事,行不言(6)之教,万物作而弗始(7),生而弗有(8),为而弗恃(9),功成而弗居。夫惟弗居,是以不去(10)。

【注释】

(1)斯:连词,就。
(2)已:同"矣",句末语气词。
(3)音:"音"和"声"本是同义词,在这里作为一对反义词使用,分别指谐音与噪声。
(4)和:和谐、协调,也有"适中"的意思。
(5)无为:指不刻意作为,不抱非达目的不可、不实现自己意图不止的态度。
(6)不言:即"无言"。"不言之教"即"身教",指以自己的"榜样"影响他人。
(7)始:开始,初始,"不为始"意为不重新开始,引申为不干扰。
(8)有:占有,据为己有。
(9)恃:依恃,依靠。
(10)去:违,离开。"不去"即不违道、不离道。

【今译】

如果天下人都知道什么是美,就知道什么是丑了;如果都知道什么是善,就知道什么是恶了。所以有和无可以互相转化而产生,难和易可以互相对照而形成,长和短因互相比较而体现,高和低因互相包含而充实,音与声因互相补充而和谐,前和后因互相跟随而有顺序。这是永恒的。因此,圣人顺应自然规律(以"无为"的态度)来对待世事,用顺应自然(无言)的方式来施行教化。任凭万物自然地生长变化而不干预,生养万物而不据为己有,培育万物而不自恃自己的能力,功成业就而不居功自傲。正因为不居功自傲,所以圣人的功绩不会泯灭。

【解读】

这段话体现了道家思想中对于"无为而治"和事物相对性的深刻洞察。

老子在本章里指出,事物都有自身的对立面,都是以对立面作为自己存在的前提,没有"有"也就没有"无",没有"长"也就没有"短";反之亦然,而对立面双方又具有本质的同一性,这就是中国古典哲学中所谓的"相反相成"。本章所用"相生、相成、相形、相倾、相和、相随"等,都是因相比较而存在,相依靠而生成,这就是老子的辩证法思想。老子因此提出回归自然、顺应无为而治的自然规律,即为政者不要以自己的主观意志去强行干预事物的发展演化,应当遵从事物发展的客观规律。不应当心存私欲而争利。对待事物的发展不持个人主观执见。取得功绩要淡然处之,不居功,才能不断精进。

章句（三）：《道德经》第二十一章，阐述老子哲学思想之不德之德。

（三）

孔德⁽¹⁾之容⁽²⁾，惟⁽³⁾道是从⁽⁴⁾。道之为物，惟恍惟惚⁽⁵⁾；惚兮恍兮，其中有象⁽⁶⁾；恍兮惚兮，其中有物；窈兮冥兮⁽⁷⁾，其中有精⁽⁸⁾；其精甚真⁽⁹⁾，其中有信⁽¹⁰⁾。自古及今，其名⁽¹¹⁾不去，以阅⁽¹²⁾众甫⁽¹³⁾。吾何以知众甫之状哉！以此⁽¹⁴⁾。

【注释】

（1）孔德：大德。孔：甚，大。德："道"的显现和作用为"德"。
（2）容：容貌、形态。
（3）惟：单，只。
（4）从：随行，相随。
（5）恍惚：迷离，难以捉摸，不清楚。
（6）象：形状，样子，形象。
（7）窈兮冥兮：深远渺茫的样子。窈：深远，微不可见。冥：深不可测。
（8）精：最微小的物质，极细微的本质。此处涉及中国古代的哲学范畴，指事物的内在本质。
（9）甚真：是很真实的。
（10）信：诚实、真实可信。
（11）其名：代指"孔德"。
（12）阅：看、察看。
（13）甫：本义指有蔬菜的田地，是"圃"的古字。"众甫"意指古代贤明之君。
（14）此：指"道"，即"孔德之容，惟道是从"这个论断。

【今译】

大德的样子，是随着"道"（自然规律、宇宙真理）而变化的。"道"这个东西，它迷迷糊糊、恍恍惚惚的，很难捉摸。虽然它迷迷糊糊、恍恍惚惚，但其中有形象；恍恍惚惚、迷迷糊糊之中，又有实在的东西。它深远幽暗啊，但其中有精华；这精华是最真实的，这精华是可以信验的。从古到今，道的名字（或概念）一直存在，人们用它来观察万事万物的起始。我怎么知道万事万物起始的情况呢？就是根据上面所说的"道"的这些特性啊。（从古到今，深具道之大德从未消失过，通过考察历代贤明之君就明白了。我怎么能知道历代贤明之君有大德呢，我是依据"孔德之容，惟道是从"这个道理。）

【解读】

从《道德经》第一章起，老子就指出"道"是宇宙的本原。老子以"道"解释宇宙万物的演变，即"道生一，一生二，二生三，三生万物。"本章中，老子进一步阐述"道"是"无状之状，无物之象，是谓惚恍"的观点，明确地提出"道"虽然看不见，无形无象，但确实存在，万物都是由它产生的。

在本章里，老子还向我们描述了道的状态以及运行规律，提出"德"的内容是由"道"决定的,"道"的属性表现为"德"的观点,由此推论德的具体表现。关于道与德的关系问题,老子的意见是:"道"是无形的,它必须作用于物,透过物的媒介,而得以显现它的功能。这里,"道"之所显现于物的功能,老子把它称为"德","道"产生了万事万物,而且内在于万事万物,在一切事物中表现它的属性,也就是表现了它的"德"。在人生现实问题上,"道"体现为"德"。

如何修养德性,老子的主张概括来说有三点:

第一,对内静养。做到无欲,无欲能静,即通过去欲的方式达到静养的目的。另外知足也是去欲静养的方式。万物都是自足的,皆备智慧,圣人只需要顺着物之本性适时地引导就好了,所以不贪功居位,自有道性。

第二,对外虚空。虚空就意味着对待事情没有成见和定法,完全根据客观现实,找出最佳方案处理事情。所以老子主张圣人要"不自见,不自是,不自彰",即不要自我炫耀,抛开成见,迎接真知。

第三,守弱贵柔。从无到有的发展过程即是道,这个过程是不断适应顺应自然、顺应社会、顺应人心的过程,处处要求守柔的品质。所以老子在《道德经》第六十四章中指出:"合抱之木,生于毫末;九层之台,起于累土;千里之行,始于足下。"要顺从自然规律去行事,不争也是柔的体现。

章句(四):《道德经》第八十章,阐述老子哲学思想之理想之国。

(四)

小国寡民(1)。使有什伯人之器(2)而不用;使民(3)重死(4)而不远徙。虽有舟舆,无所乘之;虽有甲兵,无所陈(5)之。使民复结绳而用(6)之,甘其食,美其服,安其居,乐其俗。邻国相望,鸡犬之声相闻,民至老死不相往来。

【注释】

(1)小国寡民:使"国小民少",意思是:不要贪求"国大民多"。
(2)什伯(shí bǎi)人之器:相当于十倍、百倍人的器物。器:工具、器械,此处指攻城略地之器械,如船、车等。
(3)使民:即役使百姓,可释为"使用民力"。使:役使。民:百姓。
(4)重死:重视死亡,意即爱惜生命。
(5)陈:陈列,布设。
(6)结绳而用:指古代没有文字时,以结绳的方式记事。

【今译】

治理国家,面积小一点,人口少一点,不要贪求大与多。这样,即使拥有十倍百倍于人力的大型器械也不再使用;使用民力应当爱惜他们的生命,不要让他们远徙。这样,虽然国家有兵船、战车、军队,因无战事,也就无用武之地了。让百姓重新过上结绳记事那样原始纯朴的生活。让百姓吃得甘美、穿得漂亮、住得舒适、依照当地的风俗活得快乐。尽管国与国之间互相望得见,鸡犬的叫声都可以听得见,但是百姓自给自足、安居乐业,从生到死,也不相互往来(国与国之间没有纷争和动荡,百姓互不打扰,安享天年)。

【解读】

此文反映了老子无为而治、小国寡民的政治理想。文中描绘的自给自足、安居乐业、与世无争的理想社会模型，体现了老子对于减少欲望、回归自然、追求内在和谐与满足的哲学追求；它不仅是对当时已经开始的、危害人民的大国兼并行为——通过战争兼并土地、掠夺人民的批判与反思，也是对理想社会形态的一种向往与构想。老子对美好生活图景的描述："甘其食，美其服，安其居，乐其俗"，始终指引人类文明前行的方向。其哲学思想既是中华文明源头的重要组成部分，也是解决当前乃至未来人类文明发展所面临问题的重要参考。正是在这个意义上，我们说老子是中国的，也是世界的。

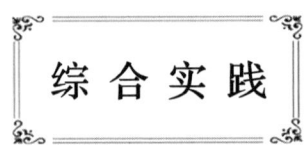

综合实践

传统文化主题践行活动：道法自然

一、传统文化践行主题

本章传统文化践行活动的主题是："道法自然，无为而治"——老子思想在现代生活中的应用。通过深入理解《道德经》中的核心思想，引导学生将老子的哲学思想应用到现代生活和学习中，提升其生活智慧，培养顺应自然、和谐共生的生活态度。

"道法自然，无为而治"是老子哲学的精髓所在。它并非倡导消极不作为，而是主张在深刻理解事物内在规律的基础上，采取最符合自然规律的方式去作为，达到"无为而无不为"的境界。

二、文化践行活动

根据本校实际情况，结合学生特点，在以下文化践行活动中选择一项进行。

（一）文化践行活动一："道法自然"生活体验

1. 活动目标

通过实践活动，让学生体验"道法自然"的生活哲学，并将其转化为实际生活中的智慧和指导原则，学会以平和、顺应自然的心态面对生活和学习中的挑战。

2. 活动方案

（1）校园环保行动：组织学生开展校园清洁行动，体验"无为而治"在环境管理中的应用，让学生理解"少干预、多顺应"的环保理念。

（2）自然观察日记：鼓励学生记录一周内的自然现象（如日出日落、季节变化等），并思考这些现象如何体现了"道"的运行规律。

3. 成果展示

（1）环保行动总结报告：展示活动成果和心得体会。

（2）自然观察日记展：分享学生对"道"的感悟和理解。

（二）文化践行活动二：无为而治，班级管理

1. 活动目标

将"无为而治"的思想应用于班级管理中，培养学生自我管理和团队协作的能力。

2. 活动方案

（1）班级自治制度：在班级中实施学生自治制度，由学生自主制定班级规则和管理方案，老师仅提供指导和监督。

（2）角色互换日：安排特定日期让学生轮流担任班级管理者（如班长、学习委员等），体验不同管理岗位的责任和挑战。

3. 成果展示

（1）班级自治制度实施报告，总结自治过程中的经验和教训。

（2）角色互换心得分享会，让学生交流担任不同管理岗位的体会和感悟。

第四章 《庄子》选读

导读

一、庄子其人

庄子,名周,字子休,战国时期宋国蒙(今河南商丘民权县)人;战国中期思想家、哲学家、文学家,道家学派代表人物,与老子并称"老庄"。

庄子在哲学思想上继承和发展了老子"道法自然"的思想观点,使道家真正成为一个学派。庄子把老子的"道"转化为一种心灵的境界,追求精神世界的逍遥自由,主张齐物我、齐是非、齐大小、齐生死、齐贵贱,用"安时守顺"的宿命态度对待现实。这一思想对中国古代知识分子的精神世界曾产生很大的影响。

微课视频:《认识庄子》

二、《庄子》一书

存世《庄子》一书,是庄子及其弟子、后学著作的总汇,是道家经典著作之一,原书五十二篇,现存三十三篇,分《内篇》七篇、《外篇》十五篇、《杂篇》十一篇。一般认为《内篇》为庄子本人所作,其中代表作有《逍遥游》《齐物论》《养生主》等。其文章多用寓言故事,想象力丰富而奇特,语言灵活多变,把微妙难言的哲理写得引人入胜,被称为"文学的哲学,哲学的文学",在中国学术思想史上有着深远的影响。《庄子》和《周易》《老子》并称为"三玄",在哲学方面有较高的研究价值。

三、庄子的哲学思想

《逍遥游》是《庄子·内篇》的第一篇,集中代表了庄子的哲学思想。"逍遥游"是庄子的人生理想,是庄子人生论的核心内容。"逍遥游"是指对世俗之物无所依赖,与自然化而为一,不受任何束缚自由地游于世间。"逍遥",在庄子这里是指人超越了世俗观念及其价值的限制而达到的最大的精神自由。"游",并不是指形体之游,更重要的是指精神之游,形体上的束缚被消解后,自然就可以悠游于世。逍遥游就是超脱万物、无所依赖、绝对自由的精神境界。庄子的逍遥游理论千百年来深刻影响了后世关于生活的思维方式和处世态度,使人的精神从现实中升华,并且破除自我中心,从固步自封、自我局限的狭隘心境中摆脱出来,以免在平庸忙碌之中迷失和异化了自我。这对扩展人们的思想视野,开阔人们的心灵空间,使人们的思想认识和精神内涵达到新的境界,具有一定的现实意义。

章 句 品 读

章句（一）：逍遥游最高境界之一"圣人无名"。

音频：《庄子》章句诵读

（一）

尧让天下于许由⁽¹⁾，曰："日月出矣，而爝火⁽²⁾不息，其于光也，不亦难乎！时雨降矣，而犹浸灌⁽³⁾，其于泽也，不亦劳乎！夫子立而天下治，而我犹尸之，吾自视缺然，请致天下。"许由曰："子治天下，天下既已治也。而我犹代子，吾将为名乎？名者，实之宾也。吾将为宾乎？鹪鹩⁽⁴⁾巢于深林，不过一枝；偃鼠饮河，不过满腹。归休乎君，予无所用天下为！庖人虽不治庖，尸祝⁽⁵⁾不越樽俎⁽⁶⁾而代之矣！"

【注释】

（1）许由：古代帝王尧时期的隐士。此人还见于《徐无鬼》《外物》等篇，皆记述许由拒位之事。

（2）爝（jué）火：火把、火炬。

（3）浸灌：浸润灌溉。

（4）鹪（jiāo）鹩（liáo）：一种小鸟。

（5）尸祝：古代祠庙中掌管祭祀的司仪。尸：掌管，主持。

（6）樽（zūn）：酒器。俎（zǔ）：盛肉的器具。

【今译】

尧要把天下让给许由，说："太阳、月亮出来了，而小火把还不熄灭，它的亮度，要和日月相比不是太难了吗！及时雨降下来了，还要去灌溉田地，对于滋润禾苗，不是徒劳吗！你如果成了君王，天下一定大治，而我还徒居其位，我自己感到惭愧极了，请允许我把天下交给你。"许由说："你治理天下，天下已经治理好了，而我再接替你，我岂不是为名而来吗？名，是依附于实的客体，我难道要做有名无实的客体吗？鹪鹩在深林中筑巢，只要一根树枝；鼹鼠饮河水，只要肚子喝饱。请你回去吧，天下对于我没有什么用！即使厨子不下厨做菜，主祭的人也不能越过自己的职责范围去代替厨师下厨做菜。"

【解读】

这段故事体现了古代贤人淡泊名利、谦让不争的高尚品德。庄子认为，要真正达到自由自在的逍遥游境界，必须"无己""无功""无名"。"名"是名誉、名声。如果人能放弃名，或者有名而不居名，达到"无名"，那就是"圣人"，这是达到逍遥游的第一种途径。"功"是成就、功业，如果人有功而不居功，忘了所建功业，达到"无功"，这就是"神人"，这是进入逍遥游的第二种途径。"己"是自我，是存在于人心中的"成心"，如果人能抛弃"己"，泯灭了"成心"，一切顺应自然，达到"无己"，那就是"至人"，这是实现逍遥游的第三种途径。

章句（二）：逍遥游最高境界之二"神人无功"。

（二）

肩吾问于连叔曰(1)："吾闻言于接舆(2)，大而无当，往而不反。吾惊怖其言，犹河汉而无极也；大有径庭(3)，不近人情焉。"连叔曰："其言谓何哉？"曰："藐姑射之山，有神人居焉，肌肤若冰雪，绰约若处子。不食五谷，吸风饮露。乘云气，御飞龙，而游乎四海之外。其神凝，使物不疵疠而年谷熟。吾以是狂而不信也。"连叔曰："然。瞽者无以与乎文章之观，聋者无以与乎钟鼓之声。岂唯形骸有聋盲哉？夫知亦有之！是其言也，犹时女也。之人也，之德也，将旁礴万物以为一。世蕲乎乱，孰(4)弊弊(5)焉以天下为事！之人也，物莫之伤，大浸稽(6)天而不溺，大旱金石流土山焦而不热。是其尘垢秕糠将犹陶铸尧舜者也，孰肯以物为事？"宋人资章甫而适诸越，越人断发文身，无所用之。尧治天下之民，平海内之政，往见四子藐姑射之山，汾水之阳，窅然丧其天下焉。

【注释】

（1）肩吾、连叔：都是庄子笔下虚构的体道之士。在《庄子》书中此类人物很多，即使是史上确有其人的，也是以"道家"风格出现，甚至孔子也不例外。

（2）接舆（yú）：楚国隐士，与孔子同时。此处庄子有自喻接舆的意思。

（3）大有径庭：比喻差别极大。径：门外路径。庭：庭院。

（4）孰：谁，指神人。

（5）弊弊：劳神苦思的样子。

（6）大浸稽：洪水到来。大浸：大水、洪水。稽：至，到达。

【今译】

肩吾向连叔求教："我从接舆那里听到谈话，大话连篇没有边际，一说下去就回不到原来的话题上。我十分惊恐他的言谈，就好像天上的银河没有边际，跟一般人的言谈差异甚远，确实是太不近情理了。"连叔问："他说了些什么呢？"肩吾转述道："'在遥远的姑射山上，住着一位神人，皮肤润白像冰雪，体态柔美如处女，不食五谷，吸清风饮甘露，乘云气驾飞龙，遨游于四海之外。他的精神那么专注，使得世间万物不受病害，年年五谷丰登。'我认为这全是虚妄之言，一点也不可信。"连叔听后说："是呀！对于盲人无法同他们欣赏花卉和色彩，对于聋人无法同他们聆听钟鼓的乐声。难道只是身体上有聋和瞎吗？智慧上也有聋和瞎啊！这话似乎就是说你肩吾的呀。那位神人，他的德行，将包容万物，把万物视为一体，（以此求得整个天下的治理）。世间人们追求纷扰，又有谁肯辛辛苦苦为治理天下而操心呢！那样的人哪，外物无法伤害他，滔天的洪水不能淹没他，天下大旱使金石熔化、山土焦裂，他也不会感到灼热。他的尘垢秕糠都能造就出尧舜那样的圣贤来，他又怎么会把治理天下作为自己的事业呢？宋国人带着精美的帽子（章甫）去越国贩卖，可越国人习惯断发纹身，根本不需要戴帽子，（所以宋人的帽子在越国就卖不出去啦，这就像有些事物或观念，在某些地方或文化中可能毫无用处）。尧帝治理好天下的百姓，平定了四海之内的政事，然后去姑射山的北面、汾水的南面，拜访四位得道的高人。他在那里悟道有得，竟然把治理天下的功业都忘却了（达到了超然物外的境界）。"

【解读】

这段话通过对比和寓言,表达了对于超脱世俗、追求更高精神境界的向往与赞美,从不同角度、不同层面点出了庄子"逍遥游"思想的精髓。庄子先以尧为例就"圣人无名"(有名不居名,心中无名)进入"逍遥游"境界,成就形体和精神的绝对自由作了阐释。然而,人生在世,"名"并非获得精神自由的唯一羁绊,与"名"相连的"功"(功名),在庄子看来,也是进入"逍遥游"的一大障碍。所以,庄子本章承前"圣人无名"之言,再启"神人无功"之论,文思绵密。

章句(三):逍遥游最高境界之三"至人无己"。

(三)

惠子⁽¹⁾谓庄子曰:"魏王贻我大瓠之种,我树之成,而实五石。以盛水浆,其坚不能自举也。剖之以为瓢,则瓠落无所容。非不呺然⁽²⁾大也,吾为其无用而掊⁽³⁾之。"庄子曰:"夫子固拙于用大矣。宋人有善为不龟手之药⁽⁴⁾者,世世以洴澼⁽⁵⁾絖为事。客闻之,请买其方百金。聚族而谋曰:'我世世为洴澼絖,不过数金,今一朝而鬻技百金,请与之。'客得之,以说吴王。越有难,吴王使之将,冬,与越人水战,大败越人。裂地而封之。能不龟手一也,或以封,或不免于洴澼絖,则所用之异也。今子有五石之瓠,何不虑以为大樽,而浮于江湖,而忧其瓠落无所容?则夫子犹有蓬之心也夫!"

惠子谓庄子曰:"吾有大树,人谓之樗。其大本拥肿而不中绳墨,其小枝卷曲而不中规矩⁽⁶⁾,立之涂,匠人不顾。今子之言大而无用,众所同去也。"庄子曰:"子独不见狸狌⁽⁷⁾乎?卑身而伏,以候敖者;东西跳梁,不辟高下;中于机辟,死于罔罟⁽⁸⁾。今夫斄牛⁽⁹⁾,其大若垂天之云。此能为大矣,而不能执⁽¹⁰⁾鼠。今子有大树,患其无用,何不树之于无何有之乡⁽¹¹⁾,广莫之野,彷徨乎无为其侧,逍遥乎寝卧其下。不夭斤斧,物无害者,无所可用,安所困苦哉!"

【注释】

(1)惠子:即惠施,庄子的朋友,先秦时期的杰出代表人物。

(2)呺(xiāo)然:空空的样子。

(3)掊(pǒu):打破,砸烂。

(4)为不龟手之药:配制防止冻伤的药。为:配制。龟,通"皲",皮肤冻裂。

(5)洴(píng)澼(pì):漂洗。絖(kuàng):通"纩",絮衣服的丝绵。

(6)规矩:木匠用来画圆、方线的工具。

(7)狸:野猫。狌(shēng):黄鼠狼。

(8)罔(wǎng):通"网",罗网。罟(gǔ):网的总称。

(9)斄(lí)牛:即牦牛。

(10)执:捉拿。

(11)无何有之乡:空旷无人的地方。无何有:什么都没有。

【今译】

惠子对庄子说:"魏王送给我大葫芦的种子,我种下后结出的葫芦大得可以容纳五石。用它来盛水，它却因质地太脆无法提举。切开它当瓢，又大而平浅无法容纳东西。我不是嫌它不够大，只是因为它无用，所以我把它砸了。"庄子说："你真不善于使用大的物件。有个宋国人善于制作防止手冻裂的药，他家世世代代都以漂洗丝絮为业。有个客人听说后，想用一百两黄金来买他的药方。这个宋国人召集全家商量说：'我家世世代代靠这种药来从事漂洗丝絮的工作，一年所得也不过数两黄金，现在一旦卖掉这个药方马上就可以得到百两黄金，请大家答应我卖掉它。'这个客人买到药方后，就去游说吴王。那时正逢越国人侵吴国，吴王就命他为将，在冬天跟越国人展开水战，使越国人大败，于是吴王割地封侯来奖赏他。同样是一帖防止手冻裂的药方，有人靠它得到封赏，有人却只会用于漂洗丝絮，这是因为使用方法不同啊。现在你有可容纳五石东西的大葫芦，为什么不把它系在身上作为腰舟而浮游于江湖呢？只考虑它大而无处可容纳，可见你的心地过于浅陋狭隘了！"

惠子对庄子说："我有一棵大树，人们称它为樗。它的树干粗大而臃肿，不合绳墨取直的要求；它的树枝弯曲乖戾，也不合规矩取圆的条件。它长在路边，木匠都不看它一眼。现在你说的那段话，大而无用，大家都会鄙弃它的。"庄子说："先生你没见过野猫和黄鼠狼吗？屈身匍匐在那里，等待捕捉来往的小动物；它捉小动物时东跳西跃，不避高低；但是一旦踩中捕兽的机关陷阱，就死在网中。再看那牦牛，庞大的身体就像天边的云；这可以说够大的了，但是却不能捕鼠。现在你有一棵大树，担忧它没有用处，为什么不把它种在空旷无人的地方或广阔无边的原野，这样可以悠然徘徊在它的旁边，逍遥自在地躺在它的下面；这样大树就不会遭到斧头的砍伐，也没有什么东西会伤害它。虽然它没有什么用处，又哪里会有什么困苦呢？"

【解读】

这段对话体现了庄子无为而治、顺其自然的思想，认为无用之用，方为大用，行"无为"之道，修持"无己"之真我，摆脱人世种种羁绊，精神进入"逍遥游"境界，方能保全自性而游于乱世，此为"逍遥游"路径之三。

相较于"至人"，"圣人"与"神人"所要放下或者摆脱的，或许只是功与名。"无何有之乡，广莫之野"是庄子理想中的"逍遥游"自由世界，"彷徨乎无为其侧，逍遥乎寝卧其下"是庄子勾勒出的怡然自得、超然世外的理想人生图景，人人没有"斤斧"之虞，万物齐一。要进入这样的世界，须人人没有欲念，无所牵挂，无为无己，"无所可用"。庄子以"无用"引导人们在乱世中如何避祸、如何摆脱人生的种种羁绊，从而进入自由逍遥的境界。

传统文化主题践行活动：逍遥人生

一、传统文化践行主题

本章传统文化践行活动的主题是："逍遥人生，自在心灵"——探索庄子哲学的生活智慧。通过深入理解《庄子》中的哲学思想，引导学生探索内心世界，追求心灵的自由与宁静，将庄子的智慧融入日常生活，提升个人修养与生活质量。

"逍遥人生，自在心灵"，不仅是对庄子哲学精髓的提炼与传承，更是对当代人生活状态的一种深刻反思与积极引领。在这个快节奏、高压力的时代，我们往往被各种外在因素所牵绊，忽略了内心的声音与需求。通过探索庄子哲学的生活智慧，旨在唤醒人们内心深处对自由与宁静的向往，学会放慢脚步，倾听自己内心的声音。

二、文化践行活动

根据本校实际情况，结合学生特点，在以下文化践行活动中选择一项进行。

（一）文化践行活动一：逍遥游读书会

1. 活动目标

（1）深入研读《庄子》原文，特别是《逍遥游》篇章，理解庄子关于自由与超脱的思想。

（2）养学生批判性思维和独立思考能力，通过小组讨论分享对庄子哲学的见解。

2. 活动方案

（1）分章节阅读《逍遥游》，每周设定一次读书会时间。

（2）每次读书会前，学生需准备相关章节的读书笔记或感悟。

（3）读书会上进行小组讨论，分享各自的理解与疑问，教师引导深入探讨。

3. 成果展示

读书会记录与总结，包括学生的笔记、感悟及讨论要点。

（二）文化践行活动二：庄子智慧与现代生活

1. 活动目标

探讨如何将庄子哲学中的智慧应用于现代生活与工作，提升个人应对压力与变化的能力。

2. 活动方案

（1）邀请心理学、管理学等领域的专家，结合庄子哲学举办专题讲座。

（2）分组讨论，探讨庄子哲学在个人成长、职业规划、人际关系等方面的应用。

（3）学生根据个人兴趣与需求，制定一份将庄子智慧融入日常生活的计划。

3. 成果展示

（1）个人实践计划展示：分享如何将庄子哲学融入日常生活与工作的具体做法。

（2）专家讲座的心得与反馈：记录学习的收获与感悟。

第五章 《墨子》选读

导读

一、墨子其人

墨子,名翟,春秋末期战国初期人,先祖是殷商王室,是宋国君主宋襄公的哥哥目夷的后代;中国古代思想家、教育家、科学家、军事家,墨家学派创始人和主要代表人物。

墨子是墨家学说的创立者,据《淮南子·要略》记载,墨子曾从师于儒者,学习孔子的儒学,但墨子不赞同儒家的厚葬久丧和奢靡礼乐,认为儒家所讲的都是些华而不实的空话,所以墨子

微课视频:《认识墨子》

最终舍掉了儒学,另立新说,逐步形成了自己的墨家学派。墨家学派在先秦时期影响很大,与儒家并称"显学",也是儒家的主要反对派。在战国时期的百家争鸣中,有"非儒即墨"之称。

墨子死后,墨家分为相里氏之墨、相夫氏之墨、邓陵氏之墨三个学派。

二、《墨子》一书

《墨子》一书,一般认为是墨子自著及其弟子收集其语录编撰而成。

《墨子》一书内容广博,包括政治、军事、哲学、伦理、逻辑、科技等方面,是研究墨子及其后学的重要史料。此书分两大部分:一部分是记载墨子言行,阐述墨子思想,主要反映了前期墨家的思想;另一部分《经上》《经下》《经说上》《经说下》《大取》《小取》等六篇,一般称作墨辩或墨经,着重阐述墨家的认识论和逻辑思想,还包含许多自然科学的内容,反映了后期墨家的思想。

三、墨家学说

墨子创立的墨家学说提出了"兼爱""非攻""尚贤""尚同""天志""明鬼""非命""非乐""节葬""节用"等观点,以"兼爱"为核心,以节用、尚贤为支点,创立了以几何学、物理学、光学为突出成就的一整套科学理论。《墨子》中记述了丰富的力学知识,讨论了杠杆平衡问题,还记载了几何光学知识。《墨子》在数学方面,提出了一些几何学的定义,这表明我国在战国时期就已经产生了理论几何学的萌芽。

墨子思想的根本精神是自苦利人。他倡导"兼相爱,交相利",以利人为义,以亏人自利为不义,以是否利于人民作为衡量是非的重要标准。他的非攻、非乐、节用、节葬等主张都

体现了这一精神,同时他要求人们在个人物质生活方面只取最低的标准。

墨子的哲学建树,以认识论和逻辑学最为突出,墨子认为,人的知识来源可分为三个方面,即闻知、说知和亲知。墨子也是中国逻辑学的奠基者,他称逻辑学为"辩"学,视之为"别同异,明是非"的思维法则。

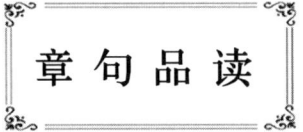

章句(一): 墨子提出"兼爱"理论,主张"兼相爱,交相利"。

音频:《墨子》章句诵读

(一)

子墨子言曰:"仁人之所以为事者,必兴天下之利,除去天下之害,以此为事者也。"然则天下之利何也?天下之害何也?子墨子言曰:"今若国之与国之相攻,家之与家之相篡,人之与人之相贼,君臣不惠忠,父子不慈孝,兄弟不和调,此则天下之害也。"

然则崇⁽¹⁾此害亦何用生哉?以不相爱生邪?子墨子言:"以不相爱生。"今诸侯独知爱其国,不爱人之国,是以不惮举其国,以攻人之国。今家主独知爱其家,而不爱人之家,是以不惮举其家,以篡人之家。今人独知爱其身,不爱人之身,是以不惮举其身,以贼人之身。是故诸侯不相爱,则必野战;家主不相爱,则必相篡;人与人不相爱,则必相贼;君臣不相爱,则不惠忠;父子不相爱,则不慈孝;兄弟不相爱,则不和调。天下之人皆不相爱,强必执弱,富必侮贫,贵必敖⁽²⁾贱,诈必欺愚。凡天下祸篡怨恨,其所以起者,以不相爱生也。是以仁者非之。

既以非之,何以易之?子墨子言曰:"以兼相爱⁽³⁾、交相利之法易之。"然则兼相爱、交相利⁽⁴⁾之法将奈何哉?子墨子言:"视人之国,若视其国;视人之家,若视其家;视人之身,若视其身。"是故诸侯相爱,则不野战;家主相爱,则不相篡;人与人相爱,则不相贼;君臣相爱,则惠忠;父子相爱,则慈孝;兄弟相爱,则和调。天下之人皆相爱,强不执弱,众不劫寡,富不侮贫,贵不敖贱,诈不欺愚。凡天下祸篡怨恨,可使毋起者,以相爱生也。是以仁者誉之。

然而今天下之士君子曰:"然!乃若兼则善矣;虽然,天下之难物于故也。"子墨子言曰:"天下之士君子,特不识其利、辩其故也。"今若夫攻城野战,杀身为名,此天下百姓之所皆难也。若君说之,则士众能为之。况于兼相爱、交相利,则与此异!夫爱人者,人必从而爱之;利人者,人必从而利之;恶人者,人必从而恶之;害人者,人必从而害之。此何难之有?特上弗以为政、士不以为行故也。

昔者晋文公好士之恶衣,故文公之臣,皆牂羊⁽⁵⁾之裘,韦以带剑,练帛之冠,入以见于君,出以践于朝。是其故何也?君说之,故臣为之也。

昔者楚灵王好士细要⁽⁶⁾,故灵王之臣,皆以一饭为节,胁息然后带,扶墙然后起。比期年，朝有黧黑之色。是其故何也？君说之，故臣能之也。

昔越王勾践好士之勇，教驯其臣，和合之，焚舟失火，试其士曰："越国之宝尽在此！"越王亲自鼓其士而进之，士闻鼓音，破碎乱行，蹈火而死者，左右百人有余，越王击金而退之。

是故子墨子言曰："乃若夫少食、恶衣、杀人而为名，此天下百姓之所皆难也。若苟君说之，则众能为之；况兼相爱、交相利，与此异矣！夫爱人者，人亦从而爱之；利人者，人亦从而利之；恶人者，人亦从而恶之；害人者，人亦从而害之。此何难之有焉？特上弗以为政、士不以为行故也。"

【注释】

（1）崇：考察。
（2）敖：轻视。
（3）兼相爱：全都相爱。
（4）交相利：相互得到好处。
（5）牂羊：母羊。
（6）细要：细腰。

【今译】

墨子说："仁人处理事务的原则，一定是为天下兴利除害，以此原则来处理事务。"既然如此，那么天下的利是什么？天下的害又是什么呢？墨子说："现在如果国与国之间相互攻伐，家族与家族之间相互掠夺，人与人之间相互残害，国君对臣子不仁爱、臣子对国君不忠诚，父对子不慈爱、子对父不孝敬，兄弟之间不融洽、协调，这些都是天下之害。"

既然如此，那么考察这些公害又是因何产生的呢？是因不相爱产生的吗？墨子说："是因不相爱产生的。"现在的诸侯只知道爱自己的国家，不爱别人的国家，所以毫无忌惮地发动他自己国家的力量，去攻伐别人的国家。现在的家族宗主只知道爱自己的家族，而不爱别人的家族，因而毫无忌惮地发动他自己家族的力量，去掠夺别人的家族。现在的人只知道爱自己，而不爱别人，因而毫无忌惮地运用全身的力量去残害别人。所以诸侯不相爱，就必然发生混战；家族宗主不相爱，就必然相互掠夺；人与人不相爱，就必然相互残害；君与臣不相爱，就必然相互不施惠、效忠；父与子不相爱，就必然相互不慈爱、孝敬；兄与弟不相爱，就必然相互不融洽、协调。天下的人彼此都不相爱，强大的就必然控制弱小的，富足的就必然欺侮贫困的，尊贵的就必然傲视卑贱的，狡猾的就必然欺骗愚笨的。举凡天下一切祸患、掠夺、埋怨、愤恨产生的原因，都是因为彼此不相爱。所以仁者认为这是不对的。

既然认为彼此不相爱是不对的，那怎么去改变这种情况呢？墨子说道："让所有人都彼此相爱、互惠互利，就能改变它。"既然这样，那应该怎样做才能让所有人都彼此相爱、互惠互利呢？墨子说道："看待别人的国家就像看待自己的国家，看待别人的家庭就像看待自己的家庭，看待别人就像看待自己。"所以，诸侯之间相爱，就不会发生混战；家族之间相爱，就不会相互掠夺；人与人之间相爱，就不会相互伤害；君臣之间相爱，就会惠政忠君；父子之间相爱，就会慈爱孝顺；兄弟之间相爱，就会和睦协调。天下的人都彼此相爱，强大者就不会控制弱小者，人多者就不会强迫人少者，富足者就不会欺侮贫困者，尊贵者就不会傲视卑贱者，狡诈者就不会欺骗愚笨者。举凡天下一切祸患、掠夺、埋怨、愤恨不会产生的原因，是因为所有人相互之间都相爱啊。所以仁者都赞誉这种做法。

然而现在天下的士和君子们说："对！如果能兼爱固然是好的。但要做到如此，也是天下最难以实现的事啊。"墨子说："天下的士、君子们，只是不能辨明兼爱的益处、兼爱的缘故罢了。"比如攻城野战，为成名而杀身，这都是天下百姓难以做到的事。但假如君王喜欢，则士众就能做到。而彼此相爱、互惠互利与之相比，则是完全不同的（好事）。凡是爱别人的人，别人也随即爱他；有利于别人的人，别人也随即有利于他；憎恶别人的人，别人也随即憎恶他；损害别人的人，别人随即损害他。做到兼爱有什么难的呢？只不过是君王不用这样的方法施政，而士人不用这样的方法行事罢了。

从前晋文公喜欢士人穿不好的衣服，所以文公的臣下都穿着母羊皮缝的裘，围着牛皮带来挂佩剑，头戴熟绢做的帽子，（这身打扮）进可以参见君上，出可以往来朝廷。这是什么缘故呢？因为君主喜欢这样，所以臣下就这样做。

从前楚灵王喜欢腰身纤细的人，因此楚灵王的臣子们就每天只吃一顿饭来节制腰围，吸气后才系上腰带，扶着墙才能站起来。等到一年后，满朝文武官员的脸色都黑黄黑黄的了。这是什么缘故呢？因为是君王喜欢这样，所以臣子们就能做到这样。

从前越王勾践喜爱勇猛的士兵，训练他的臣下时，先把他们集合起来，（然后）放火烧船，考验他的将士说："越国的财宝全在这船里。"越王亲自擂鼓，让将士前进。将士听到鼓声，（争先恐后），打乱了队伍，蹈火而死的人达一百多，越王于是鸣金让他们退下。

因此墨子说道："像少吃饭、穿破衣、杀身成名，这都是天下百姓难以做到的事情。假如君王喜欢这样，那么士众就能做到。何况彼此相爱、互惠互利是与此不同的（好事）。爱别人的人，别人也会爱他；有利于别人的人，别人也会做有利于他的事；憎恶别人的人，别人也会憎恶他；损害别人的人，别人也会损害他。做到兼爱有什么难的呢？只不过是君王不用这样的方法施政，而士人不用这样的方法行事罢了。"

【解读】

"兼相爱，交相利"是墨家学说的核心。墨家主张的"兼相爱"对于社会关系的良性发展有很大的正面作用。墨子认为，兼爱是解决社会纷争、实现社会和谐的关键。他主张人们应该像爱自己一样去爱别人，打破血缘、等级和关系的界限，对所有人都给予平等的关爱与尊重。这种爱不仅限于亲情和友情，而是扩展到整个社会乃至全人类。墨子的这种观点，是对儒家讲"泛爱"，讲"仁者爱人"，认为"爱有差等"的一种否定。

墨子"兼爱"学说的出发点是先"为彼"，即把为他人放在第一位，自己先为他人，他人也会对等地给自己以回报"爱人者，人必从而爱之。利人者，人必从而利之。"这种对等互报，强调相互间义务的道德原则在今天仍具有非常现实的意义。

章句（二）：墨子反对战争，提出"非攻"。

（二）

今有一人，入人园圃，窃其桃李，众闻则非之，上为政者得则罚之。此何也？以亏人自利也。

至攘[1]人犬豕鸡豚者，其不义又甚入人园圃，窃桃李。是何故也？以亏人愈多。苟亏人愈多，其不仁兹甚(2)，罪益厚。

至入人栏厩，取人马牛者，其不义又甚攘人犬豕鸡豚。此何故也？以其亏人愈多。苟亏人愈多，其不仁兹甚，罪益厚。

至杀不辜人也，扡(3)其衣裘，取戈剑者，其不义又甚入人栏厩，取人马牛。此何故也？以其亏人愈多。苟亏人愈多，其不仁兹甚矣，罪益厚。

当此，天下之君子皆知而非之，谓之不义。今至大为不义攻国，则弗知非，从而誉之，谓之义，此可谓知义与不义之别乎？

杀一人，谓之不义，必有一死罪矣。若以此说往，杀十人，十重不义，必有十死罪矣；杀百人，百重不义，必有百死罪矣。情不知其不义也，故书其言以遗后世；若知其不义也，夫奚说书其不义以遗后世哉？

今有人于此，少见黑曰黑，多见黑曰白，则必以此人为不知白黑之辩矣。今小为非，则知而非之；大为非攻国，则不知非，从而誉之，谓之义；此可谓知义与不义之辩乎？是以知天下之君子也，辨义与不义之乱也。

【注释】

（1）攘（rǎng）：偷盗。
（2）兹甚：更严重。兹：同"滋"，"更加"的意思。
（3）扡：同"拖"，这里指拽下来，夺取、抢夺或费力取得。

【今译】

现在有这么一个人，溜进别人的果园，偷走了人家的桃子和李子。大家听说了就会责备他，上面执政的人捕获他后会惩罚他。这为什么呢？因为他损人利己。

至于偷窃人家的狗、猪、鸡等家畜家禽的，他的不道义程度又超过了进入别人果园偷桃李。这是什么原因呢？因为他对别人的损害更多了。如果对别人的损害更多，他的不仁就更重，罪名就更大。

至于潜入别人的牛栏、马厩，牵走人家牛马的，他的不道义程度又超过了偷人家的狗、猪、鸡等家畜家禽。这是什么原因呢？因为他对别人的损害更多了。如果对别人的损害更多，他的不仁就更重，罪名就更大。

至于杀无辜的人，剥下人家的衣服皮裘，拿走戈剑等武器，他的不道义程度又超过了潜入别人的牛栏马厩偷牛马。这是什么原因呢？因为他对别人的损害更多了。如果对别人的损害更多，他的不仁就更重，罪名就更大了。

对此，世上的君子都知道指责他，认为他不义。但到了大肆攻打别国这件事上，却不知道指责，反而称赞它，说它是义。这能说是知道义与不义的区别吗？

杀一个人，说它不义，必定构成一个死罪了。如果照这个说法类推下去，杀十个人，十倍的不义，必定构成十个死罪了；杀一百个人，一百倍的不义，必定构成一百个死罪了。这是不明察不明辨不义之事的本质啊，所以把攻国的不义之事记载下来传给后世；如果明知它是不义的，那还有什么理由把它记载下来传给后世呢？

如果有人在这里，看到少量的黑色就说这是黑色，看到大量的黑色却说是白色，那么人们肯定会认为这个人不懂得辨别黑白。同样地,对于小的错误行为,人们知道去谴责它;但对于大的错误行为,如攻打别国这样的不义之举,却不去谴责,反而称赞它,称之为"义"。这能说是懂得辨别义与不义吗?因此,可以看出天下的君子在辨别义与不义上是混乱的。

【解读】

墨子的"非攻"思想是其哲学体系中的重要组成部分,深刻体现了墨子对于战争与和平、正义与非正义的独特见解。"非攻"即反对攻伐掠夺的不义之战,主张和平、非冲突和兼爱天下。墨子认为,战争的本质是暴力的、非道德的,它不仅会夺去无数人的生命,还会摧毁社会财富,破坏社会秩序。因此,他坚决反对任何形式的非正义战争,特别是那些为了掠夺、扩张或满足个人私欲而发动的战争。他主张,只有出于正义目的的战争才是合理的,而那些非正义的战争则应该坚决反对和制止,因为非正义战争违背了人类基本的道德原则。

与"非攻"相应的是墨子对于和平与非冲突的追求。他提倡通过对话、协商等和平手段来解决争端,避免战争的发生。墨子的这种和平主义思想对于当今社会实现和平与稳定具有指导意义。

章句(三):墨子论述"尚贤事能"的必要性和重要性。

(三)

子墨子言曰:"今者王公大人为政于国家者,皆欲国家之富,人民之众,刑政之治。然而不得富而得贫,不得众而得寡,不得治而得乱,则是本失其所欲,得其所恶。是其故何也?"子墨子言曰:"是在王公大人为政于国家者,不能以尚贤事能(1)为政也。是故国有贤良之士众,则国家之治厚;贤良之士寡,则国家之治薄。故大人之务,将在于众贤而已。"

曰:"然则众贤之术,将奈何哉?"

子墨子言曰:"譬若欲众其国之善射御之士者,必将富之、贵之、敬之、誉之,然后国之善射御之士,将可得而众也。况又有贤良之士,厚乎德行,辩乎言谈,博乎道术者乎!此固国家之珍而社稷之佐也,亦必且富之、贵之、敬之、誉之,然后国之良士,亦将可得而众也。"

是故古者圣王之为政也,言曰:"不义不富,不义不贵,不义不亲,不义不近。"是以国之富贵人闻之,皆退而谋曰:"始我所恃者,富贵也。今上举义不辟贫贱,然则我不可不为义。"亲者闻之,亦退而谋曰:"始我所恃者,亲也。今上举义不辟疏,然则我不可不为义。"近者闻之,亦退而谋曰:"始我所恃者,近也。今上举义不辟远,然则我不可不为义。"远者闻之,亦退而谋曰:"我始以远为无恃,今上举义不辟远,然则我不可不为义。"逮至远鄙郊外之臣、门庭庶子、国中之众、四鄙之萌(2)人闻之,皆竞为义。是其故何也?曰:上之所以使下者,一物也;下之所以事上者,一术也。譬之富者,有高墙深宫,墙立既,谨(3)上为凿一门。有盗人入,阖其自入而求之,盗其无自出。是其故何也?则上得要也。

故古者圣王之为政,列德而尚贤。虽在农与工肆之人,有能则举之。高予之爵,重予之禄,任之以事,断予之令。曰:"爵位不高,则民弗敬;蓄禄不厚,则民不信;政令不断,则民不畏。"举三者授之贤者,非为贤赐也,欲其事之成。故当是时,以德就列,以官服事,以劳殿赏,量功而分禄。故官无常贵而民无终贱。有能则举之,无能则下(4)之。举公义,辟私怨,此若言之谓也。

故古者尧举舜于服泽之阳,授之政,天下平。禹举益于阴方之中,授之政,九州成。汤举伊尹于庖厨之中,授之政,其谋得。文王举闳夭、泰颠于罝罔之中,授之政,西土服。故当是时,虽在于厚禄尊位之臣,莫不敬惧而施;虽在农与工肆之人,莫不竞劝而尚德。故士者,所以为辅相承嗣也。故得士则谋不困,体不劳,名立而功成,美章而恶不生,则由得士也。

是故子墨子言曰:"得意,贤士不可不举;不得意,贤士不可不举。尚欲祖述尧舜禹汤之道,将不可以不尚贤。夫尚贤者,政之本也。"

【注释】

(1)事能:任用德才兼备的人。
(2)萌:同"氓"。
(3)谨:通"仅"。
(4)下:罢黜。

【今译】

墨子说:"现在王公大人治理国家,都希望国家富强、人民众多、政治清明,但往往未能如愿,反而导致国家贫弱、人口稀少、政治混乱,完全没有得到他们想要的,而是得到了他们讨厌的。这是什么原因呢?"墨子又说:"这是因为王公大人们治理国家不能做到尊重贤能、任用有能力的人。所以国家中贤良之士多,国家就能治理得好;贤良之士少,国家就治理得不好。因此王公大人的当务之急,应该是多多招揽贤才"

问:"那么,要使德才兼备的贤良之士增多,该怎么办呢?"

墨子说:"比如要使一个国家善于射箭驾车的人增多,那就一定要使他们富裕,使他们显贵,尊敬他们,赞誉他们,然后国家善于射箭驾车的人就会增多了。何况那些有贤能的人,德行醇厚,言谈辞令辩给,博学多才呢!这种人本来就是国家的珍宝(本来就是国家难得的人才)、社稷的辅佐啊,所以一定要使他们富裕,使他们显贵,尊敬他们,赞誉他们,然后国家的贤良之士也就可以增多了。"

所以古代圣王治理国家的时候,就说过:"不义之人不能致富,不义之人不能显贵,不义之人不能和他亲密,不义之人不能和他接近。"因此,国家中的富贵之人听到这些话后,都回到家中盘算合计说:"起初我们所依仗的是富贵,现在君王举用有道义的人,不避开贫贱的人,那我们不能不遵循道义了。"与君王关系亲密的人听说了这事,也回到家中盘算合计说:"起初我仗恃的是与君王关系亲密,现在君王举用有道义的人,不避开关系疏远的人,既然这样那我就不能不遵循道义了。"侍奉君王的近臣听说了这事,也回到家中盘算合计说:"起初我仗恃的是在君王身边做事,现在君王举用有道义的人,不避开身在远方的人,既然这样那我就不能不遵循道义了。"关系疏远、不在君王身边的人听说了这事,也回到家中盘算合计说:"我起初以为跟君王关系疏远、不在君王身边就没什么依靠了,现在君王举用有道义的人,不避开疏远的人,既然这样那我就不能不遵循道义了。"直到边邑远郊的臣子、宿卫宫中的公族及卿大夫子弟、都城中的百姓、四方边远地区的百姓听说了君王举用有道义的人,都争先恐后地行义。这是什么缘故呢?这是因为:君王用来驱使臣下的,是一个"物"(这里可以理解为权力或手段,即尚贤事能);臣下用来侍奉君王的,是一种"术"(方法或策略)。就好比富人家有高大的墙和深宅大院，墙竖立起来后，就只在上面谨慎地开凿一扇门。如果有小偷进来，关上他进出的那扇门来捉拿他，他就无法逃走了。为什么会这样呢？因为君王掌握了关键（即那扇门，比喻君王把握了治理政事的要领和控制权）。

所以古时候圣王治理国家，任用有德之人、尊重贤能的人。即使是从事农业、手工或经商的人，只要有才能就选拔他，给他高的爵位（或给他高的官位），给他丰厚的俸禄，给他职务，给他权力。还这样说："如果爵位不高，百姓就对他不敬重；如果俸禄不丰厚，百姓就对他不信任；如果权力不大，百姓就对他不畏惧。"将爵位、俸禄、权力这三项授予德才兼备的人，不是对他们予以赏赐，而是希望他们能把事情办成。所以在那时，根据德行任官，根据官职授权，根据功劳决定赏赐，衡量业绩分配俸禄。所以做官的不会永远富贵，而民众不会永远贫贱。有能力的就举用他，没有能力的就罢黜他。举起公道，摒弃私怨，说的就是这个意思。

古时候，尧在服泽之阳举荐了舜，把政事交给他，结果天下大治；禹在阴方之中举荐了益，把政事交给他，结果九州安定；汤在庖厨之中举荐了伊尹，把政事交给他，结果计谋得以成功；周文王把闳夭、泰颠从狩猎者中选拔出来，授予他政事，结果西面的国家都归顺了。所以在那个时候，即使是拥有优厚俸禄和高贵地位的大臣，也没有谁不恭敬谨慎而施行善政的；即使是从事农业、手工或经商的人，也没有谁不争着勉励自己而崇尚道德的。所以士这种人，是用来辅佐君王、承继先王的。所以得到了士，谋略就不会失误，身体也不会劳累，名声可以树立，功绩可以成就，美好的事物可以彰显，丑恶的东西不会产生，这都是因为得到士的缘故啊。

所以墨子说："得志的时候，贤士不可不举用；不得志的时候，贤士也不可不举用。假若还想继承尧舜禹汤的传统，就不可不尊重贤能的人。尊重贤能的人，这是治国的根本啊。"

【解读】

在本章中墨子深入阐述了其尚贤主张，强调了"尊贤使能"在国家治理中的重要性。他认为，无论在何种情况下，贤能的人才都应当被举用，因为这是治理国家的根本之道。

墨子的尚贤思想打破了贵族世袭制的束缚，为寒门子弟提供了通过努力改变命运的机会。这种思想在当时等级森严的社会背景下，无疑是一种巨大的进步。他鼓励人们注重才能和品德，而非出身和地位，为社会的公平与正义奠定了基础。墨子的尚贤思想在现代社会依然具有指导意义，一个国家的繁荣富强，离不开高素质的领导人才和专业技术人才。

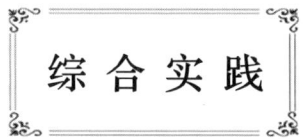

综合实践

传统文化主题践行活动：兼爱非攻

一、传统文化践行主题

本章传统文化践行活动的主题是"《墨子》中的兼爱与非攻"。《墨子》是战国时期墨家学派的经典著作，其中"兼爱"和"非攻"是墨家思想的核心，体现了对"和平"与"兼爱"的倡导。

通过深入研究《墨子》中的兼爱与非攻思想，使学生理解墨家哲学思想的内涵，学习墨子的和平主义精神，培养广泛的爱心和反对战争的意识，并将这些思想融入到个人成长和社会发展中。

二、文化践行活动

根据本校实际情况,结合学生特点,在以下文化践行活动中选择一项进行。

(一)文化践行活动一:墨家思想研讨会

1. 活动目标

通过研讨会的形式,让学生深入探讨《墨子》中的"兼爱"和"非攻"思想,并思考其在现代社会中的应用和价值。

2. 活动类型

学术研讨会或主题辩论赛。

3. 活动方案

(1)学术研讨:学生准备关于《墨子》中"兼爱"和"非攻"思想的论文或报告,在研讨会上进行交流。

(2)主题辩论赛:围绕《墨子》中的和平主义与现实社会问题,组织学生进行辩论。

4. 成果展示

(1)整理《墨子》思想研讨会论文集,收录学生的研究成果。

(2)举办《墨子》思想主题展览,展示学生的思考和见解。

(二)文化践行活动二:《墨子》与现代科技创新

1. 活动目标

激发学生对科技创新的兴趣,引导他们从《墨子》思想中汲取灵感,开展创新实践活动。

2. 活动类型

创新设计大赛或科技制作活动。

3. 活动方案

(1)创新设计:鼓励学生基于《墨子》思想中的科学原理,设计现代科技产品或解决方案。

(2)科技制作:学生团队利用现代科技材料,制作体现墨家创新精神的作品。

4. 成果展示

(1)举办《墨子》思想相关的科技创新展览,展出学生的创新设计和科技制作作品。

(2)组织《墨子》思想相关的科技创新大赛,评选优秀作品并给予表彰。

肆

古诗文选章品读

第一章 《诗经》选读

导 读

《诗经》是我国最早一部诗歌总集,是中国古代诗歌的开端,反映了从西周初年到春秋中叶大约五百年间的社会面貌。

一、《诗经》成书

《诗经》约成书于春秋中期,经文史专家考证,《诗经》中的作品是在周武王灭商(公元前 1066 年)以后产生的,最早的记录为西周初年,最迟产生的作品为春秋时期,上下跨度约五六百年;产生地域以黄河流域为中心,南到长江北岸,分布在现今陕西、甘肃、山西、山东、河北、河南、安徽、湖北等地。

微课视频:《诗经》简介

《诗经》的作者绝大部分已经无法考证,相传为尹吉甫采集、孔子编订。《诗经》在先秦时期称为《诗》或称《诗三百》,在西汉时被尊为儒家经典,始称《诗经》,并沿用至今。

二、《诗经》的内容

《诗经》收集了西周初年至春秋中叶(前 11 世纪至前 6 世纪)的诗歌,共 311 篇,其中有 6 篇为"笙诗"(只有标题,没有内容),实际上是 305 篇。

《诗经》在内容上分为《风》《雅》《颂》三个部分,手法上分为赋、比、兴。

《风》是周代诸侯各国的民间歌谣,大多为劳动人民的口头创作,具有浓厚的民歌特色,有周南、召南、邶、鄘、卫、王、郑、齐、魏、唐、秦、陈、桧、曹、豳"十五国风",共 160 篇。《国风》是《诗经》中的精华,其中的周代民歌以绚丽多彩的画面反映了劳动人民的真实生活,是我国现实主义诗歌的源头。

《雅》是正声雅乐,是周王朝贵族享宴或诸侯朝会时演奏的乐歌,所以也称为朝廷乐歌,多为贵族、士大夫所作。根据音节、音律又分为《小雅》和《大雅》,其中《小雅》74 篇,《大雅》31 篇,共 105 篇。《雅》的内容大多是反映周朝天子及诸侯各国的治国方略,有赞美圣人仁政的,也有讽刺弊政的。

《颂》是祭祀乐歌,是周王庭和贵族宗庙祭神祭祖的乐歌,又分为《周颂》《鲁颂》和《商颂》,其中《周颂》31 篇、《鲁颂》4 篇、《商颂》5 篇,共 40 篇。《颂》的内容主要是祭祀鬼神、歌颂祖先丰功伟绩,反映了周王朝起源、发展、壮大的历史过程和伟大业绩。

三、《诗经》的影响

早在春秋战国时期,《诗经》即已广泛流传,孔子曾说"兴于诗,立于礼,成于乐。""不学诗,无以言。""《诗》可以兴,可以观,可以群,可以怨;迩之事父,远之事君;多识于鸟兽草木之名。"先秦诸子中,引用《诗经》者颇多,如孟子、荀子、墨子、庄子、韩非子等人在说理论证时,多引述《诗经》中的句子来讽谏劝诫、评论抒情。至汉武帝时,《诗经》被儒家奉为经典,为《五经》之一。

《诗经》真实地反映了上古时代的社会面貌,为后世留下了立体的、具象的历史画卷,是一部丰富生动的上古时代百科全书。《诗经》中关注现实的热情、强烈的政治和道德意识、真诚积极的人生态度,被后人概括为"风雅"精神,为后世代代继承和发扬。

音频:《诗经》章句诵读

(一)凯风(邶风)

凯风自南,吹彼棘心(1)。棘心夭夭,母氏劬劳(2)。
凯风自南,吹彼棘薪(3)。母氏圣善,我无令人(4)。
爰有寒泉,在浚之下(5)。有子七人,母氏劳苦。
睍睆黄鸟,载好其音(6)。有子七人,莫慰母心。

【注释】

(1)凯风:暖风、和风。棘:酸枣树。心:纤小的尖刺。棘心:长成的酸枣树。
(2)夭夭:树木枝叶娇嫩的样子。劬(qú)劳:辛苦操劳。
(3)棘薪:长成可以做柴烧的酸枣树。
(4)令人:善良的人。令:善。
(5)爰(yuán):何处,哪里。浚(xùn):卫国地名,在今河南省浚县。
(6)睍睆(xiàn huǎn):清脆婉转的鸟鸣声;一说美丽、好看。黄鸟:黄雀。

【解读】

这是一首儿子歌颂母亲并感到自责的诗,以平直的语言传达出孝子婉曲的心意。

诗的前两章以"凯风吹棘心、棘薪",比喻母亲养育七子。凯风是夏天养育万物的风,用来比喻母亲。棘心,酸枣树初发的芽,比喻儿子初生。棘薪,酸枣树长到可以当柴烧,比喻儿子已长大。以"劬劳"说明母亲抚养儿子的辛劳,以"圣善"赞美母亲的贤德善良,以"我无令人"表述儿子们不成才。诗的后两章以寒泉、黄鸟作比,反躬自责,意思是:寒泉在夏天还能滋养浚城之人,黄鸟清脆婉转的叫声尚能取悦人心,而贤德善良的母亲有我们七个儿子,反而辛苦操劳得不到慰藉。诗中各章前二句"凯风、棘树、寒泉、黄鸟"等构成有声有色的夏日景色图,后二句反复叠唱的是孝子对母亲的深情,比喻贴切。

（二）蓼莪（小雅）

蓼蓼者莪，匪莪伊蒿(1)。哀哀父母，生我劬劳(2)。
蓼蓼者莪，匪莪伊蔚(3)。哀哀父母，生我劳瘁(4)。
瓶之罄矣，维罍之耻(5)。鲜民之生，不如死之久矣(6)。
无父何怙？无母何恃(7)？出则衔恤，入则靡至(8)。
父兮生我，母兮鞠我(9)。拊我畜我，长我育我(10)，
顾我复我，出入腹我(11)。欲报之德。昊天罔极(12)！
南山烈烈，飘风发发(13)。民莫不穀，我独何害(14)！
南山律律，飘风弗弗。 民莫不穀，我独不卒(15)！

【注释】

（1）蓼蓼（lù）：高大的样子。莪（é）：一种野草，即莪蒿。蒿：青蒿。匪：同"非"，"不是"的意思。伊：是。
（2）劬（qú）劳：同下章中的"劳瘁"，都是辛苦劳累的意思。
（3）蔚：一种草，即牡蒿。
（4）哀哀：可怜的样子
（5）瓶：取水的器具。罄：尽。罍（léi）：盛水器具。
（6）鲜（xiǎn）民：孤寡之人。
（7）怙、恃：依靠。
（8）衔恤：饱含忧愁。靡至：没有回家，指家中空荡荡的。
（9）鞠：养育。
（10）拊：同"抚"，指抚育。畜：通"慉"，"喜爱"的意思。
（11）顾：顾念。复：返回，指不忍离去。腹：指怀抱。
（12）昊天：广大的天。罔：无。极：准则。
（13）烈烈：高大险峻的样子。与下章"律律"同。发发：风声。与下章"发发"同。
（14）穀：赡养。
（15）卒：养老送终。

【解读】

这是一首哀悼父母的诗，诗中追忆父母的养育之恩，抒发自己不能赡养、报答父母的愧疚和悲痛之情。此诗是表达孝敬父母这一美德最早的文学作品，对后世影响极大。

第一、二两章描写父母生我养我的辛苦劳累。诗人看见原野上的蒿草和蔚草，于是心有所动。莪草味美可食，并且抱根丛生，故又叫"抱娘蒿"，比喻儿女成才且孝顺；而蒿草、蔚草质劣不可食用，比喻既不成才又不孝顺。诗人借此自责自己既不成才又不能尽孝。

第三、四章倾诉失去父母后的悲苦和缅怀父母的养育之恩。第三章头两句以瓶比喻父母，以罍比喻自己。瓶从罍中取水，瓶空是因为罍无储水可取，用以比喻自己不能赡养父母、不能尽孝而感到羞耻。后六句诉说自己失去父母后孤苦伶仃、痛不欲生的悲苦生活与感情折磨。第四章前六句叙述父母对自己的养育之恩，把一、二两章说的"劬劳""劳瘁"具体化，诗人一连用了"生、鞠、拊、畜、长、育、顾、复、腹"九个动词，如泣如诉。这一章的最后两句将父母离世无法尽

孝的痛苦归咎于苍天不悯，使我"子欲养而亲不待"。

第五、六两章抒发失去父母而不能报答父母养育之恩的痛苦之情。前两句以南山的高峻难越、狂风的呼啸不停来表达自己遭遇父母双亡的悲痛和凄凉，"烈烈、发发、律律、弗弗"四个双声叠韵字加重了哀思情绪，读来如呜咽一般。后两句"民莫不穀，我独何害""民莫不穀，我独不卒"则是诗人发出的痛苦而又无可奈何的叹惋与抱恨。

赋、比、兴交替使用是《蓼莪》一诗的写作特色。诗的前三章先用比、后用赋，第四章使用赋的手法，第五、六章使用兴的手法。三种表现手法灵活运用，前后呼应，营造了起伏跌宕、回旋往复艺术氛围，具有强烈的艺术感染力。

（三）相鼠（鄘风）

相鼠有皮，人而无仪(1)；人而无仪，不死何为(2)？
相鼠有齿，人而无止(3)；人而无止，不死何俟(4)？
相鼠有体，人而无礼(5)；人而无礼，胡不遄死(6)？

【注释】

（1）相：视，看。仪：威仪，礼仪。
（2）何为：为何，为什么。
（3）止：通"耻"，廉耻。一说指行为举止。
（4）俟：等待。何俟：俟何，等什么。
（5）体：肢体，躯体。礼：礼仪，教养。
（6）胡：为何，怎么。遄（chuán）：迅速，赶快。

【解读】

这首诗是对那些不守礼法、不知廉耻、荒淫无度的统治者的讽刺和斥责，表达了百姓对他们的痛恨和愤慨之情。

这首诗三章重叠，以鼠起兴，反复比较，意思并列，但又各有侧重，第一章"人而无仪"，从仪容仪表上讽刺统治者不知检点，放浪形骸，失去了作为统治者应有的威仪；第二章"人而无止（耻）"，从内在修养上讽刺统治者荒淫无度，不知廉耻，失去了作为统治者应有的德行；第三章"人而无礼"，从行为举止上讽刺统治者不守礼法、肆意妄为，失去了统治者应有的操守。这首诗通篇感情强烈，言语尖锐，对卑鄙无耻的统治者进行了辛辣的讽刺和批判。

（四）黍离（王风）

彼黍离离，彼稷之苗(1)。行迈靡靡，中心摇摇(2)。知我者，谓我心忧；不知我者，谓我何求。悠悠苍天，此何人哉！

彼黍离离，彼稷之穗。行迈靡靡，中心如醉(3)。知我者，谓我心忧；不知我者，谓我何求。悠悠苍天，此何人哉！

彼黍离离，彼稷之实。行迈靡靡，中心如噎(4)。知我者，谓我心忧；不知我者，谓我何求。悠悠苍天，此何人哉！

【注释】

（1）离离：茂盛的样子。稷（jì）：即小米（一说为黍，一说为谷子）。
（2）行迈：行走。靡靡：形容脚步迟缓、沉重的样子。中心：内心。摇摇：形容心神不安的样子。
（3）醉：醉酒，形容心神不宁的样子。
（4）噎：气逆不顺，不能呼吸。

【解读】

这是一首倾诉内心忧思的诗。诗人行走在西周王朝的故地上，看到眼前一片茂盛的黍稷之地，回忆起西周王朝盛极一时的景象，感慨朝代的盛衰兴废，不禁悲从中来。

全诗共三章，每章十句，三章的结构完全相同。诗人通过描写"黍""稷"这两种谷物"发芽""抽穗""结实"的生长过程，抒发了对西周王朝覆灭的叹惋哀伤之情。

诗人行走在种满黍稷的庄稼地里，感叹周王朝的宗庙公室曾经就矗立在这里，如今只见一片黍稷葱绿，不见当年王朝的灿烂辉煌，追忆西周王朝的兴盛与衰亡，诗人不禁忧从中来，满腹惆怅，但这种忧思怅惘却不被人理解，竟然被质疑诗人有所企求，这是众人皆醉我独醒的尴尬，这是心智高于常人者的悲哀。这种悲哀在世间无人理解，只求苍天能够知我、懂我、回答我。

（五）子衿（郑风）

青青子衿，悠悠我心(1)。纵我不往，子宁不嗣音(2)？
青青子佩，悠悠我思(3)。纵我不往，子宁不来？
挑兮达兮，在城阙兮(4)。一日不见，如三月兮！

【注释】

（1）子衿：周代读书人的服装。子：你，男子的美称。衿：即"襟"，指衣领。
（2）纵：纵使，即使。往：去。嗣（yí）音：传递音讯。嗣：通"诒"，"给，寄"的意思。
（3）佩：指男子系佩玉的绶带。
（4）挑（táo）兮达（tà）兮：独自走来走去的样子。城阙：城门两边的观望楼。

【解读】

这是一首女子思念情人的诗。诗中女子对自己的情感表达大胆，鲜明地体现了那个时代的女性所具有的独立、自主、平等的思想和精神。

诗中诉说了一个女子在城楼上苦苦等候情郎时的内心情感。诗中以"青青子衿""青青子佩"指代女子思恋的情人，女子情人的盛装打扮给她留下了深刻的印象，于是女子跑到城楼上去，希望能看到情人过来与她相会。可是，女子在城楼上等啊等，秋水望穿也不见情人的身影，女子浓烈的爱意转化成焦躁与埋怨："纵然我没有去找你，你为何就不能给我捎个音信？纵然我没有去找你，你为何就不能主动前来与我相会？"最后四句以动作描写"挑兮达兮，在城阙兮"，生动刻画了女子在城楼上因久候恋人而心烦意乱的形象，"一日不见，如三月兮"把女子内心的焦躁、思念和期盼淋漓尽致地展现了出来。

综 合 实 践

传统文化主题践行活动：诗韵传情

一、传统文化践行主题

本章传统文化践行活动的主题是"诗韵传情，经典启智"。在《诗经》这部古老的诗歌总集中，蕴含着中华民族丰富的情感世界与深邃的智慧思考。它不仅是古代先民生活的真实写照，更是中华优秀传统文化的瑰宝。

通过诵读与品味《诗经》，让学生能够跨越时空，与古人对话，感受那份纯粹而真挚的情感，汲取那份历久弥新的智慧。

二、文化践行活动

根据本校实际情况，结合学生特点，在以下文化践行活动中选择一项进行。

（一）文化践行活动一：诵读国学经典，弘扬传统文化

1. 活动目标

通过组织一系列以《诗经》为主题的诵读活动，加深学生对《诗经》内容及文化内涵的理解，同时培养学生的文学素养、审美情趣以及创新思维能力。

2. 活动类型

校内实践。

3. 活动方案

（1）每班以个人或小组为单位开展文化践行活动。

（2）选定《诗经》中的经典作品朗诵，采取个人朗诵、群体朗诵、配乐朗诵、伴舞朗诵、情景朗诵等方式均可。

（二）文化践行活动二：《诗经》情感剧场

1. 活动目标

通过演绎《诗经》中的经典篇章，让学生亲身体验古代诗歌的情感世界，加深对诗歌内容的理解与感悟。

2. 活动方案：

（1）剧本改编：选取《诗经》中具有代表性的篇目，如《关雎》《蒹葭》等，组织学生改编成现代短剧剧本。

（2）角色选拔与排练：通过公开选拔，确定演员阵容，并在老师的指导下进行排练。

（3）情感剧场演出：在校园内搭建简易舞台，邀请全校师生观看《诗经》情感剧场演出。

3. 成果展示

（1）演出视频与照片集：记录并展示演出精彩瞬间，作为校园文化活动的珍贵资料。

（2）观众反馈收集：通过问卷调查、现场互动等方式收集观众反馈，评估活动效果。

（三）文化践行活动三:《诗经》里的生活美学

1. 活动目标

通过一系列实践活动，引导学生探索《诗经》中的生活美学，将其融入现代生活，体验古典与现代的完美融合。

2. 活动方案

（1）《诗经》生活场景再现：选取《诗经》中描绘日常生活、农耕、节庆等场景的篇章，如《七月》《采采卷耳》等，进行深入研究。

（2）场景布置：根据所选篇章内容，利用校园空地或教室进行场景布置，还原古代生活场景。

（3）角色扮演：学生分组扮演古代人物，如农夫、织女、渔人等，通过互动表演，体验古代生活方式与习俗。

3. 成果展示

（1）场景再现视频：记录《诗经》生活场景再现活动的精彩瞬间，制作成视频供全校师生观看。

（2）诗经相册：收集活动过程中的照片，制作成精美的相册或在线图集。

诗经

第二章 《左传》选读

导读

一、《左传》成书

《左传》相传是春秋晚期左丘明所作,是一部编年体史书。《左传》原名《左氏春秋》,汉代称《春秋左氏传》《春秋内传》《左氏》,汉朝以后多称《左传》,与《公羊传》《穀梁传》合称"春秋三传"。"春秋三传"中,《左氏传》写得最早、最可信、最好。唐朝以后,人们根据《左传》的内容,考证它实际成书年代大约在战国中期。

微课视频:《左传》简介

二、《左传》的内容

《左传》是我国第一部叙事详细的编年体历史著作,全书六十卷,十八万余字,以《春秋》为纲,并仿照《春秋》体例,按照鲁国君主的次序,起于鲁隐公元年(公元前722年),止于鲁哀公27年(公元前468年),实际记事到鲁悼公14年(公元前453年)。它是研究我国古代社会特别是春秋时期社会变革的重要历史文献。

《左传》记载了鲁隐公元年到鲁哀公二十七年,共255年间周王朝的盛衰及诸侯争霸的历史,其中对各类礼仪规范、典章制度、社会风俗、民族关系、道德观念、天文地理、历法时令、古代文献、神话传说、诗词歌谣等均有真实的记载和评论,为后人所推崇。

三、《左传》的影响

《左传》代表了先秦史学的最高成就,是研究先秦历史和春秋时期历史的重要文献,对后世的史学产生了很大影响,特别是对确立编年体史书的地位起到了很大作用。由于它具有强烈的儒家思想倾向,强调等级秩序与宗法伦理,重视长幼尊卑之别,同时也表现出"民本"思想,因此也是研究先秦儒家思想的重要历史资料。

《左传》善于用精炼的语言记述复杂纷繁的历史事件,也善于用写实的手法鲜明地刻画出历史人物的面貌和性格,这对后代文学和语言发展都有较大的影响。

（一）郑伯克段于鄢

音频：《左传》章句诵读

（隐公元年）

初，郑武公娶于申，曰武姜。生庄公及共叔段。庄公寤生(1)，惊姜氏，故名曰寤生，遂恶之。爱共叔段，欲立之，亟请于武公。公弗许。

及庄公即位，为之请制。公曰："制，岩邑也，虢叔死焉，佗邑唯命。"请京，使居之，谓之京城大叔。祭仲曰："都城过百雉，国之害也。先王之制：大都不过参国之一，中五之一，小九之一。今京不度，非制也，君将不堪。"公曰："姜氏欲之，焉辟害？"对曰："姜氏何厌之有？不如早为之所，无使滋蔓，蔓难图也。蔓草犹不可除，况君之宠弟乎？"公曰："多行不义必自毙，子姑待之。"

既而大叔命西鄙、北鄙贰于己。公子吕曰："国不堪贰，君将若之何？欲与大叔，臣请事之；若弗与，则请除之。无生民心。"公曰："无庸，将自及。"大叔又收贰以为己邑，至于廪延(2)。子封曰："可矣，厚将得众。"公曰："不义不暱，厚将崩。"

大叔完聚，缮甲兵，具卒乘，将袭郑。夫人将启之。公闻其期，曰："可矣！"命子封帅车二百乘以伐京。京叛大叔段，段入于鄢，公伐诸鄢。五月辛丑，大叔出奔共。

书曰："郑伯克段于鄢。"段不弟，故不言弟；如二君，故曰克；称郑伯，讥失教也，谓之郑志。不言出奔，难之也。

遂置姜氏于城颍，而誓之曰："不及黄泉，无相见也。"既而悔之。颍考叔为颍谷封人，闻之，有献于公。公赐之食，食舍肉。公问之，对曰："小人有母，皆尝小人之食矣，未尝君之羹，请以遗之。"公曰："尔有母遗，繄(3)我独无！"颍考叔曰："敢(4)问何谓也？"公语之故，且告之悔。对曰："君何患焉？若阙地及泉，隧而相见，其谁曰不然？"公从之。公入而赋："大隧之中，其乐也融融！"姜出而赋："大隧之外，其乐也洩洩。"遂为母子如初。

君子曰："颍考叔，纯孝也，爱其母，施及庄公。《诗》曰：'孝子不匮，永锡尔类。'其是之谓乎(5)。"

【注释】

（1）寤（wù）生：胎儿出生时脚先出来，即难产。寤：通"牾"，逆，倒着。

（2）大叔又收贰以为己邑，至于廪延：共叔段又收服原来两属的地方作为自己的郡邑，（领地扩大）到了廪延。贰：指以前两属的地方（西鄙、北鄙）。廪（lǐn）延：地名，在今河南延津县北。

（3）繄（yī）：句首语气词，作用与"惟"相近。

（4）敢：表示谦敬的副词，有"大胆""冒昧"的意思。

（5）其是之谓乎：大概是说这种情况吧。其：表示委婉的语气词。是：这个，作"谓"的宾语。之：代词，复指"是"。

【今译】

从前，郑武公在申国娶了一个妻子，叫武姜，她生了庄公和共叔段。庄公出生时脚先出来，让武姜受到惊吓，因此给他取名叫"寤生"，很厌恶他。武姜偏爱共叔段，想立共叔段为世子，多次向武公请求，武公都不答应。到庄公即位的时候，武姜就替共叔段请求分封到制邑去。庄公说："制邑是个险要的地方，从前虢叔就死在那里，若是封给其他城邑，我都可以照吩咐办。"武姜便请求封给共叔段京邑，庄公答应了，让共叔段住在那里，称他为京城太叔。

大夫祭仲说："都城如果城墙超过三百方丈长，那就会成为国家的祸害。先王的制度规定，国内最大的城邑不能超过国都的三分之一，中等的不得超过它的五分之一，小的不能超过它的九分之一。京邑的城墙不合法度，非法制所允许，这样下去恐怕您会控制不住的。"庄公说："姜氏想要这样，我怎能躲开这种祸害呢？"祭仲回答说："姜氏哪有满足的时候！不如及早处置，别让祸根滋长蔓延，一滋长蔓延就难办了。蔓延开来的野草还不能铲除干净，何况是您受宠爱的弟弟呢？"庄公说："多做不义的事情，必定会自己垮台，你姑且等着瞧吧。"

过了不久，太叔段使原来属于郑国的西边和北边的边邑也背叛归属自己。公子吕说："国家不能有两个国君，现在您打算怎么办？您如果打算把郑国交给太叔，那么我就去服侍他；如果不给，那么就请除掉他，不要使百姓们产生疑虑。"庄公说："不用除掉他，他自己将要遭到灾祸的。"太叔又把两属的边邑改为自己统辖的地方，一直扩展到廪延。公子吕说："可以行动了！土地扩大了，他将得到老百姓的拥护。"庄公说："对君主不义，对兄长不亲，土地虽然扩大了，他也会垮台的。"

太叔修治城廓，聚集百姓，修整盔甲武器，准备好兵马战车，将要偷袭郑国。武姜打算开城门作内应。庄公打听到公叔段将偷袭都城的消息，说："可以出击了！"命令子封率领兵车二百乘，去讨伐京邑。京邑的人民背叛共叔段，共叔段于是逃到鄢城。庄公又追到鄢城讨伐他。五月辛丑那一天，太叔段逃到共国。

《春秋》记载道："郑伯克段于鄢。"意思是说共叔段不遵守做弟弟的本分，所以不说他是庄公的弟弟；兄弟俩如同两个国君一样争斗，所以用"克"字；称庄公为"郑伯"，是讥讽他对弟弟失教；称庄公有杀弟的意图，便不写共叔段自动出奔，这么处理含有责难郑庄公的意思。

庄公就把武姜安置在城颍，并且发誓说："不到黄泉（不到死后埋在地下），不再见面！"过了一些时候，庄公又后悔了。有个叫颍考叔的，是颍谷管理疆界的官吏，听到这件事，就把贡品献给郑庄公。庄公赐给他饭食。颍考叔在吃饭的时候，把肉留着。庄公问他为什么这样。颍考叔答道："小人有个老娘，我吃的东西她都尝过，只是从未尝过君王的肉羹，请让我带回去给她吃。"庄公说："你有个老娘可以孝敬，唉，唯独我就没有！"颍考叔说："请问您这是什么意思？"庄公把原因告诉了他，还告诉他后悔的心情。颍考叔答道："您有什么担心的！只要挖一条地道，挖出了泉水，从地道中相见，谁还能说您违背了誓言？"庄公依了他的话。庄公走进地道去见武姜，赋诗道："大隧之中相见啊，多么和乐融洽啊！"武姜走出地道，赋诗道："大隧之外相见啊，多么舒畅快乐啊！"从此，他们恢复了从前的母子关系。

君子说："颍考叔是位真正的孝子，他不仅孝顺自己的母亲，而且把这种孝心推广到郑伯身上。《诗经·既醉》篇说：'孝子不断地推行孝道，永远能感化你的同类。'大概就是对颍考叔这类纯孝而说的吧？"

【解读】

春秋时期，周王室逐渐衰弱，各诸侯国之间开始了互相兼并的战争，各国内部贵族之间争权夺势的斗争也同时加剧起来。本文记叙了春秋初期发生在郑国的一个历史事件，描写了郑国统治者母子兄弟之间尔虞我诈、互相倾轧的激烈斗争，刻画出郑庄公的阴险狡诈，其母姜氏的偏心狠毒和其弟共叔段的贪婪愚蠢。

郑庄公的意图是要除掉其弟共叔段，但他一直不行动，只等时机成熟，以迅雷不及掩耳之势处置弟弟共叔段及其母亲。郑庄公的狠毒在于，其弟共叔段的"不悌"行为，在事发之初是完全可以纠正的，然而他却听之任之，任其"滋蔓"，欲擒故纵，直到共叔段在危险的路上越走越远，最后兵戎相见，真是残忍之极。幸而他良心发现，又被考叔一番真情纯孝打动，母子关系得以恢复如初。左氏以"纯孝"赞考叔作为结论，寓意深刻。

（二）宫之奇谏假道

（僖公五年）

晋侯⁽¹⁾复假道于虞以伐虢。

宫之奇谏曰："虢，虞之表也。虢亡，虞必从之。晋不可启，寇不可翫⁽²⁾。一之谓甚，其可再乎？谚所谓'辅车相依，唇亡齿寒'者，其虞、虢之谓也。"

公曰："晋，吾宗也，岂害我哉？"对曰："大伯、虞仲，大王之昭也。大伯不从，是以不嗣。虢仲、虢叔⁽³⁾，王季之穆也，为文王卿士，勋在王室，藏于盟府。将虢是灭，何爱于虞！且虞能亲于桓、庄乎，其爱之也？桓、庄之族何罪，而以为戮，不唯偪乎？亲以宠偪，犹尚害之，况以国乎？"

公曰："吾享祀丰絜⁽⁴⁾，神必据我⁽⁵⁾。"对曰："臣闻之，鬼神非人实亲，惟德是依⁽⁶⁾。故《周书》曰：'皇天无亲，惟德是辅。'又曰：'黍稷非馨，明德惟馨。'又曰：'民不易物，惟德繄物。'如是，则非德民不和，神不享矣。神所冯依，将在德矣。若晋取虞，而明德以荐馨香，神其吐之乎？"

弗听，许晋使。宫之奇以其族行⁽⁷⁾，曰："虞不腊矣。在此行也，晋不更举矣。"

冬，十二月丙子朔，晋灭虢，虢公醜奔京师。师还，馆于虞，遂袭虞，灭之，执虞公。

【注释】

（1）晋侯：即晋文公。

（2）启：启发，这里指启发晋侯的贪心。寇：凡兵作乱于内为乱，作乱于外为寇。翫：即"玩"，这里是轻视、放松警惕的意思。

（3）虢仲、虢叔：虢的开国始祖，王季的次子和第三子，文王的弟弟。王季于周为昭，昭生穆，故虢仲、虢叔为王季之穆。仲封东虢，为郑所灭。叔封西虢，为今虢公始祖。

（4）享祀：泛指一切祭祀。享：把食物献给鬼神。丰：丰富，指祭品盛多。絜：同"洁"。

（5）据我：神依附于我，神保佑我。意思是虞有神保佑，晋侯虽想加害但做不到。据：依附。

（6）鬼神非人实亲，惟德是依：鬼神不亲人，只依德。"实""是"：都是代词，指提前的宾语"人""德"。下文"惟德是辅"的结构同此。惟：只。德：指有德行的人。

（7）以其族行：指恐惧晋侯带来的灾祸，率领全族离开虞国。

【今译】

晋侯又向虞国借路去攻打虢国。

宫之奇劝阻虞公说:"虢国,是虞国的外围屏障,虢国灭亡了,虞国也一定跟着灭亡。我们不能助长晋国的贪心,对侵略者不可轻视。一次借路已经过分了,怎么可以有第二次呢?俗话说'面颊和牙床骨互相依附着,嘴唇没了,牙齿就会寒冷',就如同虞、虢两国互相依存的关系啊。"

虞公说:"晋国,与我国同宗,难道会加害我们吗?"宫之奇回答说:"泰伯、虞仲是大王的长子和次子,泰伯不听从父命,因此不让他继承王位。虢仲、虢叔都是王季的第二代,是文王的执掌国政的大臣,在王室中有功劳,因功受封的典策还在主持盟会之官的手中。现在虢国都要灭掉,对虞国还爱什么呢?再说晋献公爱虞,能比桓庄之族更亲密吗?桓、庄这两个家族有什么罪过?可晋献公把他们杀害了,还不是因为近亲对自己有威胁,才这样做的吗?近亲的势力威胁到自己,还要加害于他们,更何况对一个国家呢?"

虞公说:"我的祭品丰盛清洁,神必然保佑我。"宫子奇回答说:"我听说,鬼神不是随便亲近某人的,而是依从有德行的人。所以《周书》里说:'上天对于人没有亲疏不同,只是有德的人上天才保佑他。'又说:'黍稷不算芳香,只有美德才芳香。'又说:'人们拿来祭祀的东西都是相同的,但是只有德行高尚的人的祭品,才是真正的祭品。'如此看来,没有德行,百姓就不和,神灵也就不享用了。神灵所依凭的,就在于德行了。如果晋国消灭虞国,崇尚德行,以芳香的祭品奉献给神灵,神灵难道会吐出来吗?"

虞公不听从宫之奇的劝阻,答应了晋国使者借路的要求。宫之奇带着全族的人离开了虞国。他说:"虞国的灭亡,不用等到岁终祭祀的时候了。晋国只需这一次行动,不必再出兵了。"

冬天十二月初一那天,晋灭掉虢国,虢公醜逃到东周的都城。晋军回师途中安营驻扎在虞国,乘机突然发动进攻,灭掉了虞国,捉住了虞公。

【解读】

文章开头只用"晋侯复假道于虞以伐虢"一句点明事件的起因及背景。晋国向虞国借道攻打虢国,是要趁虞国的不备而一举两得,即先吃掉虢国,再消灭虞国。具有远见卓识的虞国大夫宫之奇,早就看出晋国的野心。他力谏虞公,有力地驳斥了虞公对宗族关系和神权的迷信,指出存亡在人不在神,应该实行德政,民不和则神不享,奈何虞公不听,虞国终致覆灭,这实在令人感慨万千,掩卷三叹啊!本篇也反映了春秋时代的民本思想。

(三)介之推不言禄

(僖公二十四年)

晋侯赏从亡者(1),介之推(2)不言禄,禄亦弗及(3)。

推曰:"献公之子九人,唯君在矣(4)。惠、怀(5)无亲,外内弃之。天未绝晋,必将有主。主晋祀者,非君而谁?天实置之,而二三子以为己力,不亦诬乎?窃人之财,犹谓之盗,况贪天之功以为己力乎?下义其罪,上赏其奸;上下相蒙,难与处矣。"其母曰:"盍亦求之?以死谁怼?"对曰:"尤而效之,罪又甚焉。且出怨言,不食其食。"其母曰:"亦使知之,若何?"对曰:"言,身之文也;身将隐,焉用文之?是求显也。"其母曰:"能如是乎?与汝偕隐。"遂隐而死。

晋侯求之不获,以绵上⁽⁶⁾为之田,曰:"以志吾过,且旌善人⁽⁷⁾。"

【注释】

(1)从亡者:跟随晋文公一起出国流亡的人,如赵衰,狐偃等。

(2)介之推:姓介名推,"之"是插在姓名之间的语助词。

(3)重耳(晋文公)逃亡时,介推也跟随其逃亡,介推不讲自己的功劳,而晋文公颁发俸禄也没有介推的份。"不言禄"三字,便知介推品格过人一等。

(4)献公:晋文公的父亲。君:指晋文公。兄弟九人,八人皆死,唯晋文公独存。

(5)惠、怀:晋惠公与晋怀公。晋惠公是晋文公的弟弟,晋怀公是晋惠公的儿子。

(6)绵上:地名,在今山西省介休市南、沁源县西北的介山(一说名绵山)下。

(7)以志吾过,且旌善人:用这来记下我的过失,并且也用来表彰好人。志:标记。旌:表扬。

【今译】

晋文公赏赐曾跟随他逃亡的人,介推没提出爵禄的要求,晋文公也就没有赏赐他爵禄。

介推说:"献公的儿子有九个,只有国君在世了。惠公、怀公没有亲人,国内外都厌弃他们。上天没有断绝晋国的后嗣,一定会有君主。主持晋国祭祀的人,不是国君是谁呢?这实在是上天的安排啊,而那几个跟随他逃亡的人却以为是自己的功劳,这不是骗人的吗?盗窃别人的财物,还被叫作小偷,何况窃取上天的功劳当作自己的功劳呢?下面的人赞美他们的罪过,上面的人奖励他们的欺诈,上下相互欺骗,就难以和他们相处了。"

介推的母亲说:"你何不也去请求爵禄?否则就这样贫穷而死,又能去埋怨谁呢?"介推回答说:"明知是错误的而去效法它,罪过就更重了。而且我发过誓言,决不吃国君的俸禄。"介推母亲说:"那也要让国君知道这件事,怎么样?"介推回答说:"言语,是身上的装饰品。身子将要隐藏,哪里还需要用言语去装饰它呢?这样做,就是为了彰显自己啦。"他的母亲说:"能够像你说的那样去做吗?你能做到,我就和你一起隐居。"于是母子俩一直隐居到死。

晋文公四处寻找介推但没能找到,就把绵上作为介推的封地,说:"以此铭记我的过失,并且表彰心地善良的人。"

【解读】

"天下熙熙,皆为利来;天下攘攘,皆为利往。"晋文公返回晋国,众臣争相请赏,而介推"不言禄",超然于纷争之外,可见其道德品质是高人一等的。然而,当众人论功讨赏、文公考虑欠周,漏掉了对介推的赏赐时,介推也发出了"贪天之功以为己有"的责难,既表达了对争功邀赏者的鄙视,也表达了自己的愤慨不平。其母针对儿子心理三番设问,意在考验儿子是否坚决。介推的思想变化便在这三问中逐步表现出来:先是语气激烈,有埋怨情绪;接着语气缓和,有为难情绪;最后态度明朗,不言禄求显,决意归隐。介推这种宁可"隐而死",也不屑与禄蠹为伍的情操,体现了中国古代知识分子的正直和清高。读古人书,照今人行,介推的高尚人格,百世之后,仍让人赞叹不已。

综 合 实 践

传统文化主题践行活动：忠义之道

一、传统文化践行主题

本章传统文化践行活动的主题是"《左传》中的忠义之道"。《左传》作为春秋时期的史书，记载了诸多忠臣义士的故事，体现了忠义精神在古代社会中的重要地位。

通过深入研究《左传》中的忠义故事，使学生理解忠义的内涵，学习古代贤臣的品德，培养责任感和正义感，并将忠义精神融入到个人成长和社会发展中。

二、文化践行活动

根据本校实际情况，结合学生特点，在以下文化践行活动中选择一项进行。

（一）文化践行活动一：忠义故事演绎

1. 活动目标

通过演绎《左传》中的忠义故事，让学生深刻体会忠义精神，并在现代社会中传承这一优秀品质。

2. 活动类型

戏剧表演或角色扮演。

3. 活动方案

（1）剧本编写：学生团队根据《左传》中的忠义故事编写剧本，准备道具和服装。

（2）角色扮演：学生扮演《左传》中的人物，通过戏剧表演的形式，展现其忠义行为。

4. 成果展示

（1）举办《左传》忠义故事戏剧节，展示学生的表演。

（2）制作《左传》忠义故事视频，通过校园媒体进行传播。

（二）文化践行活动二：《左传》与现代领导力

1. 活动目标

《左传》中记录了许多古代君主和贤臣的治国理政之道，对现代领导力的培养具有启示作用。

通过研究《左传》中的领导智慧，帮助学生理解古代领导艺术，提炼现代领导力的核心要素，并探讨如何在当代社会中实践和发展这些领导力。

2. 活动类型

《左传》领导力学术研讨会或辩论赛。

3. 活动方案

（1）学术研讨：学生准备关于《左传》中领导智慧的论文或报告，在研讨会上进行交流。

（2）辩论赛：围绕《左传》中的领导理念与现代领导实践的结合，组织学生进行辩论赛。

4. 成果展示

（1）整理《左传》领导力研讨会论文集，收录学生的研究成果。

（2）举办《左传》领导力主题展览，展示学生的思考和见解。

第三章 《战国策》选读

导 读

一、《战国策》成书

《战国策》是一部国别体史学著作。据说西汉末年，刘向在校理皇家书库时，发现"中战国策书"，其中包括六种记载战国纵横家说辞的作品，即《国策》《国事》《事语》《短长》《长书》《修书》，和"国别者八篇"等作品，这些作品大部分出于战国时期，原作者不明，也非一人之作。于是刘向按照国别将其编订成书，因其所记载的多是战国时期纵横家（游说之士）为其所辅佐之国提出的政治和外交策略，所以把这本书定名为《战国策》。

微课视频：《战国策》简介

二、《战国策》的内容

《战国策》记载了战国时期西周、东周及秦、齐、楚、赵、魏、韩、燕、宋、卫、中山十二国之事，所记载的历史上起公元前490年"智伯灭范氏"，下至公元前221年"高渐离以筑击秦始皇"，记事年代大致上接《春秋》、下迄秦朝统一中国，共245年。

《战国策》描述了战国时期各国之间纵横捭阖的政治博弈和斗争故事，记录了纵横家（游说之士）的政治主张和外交策略，反映了战国时期各国的政治、军事、外交策略和社会风貌。全书按国依次分别编排，分十二国的"策"论，共33卷。原版本在宋代时就已有不少缺失，由曾巩"访之士大夫家"得以校补，后又经多个朝代多次修订，现今所见《战国策》已远非东汉时期版本。全书现存497篇，约15万字。

三、《战国策》的影响

《战国策》是先秦历史散文成就最高、影响最大的著作之一，是研究战国历史的重要典籍，具有很高的史学价值。

《战国策》对史书有一定影响，因为在这部书中才出现了以人物为中心的纪传体雏形，到《史记》时这种纪传体正式形成。更重要的是，编撰者在整理此书的过程中，往往加以自己的评论和观点，这些评论奠定了后世"论赞体"体式的基础，汉代司马迁正是在这个基础上确立了"太史公曰"这种"论赞体"形式，开创了后世"论赞体"之先河。

《战国策》的文学成就非常突出，书中留下许多脍炙人口的成语，有人统计多达204个，比如一尘不染、大庭广众、两败俱伤、南辕北辙、亡羊补牢等。另外，在中国文学史上，《战国策》标志着中国古代散文发展的一个新时期，尤其是在人物形象的刻画、语言文字的运用等方面具有非常鲜明的艺术特色，其语言风格、修辞手法和文采以及着力推动叙事发展的人物语言，均对后世文学的发展产生了深远的影响。

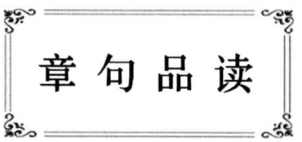

章 句 品 读

（一）赵威后问齐使

音频：《战国策》章句诵读

（齐策四）

齐王使使者问赵威后[1]。书未发[2]，威后问使者曰："岁亦无恙耶[3]？民亦无恙耶？王亦无恙耶？"使者不说，曰："臣奉使使威后，今不问王，而先问岁与民，岂先贱而后尊贵者乎？"威后曰："不然。苟无岁，何以有民？苟无民，何以有君？故有问舍本而问末者耶？"

乃进而问之曰："齐有处士曰钟离子[4]，无恙耶？是其为人也，有粮者亦食，无粮者亦食；有衣者亦衣，无衣者亦衣。是助王养其民者也，何以至今不业也？叶阳子无恙乎[5]？是其为人，哀鳏寡，恤孤独，振困穷，补不足。是助王息其民者也[6]，何以至今不业也？北宫之女婴儿子无恙耶[7]？撤其环瑱[8]，至老不嫁，以养父母。是皆率民而出于孝情者也，胡为至今不朝也[9]？此二士弗业，一女不朝，何以王齐国、子万民乎？于陵子仲尚存乎[10]？是其为人也，上不臣于王[11]，下不治其家，中不索交诸侯，此率民而出于无用者，何为至今不杀乎？"

【注释】

（1）齐王：战国时齐国襄王的儿子，名建。使：派遣。使者：奉齐王使命的人。问：聘问，是当时诸侯之间的一种礼节，即看望问候。赵威后：战国时赵国惠文王的王后，惠文王死时，其子孝成王尚幼，由赵威后执政。

（2）书：指齐王给赵太后的书信。发：启封。

（3）岁：收成。恙：忧患，灾害。耶：表示疑问的语气词。

（4）处士：有才能却隐居不出来做官的人。钟离子：人名，"钟离"是复姓。

（5）叶（shè）阳子：齐国的处士，"叶阳"是复姓。

（6）息：动词，"蕃殖"之意。鳏寡孤独穷困的人得到救济，不至于死亡，就是使百姓"蕃殖"。

（7）北宫：复姓。婴儿子：姓北宫的女子的名字，她是齐国有名的孝女。

（8）撤：取掉，拿掉。环：指耳环。瑱（zhèn）：制作耳饰的玉。

（9）胡为：为什么。不朝：不上朝。古代妇女有封号的才能上朝，所以这里的"不朝"

实际上是指不加封号褒奖。

（10）于（wū）陵：战国时齐国邑名，在今山东省邹平市长山镇西南处。子仲：齐国的隐士。

（11）不臣于王：不向王称臣，就是不做官。臣：用作动词，当"称臣"讲。

【今译】

齐王田建派使者去问候赵威后。书信尚未拆开，赵威后就先问使者道："齐国今年的年成好吗？老百姓好吗？君王也好吗？"齐使很不高兴，说："我奉命来问候威后，现在您不先问候我们的国君，反而先问年成和百姓，您怎么能把低贱者放在前头，而把尊贵者放在后边呢？"赵威后说："你的话不对。如果没有年成，哪里有百姓？如果没有百姓，哪里有君王？所以，哪里有舍去根本而先问候末节的呢？"

说完，赵威后又进一步问齐使道："齐国有一个处士叫钟离子，他还好吗？他为人好啊，有粮食的给粮食吃，没有粮食的也给粮食吃；有衣服穿的给衣服穿，没有衣服穿的也给衣服穿。他这是帮助君王养育百姓呀，为什么到现在都没有重用他呢？叶阳子还好吗？他的为人啊，怜悯鳏夫寡妇，抚养孤独的人，救济穷困的人，补助衣食不足的人。他这是帮助君王安定百姓呀，为什么到现在还不任用他呢？北宫家名婴儿子的女子还好吗？她摘掉钗环首饰，到老都不嫁人，一心奉养双亲，以孝道为百姓作出表率，为何至今未被朝廷褒奖呢？这样的两位处士不受重用，这样一位孝女不被褒奖，齐王怎能治理齐国、抚恤万民呢？于陵的子仲这个人还活在世上吗？这个人的为人呀，对上不向君王称臣，对下不能治理家业，也不愿与诸侯交往。这是带领百姓无所作为的人，是毫无用处的人，齐王为什么到现在还不杀掉他呢？"

【解读】

全文用"对话"写成，表现了赵威后爱憎鲜明的态度，也是她重民爱才的"民本"思想的具体体现。本文中赵威后向齐使者连续发出七问，前三问，先问年成和百姓，再问君王，是她"民贵君轻"思想的体现，在她看来，没有好年成，没有百姓的安居乐业，就没有君王的天下；后四问则是她"重才惩恶"人才观的体现，即能帮助君王"养民""息民"的要予以重用，带头行孝的要予以尊重，带领大家无所作为的要予以惩戒。本文体现了作为女政治家的赵威后的"民贵君轻"政治见解和重才惩恶的人才观。"民贵君轻"是儒家推崇的"民本"思想，即"民为邦本，本固邦宁。"

（二）触龙说赵太后(1)

（赵策四）

赵太后新用事，秦急攻之(2)。赵氏求救于齐(3)，齐曰："必以长安君为质，兵乃出(4)。"太后不肯，大臣强谏。太后明谓左右："有复言令长安君为质者，老妇必唾其面。"

左师触龙愿见太后，太后盛气而揖之。入而徐趋，至而自谢，曰："老臣病足，曾不能疾走，不得见久矣，窃自恕，而恐太后玉体之有所郄也，故愿望见太后。"太后曰："老妇恃辇而行。"曰："日食饮得无衰乎？"曰："恃鬻耳。"曰："老臣今者殊不欲食，乃自强步，日三四里，少益嗜食，和于身也。"太后曰："老妇不能。"太后之色少解。

左师公曰[5]:"老臣贱息舒祺,最少,不肖[6];而臣衰,窃爱怜之。愿令得补黑衣之数,以卫王宫。没死以闻[7]。"太后曰:"敬诺。年几何矣?"对曰:"十五岁矣。虽少,愿及未填沟壑而托之。"太后曰:"丈夫亦爱怜其少子乎?"对曰:"甚于妇人。"太后笑曰:"妇人异甚。"对曰:"老臣窃以为媪之爱燕后,贤于长安君。"曰:"君过矣!不若长安君之甚。"左师公曰:"父母之爱子,则为之计深远。媪之送燕后也,持其踵,为之泣,念悲其远也,亦哀之矣[8]。已行,非弗思也,祭祀必祝之,祝曰:'必勿使反[9]。'岂非计久长,有子孙相继为王也哉?"太后曰:"然。"左师公曰:"今三世以前,至于赵之为赵,赵主之子孙侯者,其继有在者乎?"曰:"无有。"曰:"微独赵,诸侯有在者乎?"曰:"老妇不闻也。""此其近者祸及身,远者及其子孙。岂人主之子孙则必不善哉?位尊而无功,奉厚而无劳,而挟重器多也。今媪尊长安君之位,而封之以膏腴之地,多予之重器,而不及今令有功于国,一旦山陵崩,长安君何以自托于赵[10]?老臣以媪为长安君计短也,故以为其爱不若燕后。"太后曰:"诺,恣君之所使之。"于是为长安君约车百乘,质于齐,齐兵乃出。

子义[11]闻之曰:"人主之子也、骨肉之亲也,犹不能恃无功之尊、无劳之奉,已守金玉之重也,而况人臣乎。"

【注释】

(1) 触龙:赵国的左师(官名),"龙"字在《战国策》中原作"詟",是"龙言"二字连写之误,今按新出土的《别本战国策》及《史记·赵世家》改正。说(shuì):用话劝说别人,使对方听从自己的意见、主张。赵太后:帝王的母亲,这里指赵惠文王的妻子、赵孝成王的母亲赵威后。

(2) 用事:指当权,公元前266年赵惠文王死时,孝成王年幼,由赵太后管理国政。秦急攻之:孝成王元年(公元前265年),秦国加紧进攻赵国,攻占了三座城市,赵国形势危急。

(3) 赵氏:即赵国。赵的祖先造父于周缪王时受封于赵城,因此以赵为姓氏。周幽王时,叔带始建赵氏于晋国,事晋文侯。赵烈侯六年(公元前403年),赵国正式立为诸侯国。

(4) 长安君:赵太后幼子的封号。质:抵押品,这里指人质。乃:才。

(5) 左氏公:即左氏触龙,加"公"表示尊敬。

(6) 贱息:对别人谦称自己的儿子。舒祺:触龙的幼子。不肖(xiào):原意是不像父亲,后来泛指儿子不成才,或用于自我谦称。

(7) 补黑衣之数:补充侍卫的数目,意思是在王宫当一名侍卫。黑衣:当时王宫的卫士穿黑色衣服,故称卫士为"黑衣"。没(mò)死:即冒死,冒昧而犯死罪的意思。闻:使闻,即禀告的意思。

(8) 持其踵(zhǒng):握着她的脚后跟,这是描写送别燕后的情景,燕后已上车,赵太后在车下,还要摸着她的脚后跟,意思是非常舍不得她离去。为之泣:为她(远嫁)而掉眼泪。念悲其远:惦念并伤心她要嫁到远方去。哀之:哀怜她。

(9) 必勿使反:一定别让她回来。古代诸侯的女儿出嫁到别国,除非被废黜或亡国是不能回到母家的,所以赵太后怕女儿回来。反:后来写作"返"。

（10）山陵崩：这是委婉语，古代把国君的死比喻为"山陵崩"，这里指赵太后去世。自托于赵：在赵国托身，意思是在赵国站住脚。

（11）子义：赵国贤士。

【今译】

赵太后刚刚执政，秦国趁机加紧进攻赵国。赵国向齐国求救。齐国说："必须用长安君作为人质，才出兵相救。"赵太后不同意，大臣们极力劝谏。太后明确告诉大臣们："有再敢说让长安君做人质的，我老婆子一定朝他脸上吐唾沫！"

左师触龙说希望拜见太后。太后怒容满面地等着他。触龙缓慢地小步快跑，到了太后面前向太后道歉说："老臣的脚有毛病，已经丧失了快跑的能力，好久没来拜见您了，而我私下里还原谅自己呢。可是又总担心太后玉体偶有不适，所以很想来看看太后。"太后说："我老婆子行动全靠坐车。"触龙说："您每天的饮食该不会减少吧？"太后说："就靠喝点粥罢了。"触龙说："老臣现在胃口很不好，就自己坚持着走走路，每天走上三四里，就慢慢地稍微增加点食欲，身体也舒畅了一些。"太后说："我老婆子可做不到。"太后的脸色稍微缓和了一些。

左师公说："老臣的劣子舒祺，年纪最小，不成才。臣老了，偏偏疼爱他。想让他到侍卫队里凑个数，来保卫王宫。所以我冒着死罪来禀告您。"太后说："行呀。年纪多大了？"触龙说："十五岁了。虽然还小，但希望在老臣还没死的时候就先拜托给太后。"太后说："做父亲的也疼爱他的小儿子吗？"触龙说："比妇女还爱呢。"太后笑道："妇道人家疼爱得更厉害呢。"触龙说："老臣觉得太后爱女儿燕后，要胜过长安君。"太后说："您错了，比不上爱长安君那样厉害。"触龙说："父母爱子女，就要为他们考虑得深远一点。老太后送燕后出嫁的时候，抱着她的脚为她哭泣，惦念、伤心她的远嫁，这也够伤心的了。燕后出嫁以后，您也并不是不想念她，每逢祭祀的时候，您必定为她祷告说：'一定别让她回来啊！'这难道不是从长远考虑，希望她的子孙代代相继在燕国为君吗？"太后说："是这样。"触龙说："从这一辈往上推到三代以前，甚至到赵国建立的时候，赵国君主的子孙凡是被封侯的，他们的后代还有能继承爵位的吗？"太后说："没有。"触龙："不只是赵国，其他诸侯国的子孙有吗？"太后说："我没听说过。"触龙说："这些诸侯及他们的子孙呀，灾祸来得早的，就降临在他们自己身上，灾祸来得晚的就殃及他们的子孙后代。难道是这些君王的子孙就一定不好吗？这是因为他们地位高却没有功勋，俸禄优厚却没有功绩，同时还拥有很多的金玉珠宝。现在老太后给长安君以高位，把富裕肥沃的地方封给他，又赐予他大量珍宝，却不让他趁现在的机会为国立功，一旦太后您百年啦，长安君凭什么在赵国安身立足呢？老臣认为老太后为长安君考虑得太短浅了，所以我以为你爱他不如爱燕后。"太后说："好吧，任凭您指派他吧。"于是太后为长安君准备了车辆一百乘，送他到齐国去作人质，齐国这才就出兵解救赵国。

贤士子义听到这件事后，评论道："国君的儿子啊，国君的亲骨肉啊，尚且不能没有功勋而居高位，没有功绩而享厚禄，更不能占有金玉珍宝等贵重的东西，更何况是作臣子的呢？"

【解读】

赵威后执政时，赵国还有一些名臣武将，如平原君、蔺相如、廉颇、赵奢等，但相较秦国而言已是国力微弱了。当时正是秦昭王在位，他凭着商鞅变法以来日益强大的国势，推行"远交近攻"的政策，蚕食诸侯。本文写的就是秦昭王趁赵惠文王去世之机，进攻赵国，在强敌压境、赵太后又严词拒谏的危急形势下，左师触龙劝谏赵太后，用"父母之爱子，则为之计深远""让其子有功于国，方能自托于国"的道理，将长安君的利益和赵国利益密切联系在一起，肯定了"不能无功受禄"的正确性，说服赵太后，让她派遣爱子长安君到齐国当人质以换取救兵，解除国家危难的故事。

触龙之言，千古至理，百世风范，引导当今为人父母者思考"爱子女，如何为之计深远？"

（三）唐雎不辱使命(1)

（魏策四）

秦王使人谓安陵君曰(2)："寡人欲以五百里之地易安陵，安陵君其许寡人！"安陵君曰："大王加惠，以大易小，甚善；虽然，受地于先王，愿终守之，弗敢易！"秦王不说。安陵君因使唐雎使于秦。

秦王谓唐雎曰："寡人以五百里之地易安陵，安陵君不听寡人，何也？且秦灭韩亡魏，而君以五十里之地存者，以君为长者，故不错意也。今吾以十倍之地，请广于君，而君逆寡人者，轻寡人与？"唐雎对曰："否，非若是也。安陵君受地于先王而守之，虽千里不敢易也，岂直五百里哉？"

秦王怫然怒，谓唐雎曰："公亦尝闻天子之怒乎？"唐雎对曰："臣未尝闻也。"秦王曰："天子之怒，伏尸百万，流血千里。"唐雎曰："大王尝闻布衣之怒乎？"秦王曰："布衣之怒，亦免冠徒跣，以头抢地尔。"唐雎曰："此庸夫之怒也，非士之怒也。夫专诸之刺王僚也(3)，彗星袭月(4)；聂政之刺韩傀也(5)，白虹贯日(6)；要离之刺庆忌也(7)，苍鹰击于殿上(8)。此三子者，皆布衣之士也，怀怒未发，休祲降于天，与臣而将四矣。若士必怒，伏尸二人，流血五步，天下缟素，今日是也。"挺剑而起。

秦王色挠，长跪而谢之曰："先生坐！何至于此！寡人谕矣，夫韩、魏灭亡，而安陵以五十里之地存者，徒以有先生也。"

【注释】

（1）唐雎（jū）：人名，也作唐且，安陵国的臣子。不辱使命：意思是完成了出使的任务。辱：辱没、辜负。

（2）秦王：即秦始皇嬴政。未统一中国前称秦王，公元前221年统一六国后才称始皇帝。安陵君：安陵国的国君。安陵是当时的一个小国，在现在河南鄢（yān）陵西北，原是魏国的附属国。战国时魏襄王封其弟为安陵君。

（3）专诸：春秋时吴国人。王僚：吴王名僚。春秋时吴国的公子光想夺取吴王僚的王位，养勇士专诸。一日，公子光设宴请王僚，专诸把匕首藏在鱼腹中献上，乘机刺杀了吴王僚。

（4）彗星袭月：彗星的尾巴扫过月亮。这是说专诸刺王僚时，感应了上天，使得彗星袭月。

（5）聂政：战国时期齐人。韩傀（guī）：韩国的丞相。韩国大夫严仲子跟韩傀有仇，便请聂政去刺杀了韩傀。

（6）白虹贯日：一道白光直冲上太阳。也是说因人事而引起天变的景象。

（7）庆忌：吴王僚的儿子。吴王阖闾（即公子光）夺了王位后，庆忌逃往魏国，阖闾怕庆忌借魏兵复国，便指使勇士要（yāo）离投奔庆忌，趁机刺死庆忌。

（8）苍鹰击于殿上：要离行刺庆忌时，突然有苍鹰飞到殿上搏斗。

【今译】

秦王派人对安陵君说："我想用方圆五百里的土地交换安陵，安陵君一定要答应我啊！"安陵君说："承蒙大王给予恩惠，用大片的土地来交换我们小小的安陵，真是太好了。虽然如此，但安陵是我从先王那继承的封地，我愿意一生守护它，实在不敢交换啊！"秦王很不高兴，于是安陵君就派遣唐雎出使到秦国。

秦王对唐雎说："我用方圆五百里的土地来交换安陵，安陵君竟然不听从我，这是为什么？况且，秦国已经灭了韩国、亡了魏国，而安陵君却凭借方圆五十里的土地幸存下来，是因为我把安陵君当作忠厚的长者，所以才不打他的主意。现在我用十倍于安陵的土地，让安陵君扩大领土，但是他却违背我的意愿，这是看不起我吗？"唐雎回答说："不，不是大王说的这样。安陵君从先王那里继承了这块封地，只想好好地守护它，即使是方圆千里的土地他也不敢交换出去，更何况只是五百里的土地呢？"

秦王勃然大怒，对唐雎说："先生可曾听说过天子发怒吗？"唐雎回答说："我未曾听说过。"秦王说："天子一发怒，横尸百万，血流千里。"唐雎说："大王可曾听说过平民发怒吗？"秦王说："平民发怒，也不过就是摘掉帽子光着头，赤着脚，把头往地上撞罢了。"唐雎说："这是平庸无能的人发怒，不是有才能有胆识的人发怒。专诸刺杀吴王僚的时候，彗星的尾巴扫过月亮；聂政刺杀韩傀的时候，一道白光直冲上太阳；要离刺杀庆忌的时候，苍鹰扑到宫殿上。他们三个人都是平民中有才能有胆识的人，心里的愤怒还没发作出来，上天就降示了征兆。现在，专诸、聂政、要离之后，加上我就要成为四个人了。假若有胆识有能力的人被逼得一定要发怒，横倒在地的尸体不过两具，鲜血流淌也不过在五步之内，可是，天下百姓却都要穿戴丧服。今天的情形就是这样了。"说完，唐雎手持利剑站了起来。

秦王面露惊惧之色，跪直了身躯，向唐雎道歉说："先生请坐，何至于这样呢！我明白了：韩国、魏国灭亡，而安陵却凭借五十里的土地生存下来，只是因为有先生您在啊！"

【解读】

本文记述的是强国和弱国之间一场外交斗争的故事。战国时期的最后十年，秦国以秋风扫落叶之势相继歼灭各诸侯国，公元前230年灭韩，前225年灭魏。安陵是魏的附庸小国，秦王企图用"易地"的政治骗局灭掉安陵，安陵君识破秦王骗局，不同意"易地"，由此派遣唐雎出使秦国。在秦王朝廷上，唐雎不畏强权，冒死与秦王抗争，终于折服秦王，保存国家，完成使命。本文体现了唐雎维护国家尊严、维护国土主权的严正立场，歌颂了他不畏强暴、敢于斗争的爱国精神。

综 合 实 践

传统文化主题践行活动：《战国策》中的纵横家智慧

一、传统文化践行主题

本章传统文化践行活动的主题是"《战国策》中的纵横家智慧"。《战国策》作为战国时期的史书，记载了战国时期外交与政治斗争的策略与智慧。

通过深入研究《战国策》中的纵横家故事，使学生理解纵横捭阖的策略思想，学习古代策士的智谋与辩论技巧，培养批判性思维和战略眼光，并将这些智慧融入到个人成长和社会发展中。

二、文化践行活动

根据本校实际情况，结合学生特点，在以下文化践行活动中选择一项进行。

（一）文化践行活动一：纵横家策略研讨会

1. 活动目标

通过研讨会的形式，探讨《战国策》中纵横家的策略对现代外交和商业谈判的启示。

2. 活动类型

学术研讨会或模拟谈判赛。

3. 活动方案

（1）学术研讨：学生准备关于《战国策》中纵横家策略的论文或报告，在研讨会上进行交流。

（2）模拟谈判赛：学生分组扮演不同的战国策士，模拟战国时期的联盟与对抗，进行策略辩论和谈判。

4. 成果展示

（1）整理《战国策》纵横家策略研讨会论文集，收录学生的研究成果。

（2）举办《战国策》纵横家策略主题展览，展示学生的思考和见解。

（二）文化践行活动二：《战国策》与现代人际交往

1. 活动目标

通过工作坊的形式，探讨《战国策》中的人际交往艺术对现代沟通技巧培养的启示。

2. 活动类型

角色扮演或情景模拟。

3. 活动方案

（1）角色扮演：学生根据《战国策》中的人物和情境，进行角色扮演，学习古代的交际技巧。

（2）情景模拟：设计现代交际场景，学生运用《战国策》中的智慧进行情景应对。

4. 成果展示

（1）制作《战国策》人际交往案例集，记录学生的扮演和模拟过程。

（2）举办《战国策》人际交往主题讲座，分享学生的体验和学习成果。

第四章 《国语》选读

导读

一、《国语》成书

《国语》是我国第一部记言体国别史,相传为春秋时期鲁国史官左丘明所作,他的编纂方法是以国分类,以语为主,故名《国语》,又称之为《春秋外传》,和作为《春秋内传》的《左传》并列,两书互为表里,互相参证。历代史学家们认为《国语》并非出自一人、一时、一地,它主要来源于春秋时期各国史官的记述,后来经过熟悉历史掌故的人加工润色,大约在战国初年或稍后编纂而成。

微课视频:《国语》简介

二、《国语》的内容

《国语》以记言为主,与《左传》偏重记事不同,其记录范围为上起周穆王十二年(公元前990年)西征犬戎(约公元前947年),下至智伯被灭(公元前453年),全书二十一卷,分别叙述了周、鲁、齐、晋、郑、楚、吴、越八国各贵族间的朝聘、宴飨、讽谏、辩说、应对之词以及部分历史事件与传说,反映出春秋时期政治变化的轮廓和重要政治人物的精神面貌。

其中,《周语》三卷记载了西周穆王、厉王直至东周襄王、景王、敬王时有关"邦国成败"的部分重大政治事件,反映了从西周到东周的社会政治变化过程;《鲁语》二卷着重记载了鲁国上层社会一些历史人物的言行,反映了春秋时期这个礼仪之邦的社会面貌;《齐语》一卷主要记载了管仲辅佐齐桓公称霸采取的内政外交措施及其主导思想;《晋语》九卷,篇幅占全书三分之一多,比较完整地记载了从武公替晋为诸侯、献公之子的君权之争、文公称霸,一直到战国初年赵、魏、韩三家灭智氏的政治历史,时间跨度长(从公元前678年到公元前453年),分量重,所以又有人把《国语》称为"晋史";《郑语》一卷记载了周太史伯论述西周末年天下兴衰继替的大局势;《楚语》二卷主要记载了灵王、昭王时期的历史事件;《吴语》一卷、《越语》二卷记载了春秋末期吴、越二国争霸的史实。

三、《国语》的影响

《国语》的思想内容与《尚书》《春秋》相比,已有了不少新特点:在内容上,《国语》有很强的伦理观,弘扬"德"的精神,尊崇"礼"的规范,认为"礼"是治国之本;《国语》的政治观也比较进步，反对专制和腐败，重视民意，重视人才，具有浓重的"民本"思想。《国语》的这些"重民""尚礼""崇德"主张体现出儒家的思想倾向。

《国语》对研究先秦时期的历史文化具有非常重要的意义，史料价值极高。

《国语》开创了以国分类的国别史体例，对后世的中国文学产生了很大影响，刘向的《战国策》、陈寿的《三国志》、崔鸿的《十六国春秋》、吴任臣的《十国春秋》，都是《国语》体例的发展。另外，其缜密、生动、精炼的文笔具有独特的艺术魅力，对后世的文学创作影响至深。

音频：《国语》章句诵读

（一）召公谏厉王止谤⁽¹⁾

（周语上）

厉王⁽²⁾虐，国人谤王，召公⁽³⁾告曰："民不堪命矣！"王怒，得卫巫，使监谤者。以告，则杀之。国人莫敢言，道路以目。

王喜，告召公曰："吾能弭谤矣，乃不敢言。"召公曰："是障之也，防民之口，甚于防川。川壅而溃，伤人必多，民亦如之。是故为川者决之使导；为民者宣之使言。故天子听政⁽⁴⁾，使公卿至于列士献诗，瞽献曲⁽⁵⁾，史献书，师箴，瞍赋⁽⁶⁾，矇诵⁽⁷⁾，百工谏，庶人传语，近臣尽规，亲戚补察，瞽史教诲，耆艾修之，而后王斟酌焉，是以事行而不悖。民之有口，犹土之有山川也，财用于是乎出；犹其有原隰衍沃也，衣食于是乎生；口之宣言也，善败于是乎兴。行善而备败，其所以阜财用衣食者也。夫民虑之于心，而宣之于口，成而行之胡可壅也。若壅其口，其与能几何？"

王弗听，于是国人莫敢出言。三年，乃流王于彘。

【注释】

（1）召：一作"邵"。弭（mǐ）谤：消除议论。弭：消除。谤：指责，公开的批评，这个词后来一般作贬义词。

（2）厉王：周厉王，名胡。周夷王的儿子，周穆王的四世孙。

（3）召（shào）公：召穆公，名虎，国王的卿士。

（4）听政：处理政事。

（5）瞽：盲人。古时乐官多由盲人充当，此言乐官进献反映民意的歌曲。

（6）瞍（sǒu）：没有眸子的盲人。赋：朗诵。这句话指朗诵公卿列士所献的诗。

（7）矇：有眸子而看不见东西的盲人。诵：指不合音乐的诵读。

【今译】

周厉王暴虐无道，百姓纷纷指责他的暴政。召公对厉王说："老百姓忍受不了大王这暴虐的政令了！"厉王听了非常生气，找来卫国的巫师，让他去监视批评指责朝政的人。一经卫国巫师告密，厉王就把那些批评指责朝政的人给杀掉。于是，举国之人都不敢随便说话了，在路上相见，只能以眼神示意。

周厉王颇为得意，告诉召公说："我能制止百姓批评指责朝政了，他们再也不敢非议朝政了。"召公说："你这样做只是堵住人民的嘴啊。可是堵住人民的嘴，比堵塞河流还严重。河道因堵塞而造成决口，就会伤害很多人。堵住老百姓的嘴，后果也是这样。因此，治水者只能疏通河道使它畅通，治民者只能开导百姓让他们畅所欲言。所以天子处理政事时，让三公九卿以至各级官吏进献讽喻诗词，乐师进献民间乐曲，史官进献有借鉴意义的史籍，少师诵读箴言，无眼珠的盲人吟咏诗篇，有眼珠的盲人诵读讽谏之言，掌管营建事务的百工纷纷进谏，平民则将自己的意见转达给君王，近侍之臣尽规谏之力，君王的同宗都能弥补、监察君王的过失，乐师和史官以乐歌、史籍加以谆谆教诲，德高望重的师傅再进一步劝诫他，然后，由天子斟酌取舍，付诸实施。这样，国家的政事得以实行而不违背常理。人民有嘴，就像土地上有山和水，社会的物质财富全靠它产生；又像高原和低地都有平坦肥沃的良田一样，人类的衣食物品全靠它产生。百姓发表言论，政事的成败得失就能表露出来。百姓认为好的就尽力实施，百姓认为不好的就设法预防，这才是增加社会物质财富的办法啊。百姓把内心思虑的事说出来，朝廷认为行得通就照着实行，怎么能加以堵塞呢？如果硬是堵住百姓的嘴，那赞同支持大王的人能有多少呢？"

周厉王不听召公的意见，继续实行暴政并派卫国巫师监听，于是老百姓再也不敢公开发表言论指责朝政了。过了三年，人民奋起反抗，把厉王这个暴君放逐到彘地去了。

【解读】

这篇文章叙述周厉王凶残暴虐，对民众的压迫、剥削无所不用其极，到头来被民众所驱逐、流放。召穆公所谏之言，语语精警，"防民之口，甚于防川"，说明人民的意见不可阻塞，无法壅蔽；如果暴虐无道，一意孤行，甚至以杀人相威逼，尽管暂时使人"道路以目"，敢怒而不敢言，但终将"川壅而溃"。本文昭示古往今来的当政者，必须认识到人民力量的伟大，民言不可阻，民意不可挡，民志不可摧，这是颠扑不破的真理。只有察民情、尊民意、散民志，当政者才不会有覆舟之患，国家才能坚强稳固，社会才能繁荣昌盛。

（二）里革断罟匡君[(1)]

（鲁语上）

宣公夏滥于泗渊[(2)]，里革断其罟而弃之，曰："古者大寒降，土蛰发，水虞于是乎讲罛罶，取名鱼，登川禽，而尝之寝庙[(3)]，行诸国，助宣气也。鸟兽孕，水虫成，兽虞于是乎禁罝罗，猎鱼鳖以为夏槁[(4)]，助生阜[(5)]也。鸟兽成，水虫孕，水虞于是乎禁罜䍡[(6)]，设阱鄂，以实庙庖，畜功用也。且夫山不槎蘖[(7)]，泽不伐夭[(8)]，鱼禁鲲鲕[(9)]，兽长麑䴠[(10)]，鸟翼鷇卵[(11)]，虫舍蚳蝝[(12)]，蕃庶物也，古之训也。今鱼方别孕，不教鱼长，又行网罟，贪无艺也。"

公闻之，曰："吾过而里革匡我，不亦善乎！是良罟也，为我得法。使有司藏之，使吾无忘谂[(13)]。"师存侍，曰："藏罟不如寘里革于侧之不忘也。"

【注释】

（1）里革：鲁国大夫。断：这里是割破的意思。罟（gǔ）：网。匡：纠正。

（2）宣公：即鲁宣公，鲁国国君。滥：通"渍"，指浸泡。这里是说鲁宣公夏天沉浸在泗水深处捕鱼。泗：水名，源出自山东蒙山南麓，四源并发，故得此名。渊：水深处。

（3）尝：秋祭，这里泛指一般的祭祀。寝庙：宗庙，古代宗庙分两部分，后面停放牌位和先人遗物的地方叫"寝"，前面祭祀的地方叫"庙"，合称寝庙。一般来说，始祖的庙称为大寝，高祖以下的庙称为小寝。

（4）猎（cuò）：刺取。槁（gǎo）：枯干。

（5）助生阜：助其（鸟兽）生长。阜：长。这句话的意思是要按照季节捕猎鸟兽。当鸟兽孕育期间，兽虞下令禁止捕猎。

（6）罜䍡（zhǔ lù）：网眼小的渔网。

（7）槎（chá）：用刀或斧砍。蘖（niè）：树木被砍伐后又生出的嫩条。

（8）夭：草木还没有长大成材。

（9）鲲鲕（kūn ér）：鱼子，即未长成的小鱼。

（10）麑（ní）：小鹿。麇（jūn）：一种形似鹿而身体比鹿大的野兽。

（11）翼：哺育。鷇（kòu）：须母鸟喂食的雏鸟。

（12）蚳（chí）：虫卵。蝝（yán）：没有翅膀的幼虫。

（13）谂（shěn）：劝告。意思是这张网不要丢弃，要好好收藏起来，好让我看到它就想起里革的良言。

【今译】

鲁宣公在夏天到泗水的深潭中下网捕鱼，里革割断他的渔网，并把渔网丢到一旁。里革对鲁宣公说："古时候，大寒以后，冬眠的动物便开始活动，水虞（古代官名，指掌管川泽的政令）这时才计划使用大渔网、鱼笼，捕大鱼，捉龟鳖等，拿这些到寝庙里祭祀祖宗。同时也要求百姓按这种方式去捕获鱼鳖，这是为了帮助地下的阳气升腾散发。当鸟兽开始孕育，鱼鳖已经长大的时候，兽虞（古代官名，指掌管捕猎鸟兽禁令的官员）这时便禁止用网捕捉鸟兽，只准刺取鱼鳖，并把它们制成夏天吃的鱼干，这是为了帮助鸟兽生长。当鸟兽已经长大，鱼鳖开始孕育的时候，水虞便禁止用小鱼网捕捉鱼鳖，只准设下陷阱捕兽，用来供应宗庙和庖厨的需要，这是为了储存物产，以备享用。而且，到山上不能砍伐新生的树枝，在水边也不能割取幼嫩的草木，捕鱼时禁止捕小鱼，捕兽时要留下小鹿和小驼鹿，捕鸟时要保护雏鸟和鸟卵，捕虫时要避免伤害蚂蚁和蝗虫的幼虫，这是为了使万物繁殖生长。这是古人的教导。现在正当鱼类孕育的时候，却不让它长大，还下网捕捉，真是贪心不足啊！"

宣公听了这些话后说道："我有过错，里革便纠正我，不是很好的吗？这张被割断了的渔网很有意义啊，它使我认识到古代治理天下的方法，让主管官吏把它收藏好，使我永远不忘里革的规谏。"有一个正在一旁伺候宣公名叫存的乐师，说道："保存这张网，还不如将里革安置在君王您的身边，这样就更不会忘记他的规谏了。"

【解读】

中国自古以来，对有益于人类的鸟兽虫鱼总是采取有节制的捕获政策。"取之有度，用之有节"，这是对自然的尊重，是天人合一思想的体现。里革能够不畏君主的权势维护这种政策；鲁宣公能及时醒悟，虚心纳谏；乐师存进言，又意味深长。三者皆有可取之处，值得赞扬。里革可谓是古代中国那些最早注意到保护生态环境、维护生态平衡的学者和政治家们的典型代表了。直到今天这些主张还有着重要的学术价值和现实意义。古人对保护自然资源的重视以及那一整套传袭下来的规则，反映了中国古代文明的一个光辉侧面，更值得今人借鉴。

（三）叔向贺贫

（晋语八）

叔向见韩宣子，宣子忧贫，叔向贺之(1)。宣子曰："吾有卿之名，而无其实(2)，无以从二三子，吾是以忧。子贺我何故？"对曰："昔栾武子无一卒之田(3)，其官不备其宗器；宣其德行，顺其宪则，使越于诸侯，诸侯亲之，戎、狄怀之，以正晋国。行刑不疚(4)，以免于难(5)。及桓子(6)，骄泰奢侈，贪欲无艺，略则行志，假贷居贿，宜及于难，而赖武之德以没其身。及怀子(7)，改桓之行而修武之德，可以免于难，而离桓之罪，以亡于楚。夫郤昭子(8)，其富半公室，其家半三军，恃其富宠，以泰于国。其身尸于朝，其宗灭于绛。不然，夫八郤五大夫三卿，其宠大矣；一朝而灭，莫之哀也，惟无德也。今吾子有栾武子之贫，吾以为能其德矣，是以贺。若不忧德之不建，而患货之不足，将吊不暇，何贺之有？"宣子拜，稽首焉，曰："起也将亡，赖子存之。非起也敢专承之，其自桓叔以下(9)，嘉吾子之赐。"

【注释】

（1）叔向：春秋晋国大夫，羊舌氏，名肸（xī），字叔向。韩宣子：名起，晋国的正卿。贺之：这里是贺其贫，并非贺其忧。

（2）卿：天子、诸侯所属的高级官员，其爵位在公之下、大夫之上。实：财物，这里指实际收入。

（3）栾武子：栾书，晋国的上卿。上卿所应享受的待遇是一旅（五百人）之田，即五百顷。上大夫所应享受的待遇是一卒（一百人）之田，即一百顷。

（4）刑：法。疚：病，忧虑。这句话是指执法公正，无任何愧疚。

（5）以免于难：栾武子曾杀晋厉公，立晋悼公，因为他行为公正，所以没有受到"弑君"的责难。自身免于祸难，贫而有德者可贺。

（6）桓子：栾武子的儿子栾黡（yàn）。

（7）怀子：栾黡的儿子栾盈。

（8）郤（xī）昭子：名至，晋国的正卿。

（9）桓叔：韩宣子的祖先。以下：指桓叔的后代。

【今译】

叔向去见韩宣子，宣子正为贫困而发愁，叔向却向他表示祝贺。宣子说："我有卿的虚名，却没有卿的财富，没有什么拿得出手的东西可以用来与卿大夫们交往，我正为此苦恼呢，你却祝贺我，这是什么缘故呢？"叔向回答说："从前栾武子没有一百顷田，他掌管祭祀，家里却穷得连祭祀的器具都不齐备；但他能传播美德，遵循法制，他的美名传闻于诸侯各国。各诸侯都亲近他，一些少数民族也归附他，因此使晋国安定下来。他执法公正，没有任何弊病和错漏，因而避免了灾祸。传到桓子时，他骄纵恣肆，奢侈无度，贪得无厌，违法犯罪，任性妄为。既借贷放利又囤积聚财，他是应当遭到祸难的，但依赖他父亲栾武子的余德，才得以善终。传到怀子时，怀子改变他父亲桓子的行为,学习他祖父武子的德行,本来可以免除灾难的,却因受到他父亲桓子罪孽的连累而遭难,因而逃亡到楚国。至于郤昭子,他的财富抵得上晋国公室的一半,他的家臣抵得上晋国三军的一半,他依仗自己的财富和荣宠,在晋国骄横跋扈,结果,他的尸体在朝堂上示众,他的宗族也在绛这个地方被诛灭。如果不是这样的话,那郤家八个人中,有五个是晋大夫,有三个是晋卿,他们得到的荣宠和权势够大的了,可是一旦被诛灭,没有一个人同情他们,只是因为他们没有德行啊!现在你有栾武子那样的清贫,我认为你也能够奉行他的美德,所以我要向你表示祝贺。如果你不忧虑自己没有美好的德行,却只为财产不足而发愁,那我表示哀悼还来不及呢,还怎么能表示祝贺?"韩宣子听了叔向的这番话,立即下拜叩头,说:"在我韩起走向灭亡的时候,全靠你的忠言才保全了我。这不仅是我一个人承受了你的恩德,就是桓叔以后的子孙,都会感激称颂你的恩德啊。"

【解读】

本文一开始描写韩宣子因财富匮乏而发愁,大夫叔向反而向他道贺,并举出栾、郤两家的事例说明,贫可贺,富可忧,可贺可忧的关键在于是否有德,并进一步指出,贫不足忧,而应重视建德,没有德行而财富越多则祸害越大,有德行则可以转祸为福。

春秋后期,诸侯各国中的卿大夫势力扩张,逐渐威胁本国的君权。其中,君主与卿大夫矛盾最激烈的是晋国。在卿大夫向君主夺权和卿大夫与卿大夫之间相互倾轧的纷乱形势下,如何保全自身与家族呢?叔向独有远见,他的言论一方面是为了卿大夫身家的长久之计,另一方面也对"骄泰奢侈、贪欲无艺""恃其富宠"的行为提出了批评,这无论是在当时还是在如今,都是有很深刻的警示作用。

(四)王孙圉论楚宝

(鲁语下)

王孙圉聘于晋(1),定公飨之(2),赵简子鸣玉以相(3),问于王孙圉曰:"楚之白珩犹在乎?"对曰:"然。"简子曰:"其为宝也,几何矣(4)。"曰:"未尝为宝。楚之所宝者,曰观射父(5),能作训辞,以行事于诸侯,使无以寡君为口实。又有左史倚相(6),能道训典(7),以叙百物(8),以朝夕献善败于寡君,使寡君无忘先王之业;又能上下说于鬼神,顺道其欲恶,使神无有怨痛于楚国。又有薮曰云连徒洲(9),金木竹箭之所生也。龟、珠、角、齿、皮、革、羽、毛,所以备赋,以戒不虞者也。所以共币帛,以宾享于诸侯者也。若诸侯之好币具,而导之以训辞,有不虞之备,而皇神相之,寡君其可以免罪于诸侯,而国民保焉。此楚国之宝也。若夫白珩,先王之玩也,何宝焉?圉闻国之宝,六而已。圣能制议百物,以辅相国家,则宝之;玉足以庇荫嘉谷,使无水旱之灾,则宝之;龟足以宪臧否,则宝之;珠足以御火灾,则宝之;金足以御兵乱,则宝之;山林薮泽足以备财用,则宝之。若夫哗嚣之美,楚虽蛮夷,不能宝也。"

【注释】

(1)王孙圉(yǔ):楚国大夫。
(2)定公:晋国国君,名午,晋顷公的儿子。飨(xiǎng):用酒食招待客人,大宴宾客。

（3）赵简子：晋国大夫，名鞅（yāng）。鸣玉：贵族衣服的佩玉随行走而碰撞发出声响，这里有故意弄响身上的佩玉以显耀于客人的意思。相：主持礼仪。

（4）其为宝也，几何矣：意思是白珩这种宝贝，能值多少钱。

（5）观射父（guàn yì fǔ）：楚国大夫。

（6）左使：官名。周代史官有左史、右史之分，左史记言，右史记事。春秋时，晋楚两国都设有左史。倚相：左史名。

（7）训典：先王传下的典籍。

（8）以叙百物：用来有条不紊地处理各种事情。叙：次第，用作动词。百物：百事。

（9）薮（sǒu）：生长着很多草的大湖泽。云：即云梦泽，在今湖北。连：连接。徒洲：洲名。

【今译】

楚国大夫王孙圉代表楚国去晋国行聘问之礼，晋定公设宴款待他。赵简子主持礼仪，他身上的玉佩发出叮当的声响，赵简子问王孙圉说："你们楚国的白珩还在吗？"王孙圉回答道："还在。"赵简子又问："它作为楚国的宝物，能值多少钱呢？"王孙圉说："楚国从来没有把它当宝物。楚国视为宝物的，叫观射父，他擅长辞令，出使诸侯国，不会让敝国国君成为话柄。还有一位左史，名叫倚相，他能够引经据典以说明各种事物，成天向国君进言历史上的成败事理，让国君不忘先王的功业；他还善于取悦于天地鬼神，顺着他们的好恶，让神灵们对楚国没有怨气。还有一片沼泽地叫云梦，它连接着徒洲，这里盛产金、木、竹、箭、宝龟、珍珠、犀角、象牙、皮革、羽毛，这些是用来供给兵赋，以防备不测的，也可以作为币帛，用于招待宾客或进献给诸侯国。如果诸侯喜欢这些礼品，再辅之以优美的辞令，还有对不可预料事件的防备，加上神明的保佑，我们国君就可以不得罪于诸侯，而国家和人民也得以保全了。这些才是楚国的宝贝。至于那白珩，不过是先王的玩物罢了，算得上什么宝物呢？我听说国家的宝贝，不过六种：德才兼备能裁断评议各种事务，并能辅佐君王治理国家的人，就把他当作宝贝；祭祀的玉器足以庇护五谷，使它不受水旱灾害，有好的收成，就把它当作宝贝；龟甲能占卜吉凶，就把它当作宝贝；珍珠足以防御火灾，就把它当作宝贝；铜、铁金属做成武器，足以抵御战乱，就把它当作宝贝；山林湖泽足以提供财物用品，就把它当作宝贝。至于那些叮当作响、徒有其表的美玉，楚国虽然是落后的蛮夷之邦，也不可能把它当成宝贝的。"

【解读】

国家应把什么当作宝？这是本篇讨论的主题。赵简子把佩戴在身上的装饰品——佩玉当作宝物；王孙圉则认为，国家的宝物是象观射父、倚相一类的人才和云梦泽、徒洲一带的物产，是对国家和百姓有利的事物，玩物不能算宝。重人才还是重玩物，正是一个国家能否强大的关键。

自古以来，外交也是一种战场，运用好外交辞令甚至能获得在战争中得不到的荣耀和利益。楚国使臣王孙圉在晋国的宴席上议论楚国珍宝的谈话就是一个典型事例。在这场外交辞令的交锋中，王孙圉就"何为国宝？"阐述了楚国的强盛和崇尚，无论是在气势上还是在境界上都压倒了对方，为楚国赢得了尊严。

综合实践

传统文化主题践行活动：历史镜鉴

一、传统文化践行主题

本章传统文化践行活动的主题是："《国语》智慧传承——历史镜鉴与当代启迪"。通过研读《国语》中的经典篇章，引导学生深入理解古代政治智慧、道德伦理与人生哲理，挖掘其中对现代社会的启示价值，促进学生对传统文化的认同与传承，同时培养其历史思维与批判性思考能力。

二、文化践行活动

根据本校实际情况，结合学生特点，在以下文化践行活动中选择一项进行。

（一）文化践行活动一：《国语》智慧讲堂与辩论赛

1. 活动目标

通过讲座、讨论与辩论的形式，引导学生深入理解《国语》中的智慧与哲理，培养其独立思考与表达能力。

2. 活动方案

（1）《国语》智慧讲堂：邀请历史学专家或国学专家举办专题讲座，系统介绍《国语》的内容、价值与影响。

（2）分组研读与讨论：学生分组研读《国语》中的经典篇章，就其中涉及的治国理念、道德观念等进行深入讨论。

（3）智慧辩论赛：围绕《国语》中的某一主题或观点，组织学生进行辩论赛，锻炼其逻辑思维与口头表达能力。

3. 成果展示：

（1）辩论视频与记录：录制辩论赛过程，整理辩论稿与点评，作为校园文化活动的资料保存。

（2）优秀小组表彰：对表现优异的小组进行表彰，鼓励其继续深入研究与传承传统文化。

（二）文化践行活动二：《国语》智慧在当代

1. 活动目标

通过实践项目，引导学生将《国语》中的智慧与哲理应用于现代社会问题中，培养其解决实际问题的能力。

2. 活动方案

（1）项目选题：结合《国语》中的智慧与当前社会热点问题，确定实践项目选题，如"诚信文化在现代商业中的应用""古代治国理念对现代政府治理的启示"等。

（2）团队组建与调研：学生自愿组队，围绕项目选题进行文献调研、实地考察与数据分析。

（3）方案设计与实施：根据调研结果，设计实施方案，并在教师指导下开展实践活动，如策划宣传活动、制定政策建议等。

（4）成果展示与评估：通过报告会、展览等形式展示项目成果，邀请专家进行点评与评估。

3. 成果展示

（1）项目报告与展示：整理项目报告，制作展示 PPT 或视频，向班级师生展示项目成果。

（2）实践反思与总结：组织学生撰写实践反思报告，总结项目实践过程中的经验教训与收获体会。

第五章 《楚辞》选读

导 读

一、《楚辞》成书

《楚辞》源于中国江淮流域（楚地）的歌谣。"楚辞"这个称谓最早见于司马迁《史记·酷吏列传》，后又见于班固《汉书·朱买臣传》和《汉书·地理志》。汉代常称"楚辞"为"辞"或"辞赋"，又因"楚辞"中最具代表性的作品是屈原的《离骚》，后人也以"骚"来指称"楚辞"。

微课视频：《楚辞》简介

《楚辞》相传是屈原始创的一种新诗体，后来有其他诗人也采用这种诗体写诗。汉朝刘向整理古籍时，把屈原及其他诗人以这种诗体写的辞赋共十六篇编辑成书，定名《楚辞》，楚辞才得以一种新兴的诗歌样式屹立于中国文学发展的历史长河中。《楚辞》经历了屈原始创、后学仿作、汉初搜集至刘向辑录等历程，成书时间应在公元前 26 年至公元前 6 年间。

二、《楚辞》的内容

《楚辞》以战国屈原作品为主，还包括宋玉及汉代淮南小山、东方朔、王褒、刘向等人辞赋，共十六篇，后王逸增入己作《九思》，成十七篇，分别是：《离骚》《九歌》《天问》《九章》《远游》《卜居》《渔父》《九辩》《招魂》《大招》《惜誓》《招隐士》《七谏》《哀时命》《九怀》《九叹》《九思》。全书运用楚地的方言声韵，叙写楚地的山川人物、历史风情，具有浓厚的地域文化色彩。

三、《楚辞》的影响

《楚辞》是继《诗经》之后，中国古代又一部诗歌总集，与《诗经》古朴的四言体诗相比，《楚辞》的句式较活泼，句中有时使用楚国方言，在节奏和韵律上独具特色，更适合表现丰富复杂的思想感情。《楚辞》中所提出并企图解决的问题都具有鲜明的时代性和历史性，其作品充分体现了战国时代和西汉时期人们渴求变革的进步倾向，反映了阻碍变革的守旧势力的腐朽性质，具有深远的历史意义。

《楚辞》对中华传统文化具有不同寻常的意义，特别是在文学方面，它是中国文学史上第一部浪漫主义诗歌总集，开创了中国浪漫主义文学的诗篇，因此后世称此种文体为"楚辞体"

"骚体"，而后世的诗歌、小说、散文、戏剧四大体裁皆不同程度存在其身影。

《楚辞》早在盛唐时便流入日本等汉字文化圈国家，16世纪之后流入欧洲。至19世纪，《楚辞》引起欧美各国广泛关注，各种语言的译文、研究著作大量出现，在国际汉学界，《楚辞》一直是研究的热点之一。

（一）离骚（节选）

（屈原）

音频：《楚辞》章句诵读

帝高阳之苗裔兮，朕皇考曰伯庸(1)。摄提贞于孟陬兮，惟庚寅吾以降(2)。皇览揆余初度兮，肇锡余以嘉名：名余曰正则兮，字余曰灵均。纷吾既有此内美兮，又重之以修能。扈江离与辟芷兮，纫秋兰以为佩。汨余若将不及兮，恐年岁之不吾与。朝搴阰之木兰兮，夕揽洲之宿莽。日月忽其不淹兮，春与秋其代序(3)。惟草木之零落兮，恐美人之迟暮(4)。不抚壮而弃秽兮，何不改此度？乘骐骥以驰骋兮，来吾道夫先路！

……

老冉冉其将至兮，恐修名之不立。朝饮木兰之坠露兮，夕餐秋菊之落英。苟余情其信姱以练要兮，长颔颔亦何伤。擥木根以结茝兮，贯薜荔之落蕊(5)。矫菌桂以纫蕙兮，索胡绳之纚纚。謇吾法夫前修兮，非世俗之所服(6)。虽不周于今之人兮，愿依彭咸之遗则。

长太息以掩涕兮，哀民生之多艰。余虽好修姱以鞿羁兮，謇朝谇而夕替。既替余以蕙纕兮，又申之以揽茝。亦余心之所善兮，虽九死其犹未悔。

……

朝发轫于苍梧兮，夕余至乎县圃。欲少留此灵琐兮，日忽忽其将暮。吾令羲和弭节兮，望崦嵫而勿迫(7)。路曼曼其修远兮，吾将上下而求索(8)。

【注释】

（1）高阳：指远古帝王颛顼。苗裔：后代子孙。朕：秦始皇前所有人均可称朕，至秦始皇，"朕"才为帝王专用。皇：美，光明、伟大的意思。考：亡故的父亲。皇考：意为"伟大的父亲"。

（2）摄提：太岁在寅时为摄提格，此指寅年。贞：正当，正指着。孟：开始。陬（zōu）：正月。孟陬：孟春正月，也是寅月。惟：只。庚寅：正月里的寅日。降：出生。

（3）日月忽：形容时光飞逝。忽：迅捷。淹：久留。代序：代谢。春往秋来，以次相代。

（4）惟：想到。美人：一说是屈原自比，一说指楚怀王，一说指贤德之人。迟暮：衰老。

（5）擥（qiān）：握住。结：编制。茝（chǎi）：野草，即白芷。贯：连接，串连。薜荔：香木，也叫木莲。蕊：花蕊。

（6）謇（jiǎn）：语气词。法：效法。前修：前辈修德的圣贤之人，即先贤。服：做到，从事。

（7）羲和：指给太阳驾车的车夫。弭节：停鞭徐行。崦嵫：太阳落下的山。迫：迫近。

（8）曼曼：同"漫漫"，形容路途漫长遥远。

【今译】

　　我是古帝高阳氏的子孙，我已去世的父亲叫伯庸。岁星在那寅年的孟春月，正当庚寅日那天我降生。父亲仔细揣测我的生辰，于是赐给我相应的美名。父亲把我的名取为正则，同时把我的字叫作灵均。天赋给我很多美好素质，我不断加强自身的修养。我把江离芷草披在肩上，把秋兰结成索佩挂身旁。光阴似箭我好像跟不上，岁月不等待我令我心慌。早晨我在大坡采集木兰，傍晚在小洲中摘取宿莽。时光迅速逝去不能久留，四季更相代谢变化有序。我想到草木由由盛到衰，恐怕自己身体逐渐衰老。何不利用盛时扬弃秽政，为何还不改变这些法度？乘上千里马纵横驰骋吧，来呀，我在前面引导开路！

　　……

　　只觉得老年在渐渐来临，担心不能树立美好名声。早晨我饮木兰上的露滴，晚上我用菊花残瓣充饥。只要我的情感坚贞不易，形销骨立又有什么关系。我用树木的根编结芷草，再把薜荔花蕊穿在一起。我拿菌桂枝条联结蕙草，胡绳搓成绳索又长又好。我向古代的圣贤学习啊，不是世俗之人能够做到。我与现在的人虽不相容，我却愿依照彭咸的遗教。

　　我揩着眼泪啊声声长叹，可怜人生道路多么艰难。我虽爱好修洁严于律己，早晨被辱骂晚上又丢官。他们弹劾我佩带蕙草啊，又指责我爱好采集茝兰。这是我心中追求的东西，就是多次死亡也不后悔。

　　……

　　早晨从南方的苍梧出发，傍晚就到达了昆仑山上。我本想在灵琐稍事逗留，但夕阳西下已暮色苍茫。我命令羲和停鞭慢行啊，莫叫太阳迫近崦嵫山旁。前面的道路啊又远又长，我将上下不断追求理想。

【解读】

　　《离骚》是屈原的代表作，是中国古代诗歌史上篇幅最长的一首浪漫主义政治抒情诗。诗人从自叙身世、品德、理想写起，反复倾诉对楚国命运和人民生活的关心，表达了要求革新政治的愿望和坚持理想、虽逢灾厄也绝不与邪恶势力妥协的意志；抒发了自己遭谗被害的苦闷、矛盾之情，斥责了楚王昏庸与朝政日非的乱象，表达了诗人坚持"美政"的理想、不与邪恶势力同流合污的斗争精神和至死不渝的爱国热情。

（二）国殇

（屈原）

操吴戈兮被犀甲，车错毂兮短兵接(1)。
旌蔽日兮敌若云，矢交坠兮士争先(2)。
凌余阵兮躐余行，左骖殪兮右刃伤(3)。
霾两轮兮絷四马，援玉枹兮击鸣鼓(4)。
天时坠兮威灵怒，严杀尽兮弃原野。

出不入兮往不反，平原忽兮路超远。
带长剑兮挟秦弓，首身离兮心不惩。
诚既勇兮又以武，终刚强兮不可凌。
身既死兮神以灵，子魂魄兮为鬼雄！

【注释】

（1）操：拿着，手持。吴戈：吴国制造的兵器"戈"是当时最锋利的武器，此处指武器精良。被：通"披"。犀甲：犀牛皮制作的铠甲，意指铠甲坚韧。车：战车。错：交错。毂（gǔ）：车轮。短兵：指刀剑一类的短兵器。接：指刀剑相击。

（2）旌：旌旗。蔽：遮蔽。矢交坠：指双方的箭矢在阵前纷纷坠落。

（3）凌：侵犯。躐（liè）：践踏。左骖：左边的战马。殪：毙。右：右边的战马。

（4）霾（mái）：通"埋"，指车轮陷入地下。絷（zhí）：绊。援：拿起。玉枹（fú）：玉石装饰的鼓槌。

【今译】

手持吴戈啊身穿犀甲，战车交错啊刀剑相砍杀。
旌旗蔽日啊敌人如云，箭矢如雨啊战士勇争先。
侵我阵地啊踏我队列，左骖死去啊右骖被砍伤。
陷我两轮啊绊我四马，拿起玉槌啊将战鼓擂响。
天昏地暗啊威灵震怒，残酷厮杀啊尸首弃原野。
将士出征啊一去不返，平原迷漫啊路途很遥远。
佩带长剑啊挟着强弓，首身分离啊壮心不改变。
实在勇敢啊战力超强，始终刚强啊绝不容凌辱。
身已死亡啊精神不泯，将士魂魄啊为鬼中英雄！

【解读】

《国殇》是屈原《九歌》中的经典名篇，是一首追悼楚国阵亡将士的祭祀乐歌。

据《史记·楚世家》记载，自楚怀王十六年（公元前313年）起，至楚顷襄王元年（公元前298年），楚国和秦国发生多次大规模的战争，并且多数是楚国抵御秦军入侵的卫国战争。这些战争都是秦胜而楚败，楚国丢失城池20多座，15万以上的将士在与秦军的血战中横死疆场。

古代将尚未成年（不足20岁）而夭折的人称为殇，也指那些未举办丧礼的无主之鬼。按古代葬礼，在战场上"无勇而死"者，照例不能敛以棺柩，葬入墓地，也是被称为"殇"的无主之鬼。在秦楚战争中，战死疆场的楚国将士因是战败者，无人替他们操办丧礼，进行祭祀，因此不能敛以棺柩，葬入墓地，只能暴尸荒野。正是在一背景下，放逐之中的屈原创作了这一不朽名篇。

此诗歌颂了楚国将士的英雄气概和爱国精神，对雪洗国耻寄予热望，抒发了作者崇高的爱国之情。全诗共18句，可分为两个小节：第一小节前十句，描写一场短兵相接的战斗场面，再现了楚国将士为保家卫国而战死沙场的壮烈场景；第二小节后八句，讴歌了死难将士忠于祖国、奉献牺牲、刚强勇毅、永不屈服的高尚气节和情操。全诗情感真挚热烈，节奏鲜明急促，呈现出慷慨悲壮、勇毅阳刚之美，有一种气吞山河之感。

楚国灭亡后，楚地流传过这样一句话："楚虽三户，亡秦必楚。"后来，项羽带领江东子弟起而灭秦，想必应当是受到了屈原《国殇》的影响吧。

（三）卜居(1)

（屈原）

屈原既放，三年不得复见(2)。竭知尽忠，而蔽障于谗。心烦虑乱，不知所从。乃往见太卜郑詹尹(3)，曰："余有所疑，愿因先生决之。"詹尹乃端策拂龟，曰："君将何以教之？"

屈原曰："吾宁悃悃款款朴以忠乎？将送往劳来斯无穷乎？宁诛锄草茅以力耕乎？将游大人以成名乎？宁正言不讳以危身乎(4)？将从俗富贵以媮生乎？宁超然高举以保真乎？将哫訾栗斯(5)，喔咿嚅唲以事妇人乎(6)？宁廉洁正直以自清乎？将突梯滑稽(7)，如脂如韦以洁楹乎(8)？宁昂昂若千里之驹乎？将泛泛若水中之凫，与波上下偷以全吾躯乎？宁与骐骥亢轭乎(9)？将随驽马之迹乎？宁与黄鹄比翼乎？将与鸡鹜争食乎？此孰吉孰凶？何去何从？世溷浊而不清：蝉翼为重，千钧为轻；黄钟毁弃，瓦釜雷鸣；谗人高张，贤士无名。吁嗟默默兮，谁知吾之廉贞？"

詹尹乃释策而谢曰："夫尺有所短，寸有所长；物有所不足，智有所不明；数有所不逮，神有所不通。用君之心，行君之意，龟策诚不能知此事。"

【注释】

（1）卜：占卜，问卦，以卜决疑。居：处世的方法和态度。卜居的意思就是，通过问卦来决定自己在现实生活中应当采取的态度和方法。

（2）既放：已经遭到放逐。既：通"已"。复见：再见，即再见到楚王。

（3）太卜：掌管国家卜筮的官员。

（4）正言不讳：直言不讳，即实事求是讲真话。危：危害。

（5）哫訾（zú zǐ）：阿谀逢迎的样子。栗斯：惊恐的样子。

（6）喔咿嚅唲：强作欢颜，以讨人喜欢的样子。唲：同"儿"。妇人：指楚怀王的宠姬郑袖。

（7）突梯：圆滑。滑稽：巧言谄媚。

（8）如脂：像油脂一样滑腻。如韦：像牛皮一样柔软。形容人没骨气。洁：同"絜"，测量圆叫絜。楹：房屋的立柱。洁楹：即絜楹，指测量房屋的立柱应该采取转圆的方法，比喻为人处世应当采取圆滑随俗的态度。

（9）亢轭：并驾齐驱。

【今译】

屈原被放逐以后，三年不能再见到楚王。他为国竭尽才智和忠诚，却遭到谗谄小人的诬陷和阻挠。他心烦意乱，无所适从。于是就去拜访太卜郑詹尹，说："我有疑难问题，特来请教先生帮我决断。"郑詹尹于是摆正蓍草，拂净龟壳，问道："不知您将有何见教？"

屈原说："我是应该勤勤恳恳、质朴忠厚呢，还是应该应酬周旋、媚世取巧？是应该铲除野草努力耕耘呢，还是游说诸侯求取功名？是应该忠言直谏不顾性命呢，还是贪图富贵，苟且偷生？是应该远走高飞保持自己的本真呢，还是阿谀逢迎，奴颜婢膝去讨好那女人？是应该廉洁正直、清清白白呢，还是圆滑谄媚，没有骨气，像那光滑的油脂、柔软的牛皮？是应该昂首长嘶像千里神驹呢，还是漂游不定像水中的野鸭，或是随波逐流苟全性命？是应该与骏马并驾齐驱呢，还是追随那劣马的足迹？是应该与黄鹄比翼齐飞呢，还是去与鸡鸭争食斗气？这到底要怎样做才是吉，怎样做才是凶啊，我到底该何去何从啊？这个世道真是浑浊不清啊：有人说千钧比蝉翼还轻，青铜的编钟被销毁抛弃，把瓦锅当乐器敲得声如雷鸣；谗佞小人嚣张跋扈声名显扬，贤人志士埋没无名。哎，沉默吧，不再说了，有谁了解我的廉洁忠贞啊？"

詹尹听后，放下蓍草起身致歉："尺量长物有时就嫌短，寸量短物有时就嫌长。任何事物都有不足的地方，聪明人也有糊涂的时候；占卜有时也难卜吉凶，神灵有时也有不知道的事情。就依您的心意做您心中想做的事吧，我的龟壳蓍草实在决断不了这些事情！"

【解读】

《卜居》是一首叙事诗，讲述了屈原被放逐三年之后，不得复见楚王而心烦意乱、无所适从，就前去拜见太卜郑詹尹，请他释疑解惑的故事。屈原通过问卜，探究自己应当如何为人处世，在进与退的两难选择上该何去何从。文中的屈原与太卜郑詹尹的问答显然是一种假设，这其实是愤世嫉俗的屈原的一篇内心独白：是随波逐流、谄媚取宠以苟且偷生呢，还是保持高尚纯洁的本性、与世俗抗争而独行其是呢？这在屈原的心里其实早已有了答案，他不过是借与卜者的问答揭露批判那些趋炎附势、蝇营狗苟的卑污灵魂，并以自己所向往的高洁志行与之对照罢了。屈原借占卜问答之语，抒发了理想不能实现的苦闷之情，彰显了激愤抗争、耿介高洁的性格特点。

屈原的选择所彰显的伟大精神和高洁品质给予后世无数仁人志士深刻的人生启迪。

（四）渔父

（屈原）

屈原既放，游于江潭，行吟泽畔(1)，颜色憔悴，形容枯槁(2)。

渔父见而问之曰："子非三闾大夫与？何故至于斯(3)？"屈原曰："举世皆浊我独清，众人皆醉我独醒，是以见放。"渔父曰："圣人不凝滞于物，而能与世推移。世人皆浊，何不淈其泥而扬其波？众人皆醉，何不餔其糟而歠其醨(4)？何故深思高举，自令放为(5)？"屈原曰："吾闻之，新沐者必弹冠，新浴者必振衣；安能以身之察察，受物之汶汶者乎？宁赴湘流，葬于江鱼之腹中。安能以皓皓之白，而蒙世俗之尘埃乎？"

渔父莞尔而笑，鼓枻而去，乃歌曰："沧浪之水清兮，可以濯吾缨；沧浪之水浊兮，可以濯吾足。"遂去，不复与言。

【注释】

（1）游于江潭：指在江边荡游。江：沅江。潭：原指深渊，这里指江边。行吟泽畔：指在江边上一边行走，一边吟诗。

（2）颜色：指脸色。形容：指体态容貌。枯槁：枯瘦。

（3）三闾大夫：楚国官名，掌管楚国贵族屈、景、昭三姓贵族谱牒等事务。至于斯：到这个地步。

（4）餔（bǔ）：吃。糟：酒糟。歠（chuò）：饮，喝。醨：薄酒。此句意为随波逐流，变本加厉之意。

(5) 深思：思虑深远，这里指忧君忧民。高举：行为高尚，超越世俗。自令放为：让自己遭放逐呢？

【今译】

屈原被放逐以后，来到沅江岸边游荡，他一边走一边吟唱，他脸色憔悴，骨立形销。

渔翁看见他，问道："你不是三闾大夫吗？为何到了这种地步？"屈原说："这世上人人都肮脏只有我干净，人人都糊涂唯独我清醒，所以就被放逐了。"渔父说："圣人不受外物的束缚羁绊，能够随从世道的变化不断改变自己。如果世上的人都混浊，你为什么不搅乱泥沙扬起水波同流合污呢？众人都喝醉了，你为什么不去吃酒糟喝薄酒一同烂醉呢？你为什么要思虑深远，行为高尚，以至于让自己遭到放逐呢？"屈原说："我听说，刚刚洗过头发，一定要掸去帽子上的尘土；刚刚洗过澡，一定要抖落衣服上的灰尘。怎么能让自己干干净净的身子，去沾染那些污浊的东西？我宁肯跳入湘水，葬身江鱼之腹。怎么能让我高洁的品质，蒙受那世俗尘埃的玷污！"

渔父微微一笑，用桨敲击着船舷而离去，唱道："沧浪之水清又清，可以洗洗我头巾。沧浪之水混又浊，可以洗洗我的脚。"于是竟自离去，不再和屈原说话。

【解读】

本篇通过渔父与屈原的对话，表现了屈原坚持真理，不同流合污、随波逐流的人生态度。

《渔父》中的屈原，始终不渝地坚持理想，从思想到行为无不高标独立，以致为自己招来流放之祸。对此渔父提出，应该学习"圣人不凝滞于物，而能与世推移"，并启发屈原"淈泥扬波""哺糟歠醨"，走一条与世浮沉、与世俗同流的自我保护的道路。渔父是一位隐者，其和光同尘的处世哲学体现了道家的哲学思想。而屈原则强调"宁赴湘流，葬于江鱼腹中"，也要保持自己清白的节操。通过渔父的问与屈原的答，给我们展现了两种不同的人生观和价值观，让我们看到了屈原"虽九死其犹未悔"的坚贞与高洁。在当今社会，屈原的这种思想精神仍值得我们学习和借鉴。

（五）九辩（节选）

（宋玉[1]）

悲哉，秋之为气也！萧瑟兮草木摇落而变衰。憭栗兮若在远行，登山临水兮送将归。泬寥兮天高而气清，寂寥兮收潦而水清。憯悽增欷兮薄寒之中人，怆怳懭悢兮去故而就新[2]。坎廪兮贫士失职而志不平，廓落兮羁旅而无友生，惆怅兮而私自怜！燕翩翩其辞归兮，蝉寂漠而无声。雁雍雍而南游兮，鹍鸡啁哳而悲鸣。独申旦而不寐兮，哀蟋蟀之宵征[3]。时亹亹而过中兮，蹇淹留而无成。

悲忧穷戚兮独处廓，有美一人兮心不绎[4]。去乡离家兮徕远客，超逍遥兮今焉薄[5]！专思君兮不可化，君不知兮可奈何！蓄怨兮积思，心烦憺兮忘食事。原一见兮道余意，君之心兮与余异。车既驾兮揭而归，不得见兮心伤悲[6]。倚结軨兮长太息，涕潺湲兮下霑轼[7]。忼慨绝兮不得，中瞀乱兮迷惑。私自怜兮何极？心怦怦兮谅直。

【注释】

（1）宋玉：战国时期楚国人，著名的楚辞作家，楚顷襄王时做过官，但不被楚王重视，后因谗言被罢官贬谪，一生都郁郁不得志。他的文章风格深受屈原的影响，是屈原的继承者，后人常常以"屈宋"并称。

（2）憯悽：悲痛的样子。憯：同"惨"。增欷：叹息不止。中（zhòng）人：侵袭人。怆怳：失意的样子。怳：同"恍"。懭悢（kuàng lǎng）：与"怆怳"同义。去故而就新：背井离乡。

（3）申旦而不寐：通宵不能入睡。宵征：通宵鸣叫。

（4）穷戚（cú）：处境穷苦艰难。廓：空旷，此指荒野。绎：同"怿"，指愉快、高兴。

（5）徠：即"来"。徠远客：到异地他乡做客，即流浪漂泊。超逍遥：远远游荡没有着落。焉：哪里。薄：停止。

（6）挈（qiè）：离去。

（7）结軨（líng）：古代车的前面和左右两边都有用木条编制的箱，所以叫结軨。潺湲：流水的声音。下霑轼：指泪水打湿了车前的横木，比喻泪水多。

【今译】

多么悲凉啊秋天的气氛，大地萧瑟啊草木枯黄凋零。心情凄凉啊好像背井离乡，登山临水啊送别故人。空虚旷荡啊秋高气爽，清澄平静啊雨停水退秋水清。凄凉叹息啊微寒袭人。悲怆失意啊离家远行，崎岖坎坷啊贫士被贬心中不平。孤独寂寞啊流落异乡没知音，惆怅失望啊独自哀怜。燕子翩翩啊飞回南方，寒蝉寂寞啊不发声响。大雁鸣叫啊向南飞翔，鹍鸡啾啾啊不住悲鸣。通宵达旦啊我不得入睡，哀怜蟋蟀啊整夜悲鸣。时光匆匆啊已过中年，人生坎坷啊一事无成。

悲伤穷困啊独处旷野，有一美人啊心怀苦痛。远离家乡啊异地流浪，漂泊不定啊今去何方？心系君王啊忠贞不渝，君王不知啊无可奈何。哀怨愁闷啊积满胸怀，忧心忡忡啊茶饭不思。愿见一面啊诉说心意，君王心思啊与我相异。驾起马车啊去而复回，不见君王啊心中伤悲。倚靠车箱啊深深长叹，泪珠滚滚啊打湿车板。胸怀激愤啊不能决绝，心烦意乱啊陷入迷惑。自悲自怜啊何时到头，内心忠贞啊精诚耿直。

【解读】

《九辩》是中国文学史上第一篇情深意长的悲秋之作。本文所选为全篇的第一、二两章。第一章开篇点题，"悲哉，秋之为气也！萧瑟兮草木摇落而变衰。憭栗兮若在远行，登山临水兮送将归。"诗人把秋天万木凋零与自己的坎坷遭遇联系起来：失去官职没人同情；背井离乡独自流浪；人过中年事业无成。于是，在这位贫困、孤独、哀怨的诗人眼中，秋天的景物无不浸染上悲伤愁苦的颜色。第二章说"悲忧穷戚兮独处廓，有美一人兮心不绎。去乡离家兮徠远客，超逍遥兮今焉薄！"又说"专思君兮不可化，君不知兮可奈何""原一见兮道余意，君之心兮与余异"。美丽的女人被无情抛弃，独自飘落远方，而所思念的郎君却不予理睬。诗人借美人以自喻，所谓美人被弃，即诗人被君王所弃；爱情破灭，即人生理想破灭，所以诗人内心痛苦、焦躁不安，忧愁怨恨积蓄满怀，想决绝而又难以割舍，不能放下，只好一个人黯然神伤。

《九辩》作为抒情诗，把秋天草木摇落、山川萧瑟的自然景象，与诗人失意流浪、心绪飘浮的悲怆之情有机结合，借自然景物来抒发诗人浓厚的思想感情，真正做到了寓情于景、情景交融，把悲秋题旨发挥得淋漓尽致，引发人们对自然变化、人世浮沉的深深感叹，千百年来，感动着无数读者。《九辩》也成为后代人们学习的典范。

综 合 实 践

传统文化主题践行活动：爱国忧民

一、传统文化践行主题

本章传统文化践行活动的主题是"《楚辞》中的爱国忧民情怀"。《楚辞》作为战国时期楚国的文化瑰宝，记录了屈原等伟大诗人的忧国忧民之情，体现了他们对国家命运和人民生活的深切关怀。

通过深入研究《楚辞》中的爱国忧民篇章，使学生理解爱国忧民的深刻内涵，学习屈原等古代诗人的高尚情操，培养爱国情怀和社会责任感，并将这种精神融入到个人成长和社会发展中。

二、文化践行活动

根据本校实际情况，结合学生特点，在以下文化践行活动中选择一项进行。

（一）文化践行活动一：《楚辞》爱国篇章朗诵会

1. 活动目标

通过朗诵《楚辞》中的爱国忧民篇章，让学生深刻体会爱国忧民精神，理解传统文化的现代价值，并在现代社会中传承这一优秀品质。

2. 活动类型

朗诵比赛或诗歌音乐会。

3. 活动方案

（1）篇章选择：学生团队选取《楚辞》中的经典篇章，如《离骚》《九歌》等，进行深入学习和理解。

（2）朗诵准备：学生练习朗诵技巧，准备服装和配乐，以增强朗诵的表现力。

（3）诗歌音乐会：结合音乐和舞蹈，以多种艺术形式展现《楚辞》的爱国忧民情怀。

4. 成果展示

（1）举办《楚辞》爱国篇章朗诵会，展示学生的朗诵才能。

（2）制作《楚辞》爱国篇章音频或视频，通过网络平台和校园广播进行传播。

（二）文化践行活动二：《楚辞》与现代文化自信

1. 活动目标

通过研讨会的形式，探讨《楚辞》中的文化精神对现代文化自信培养的启示。

2. 活动类型

学术研讨会或创意工作坊。

3. 活动方案

（1）学术研讨：学生准备关于《楚辞》文化精神的论文或报告，在研讨会上进行交流。

（2）创意工作坊：组织学生以《楚辞》为灵感，创作现代诗歌、绘画、音乐等艺术作品，展现对传统文化的理解和创新。

4. 成果展示

（1）整理《楚辞》文化自信研讨会论文集，收录学生的研究成果。

（2）举办《楚辞》文化自信主题展览，展示学生的创意作品和对传统文化的现代诠释。

参考文献

[1] 杨伯峻. 论语译注[M]. 北京：中华书局，2017.
[2] 钱穆. 论语新解[M]. 北京：生活·读书·新知三联书店，2012.
[3] （清）刘宝楠撰，高流水点校. 论语正义[M]. 北京：中华书局，1990.
[4] （宋）朱熹集注. 四书章句集注[M]. 北京：中华书局，2011.
[5] 李泽厚. 论语今读[M]. 北京：生活·读书·新知三联书店，2008.
[6] 孙钦善. 论语本解[M]. 北京：生活·读书·新知三联书店，2013.
[7] 程树德. 论语集释（全四册）[M]. 北京：中华书局，2022.
[8] 陈来. 儒学思想录：时代的回应与思考[M]. 上海：华东师范大学出版社，2014.
[9] 杨伯峻. 孟子译注[M]. 北京：中华书局，2019.
[10] 傅佩荣. 孟子的智慧[M]. 北京：中华书局，2009.
[11] 鲍鹏山. 孟子开讲[M]. 北京：中国青年出版社，2023.
[12] 郎擎霄. 孟子学案[M]. 济南：山东文艺出版社，2018.
[13] 钱穆. 四书释义[M]. 北京：九州出版社，2017.
[14] 杨伯峻. 孟子译注[M]. 北京：中华书局，2008.
[15] 邓秉元. 孟子章句讲疏[M]. 上海：华东师范大学出版社，2011.
[16] 傅佩荣. 解读孟子[M]. 上海：上海三联书店，2007.
[17] （东汉）郑玄注，（唐）孔颖达疏. 礼记正义·十三经注疏[M]. 北京：中华书局，1980.
[18] （宋）程颢、程颐著，王孝鱼点校. 二程集[M]. 北京：中华书局，2004.
[19] （明）王守仁撰，吴光等编校. 王阳明全集[M]. 上海古籍出版社，2012.
[20] （明）李贽. 四书评[M]. 上海人民出版社，1975.
[21] （清）王夫之. 四书训义[M]. 长沙：岳麓书社，2011.
[22] （清）孙希旦撰，沈啸寰、王星贤点校. 礼记集解[M]. 北京：中华书局，1989.
[23] （清）江藩. 国朝汉学师承记[M]. 北京：中华书局，1983.
[24] 任继愈. 中国哲学发展史[M]. 北京：人民出版社，1985.
[25] 杨伯峻. 白话四书[M]. 长沙：岳麓书社，1989.
[26] 冯友兰. 中国哲学简史[M]. 北京大学出版社，2013.
[27] 傅佩荣. 止于至善：傅佩荣谈大学中庸[M]. 北京：东方出版社，2018.
[28] 于述胜. 中庸通释[M]. 北京：社会科学出版社，2020.
[29] 余英时. 朱熹的历史世界[M]. 北京：生活·读书·新知三联书店，2004.
[30] 王弼注，楼宇烈校释. 老子道德经注[M]. 北京：中华书局，2011.
[31] 郭象，向秀. 庄子注[M]. 广州：花城出版社，1998.
[32] 王景琳，徐匋. 庄子的世界[M]. 北京：中华书局 2019.
[33] 余冠英. 诗经选译[M]. 北京：人民文学出版社，1962.
[34] 党秋妮. 诗经[M]. 陕西：三秦出版社，2018.
[35] 黄寿祺，梅桐生. 楚辞全译[M]. 贵州：贵州人民出版社，1984.
[36] 朱东润. 中国历代文学作品选（上编第一册、第二册）[M]. 上海：上海古籍出版社，1983.
[37] 陈谦豫，唐文英，王培炜. 历代名篇选读[M]. 上海：上海古籍出版社，1983.
[38] 袁梅，刘焱，李永祥，徐北文. 古文观止·名家精译[M]. 湖南：岳麓书社，1993.